厦门大学211工程三期建设成果

厦门大学人文学院青年学术文库

人性、优良政府与正义

——政治哲学视角下的先秦儒学与古典自由主义研究

谢晓东 ● 著

中国社会科学出版社

图书在版编目（CIP）数据

人性、优良政府与正义：政治哲学视角下的先秦儒学与古典自由主义
研究/谢晓东著. —北京：中国社会科学出版社，2019.1
ISBN 978 - 7 - 5203 - 3905 - 6

Ⅰ. ①人… Ⅱ. ①谢… Ⅲ. ①儒学—关系—自由主义—研究 Ⅳ. ①B222.05
②D091.5

中国版本图书馆 CIP 数据核字（2018）第 291182 号

出 版 人 赵剑英
责任编辑 张 林
特约编辑 王 萌
责任校对 石春梅
责任印制 戴 宽

出　　　版 中国社会科学出版社
社　　　址 北京鼓楼西大街甲 158 号
邮　　　编 100720
网　　　址 http://www.csspw.cn
发 行 部 010 - 84083685
门 市 部 010 - 84029450
经　　　销 新华书店及其他书店

印　　　刷 北京明恒达印务有限公司
装　　　订 廊坊市广阳区广增装订厂
版　　　次 2019 年 1 月第 1 版
印　　　次 2019 年 1 月第 1 次印刷

开　　　本 710×1000　1/16
印　　　张 16.5
插　　　页 2
字　　　数 246 千字
定　　　价 76.00 元

目　　录

导论　理想政治的四种类型 ……………………………………… （1）

第一节　研究对象说明 ……………………………………… （2）

第二节　理想政治的四种类型：兼论孟子政治哲学的

理论归宿 ……………………………………………… （8）

第一章　人性辩证 ………………………………………………… （20）

第一节　性危说：荀子人性论新探 ………………………… （20）

第二节　善良意志与根本恶：康德的人性论 …………… （36）

第三节　自律还是他律？——论荀子道德哲学的基本属性 ……… （47）

第二章　优良政府 ………………………………………………… （61）

第一节　精英主义民主：论现代新儒学中的政治自由主义

传统 …………………………………………………… （61）

第二节　朱熹的“新民”理念 ……………………………… （74）

第三节　走出王道：对儒家理想政治的批判性考察 ……………… （91）

第三章　正义 ……………………………………………………… （104）

第一节　人性与正义：休谟 ………………………………… （104）

第二节　在休谟与康德之间：论徐复观政治哲学的基本

走向——以其对先秦儒家政治哲学的研究为例 ……… （117）

第三节 政治哲学视域下荀子的礼——以人性、优良政府
和正义为中心的考察 …………………………………… (127)

第四章 正当性与革命 ………………………………………… (142)
第一节 天命与契约：孔子与洛克的政治正当性观念
之比较 …………………………………………………… (142)
第二节 革命能否被证明为正当？——以孟子、洛克、霍布斯
和康德为中心的考察 ………………………………… (155)

结束语 走向社会儒学 ……………………………………… (185)
第一节 "社会儒学"何以可能 …………………………… (185)
第二节 第六伦与社会儒学 ………………………………… (193)
第三节 社会儒学的三重向度 ……………………………… (201)

附录 空想自由主义：对李贽思想的一种新定位 …………… (217)

参考文献 …………………………………………………………… (233)

后记 ……………………………………………………………… (254)

导　论

理想政治的四种类型

　　儒学与自由主义之思想关系，乃吾人研究政治哲学时所处理之核心问题。余之学术研究，向来以问题为中心。比如，吾人之研究朱子学，自硕士研究生以来，已有近20年了。我的朱子学研究是以人心道心问题为中心的，即先考察朱熹之人心道心思想，然后分析宋明理学中的其他诸家对人心道心问题的看法，后注意到该问题在朝鲜半岛的流衍，从而进入东亚儒学研究领域。近期，予之专著《东亚儒学中的人心道心问题研究》将会出版。自博士研究生以来，吾人便以政治哲学研究为主，而以朱子学研究为辅。对政治哲学的研究，如前所述，是以儒学与自由主义的思想关系为中心展开的。吾人对该问题的研究，实际上形成了三个阶段：第一阶段，从研究徐复观和殷海光的政治哲学入手，剖析现代新儒学与中国语境下的自由主义的关系[①]；第二阶段，从研究朱熹政治哲学入手，一定程度上涉及宋明新儒学与自由主义的思想关系；第三阶段，回到中国思想的源头先秦，对早期儒学与自由主义的古典形态——古典自由主义展开比较研究。这种研究，是以对人性、优良政府与正义为中心的考察。可以说，吾人政治哲学研究之三部曲，大体上是围绕儒学与自由主义的思想关系展开的，或许体现了一种鞭辟入里、逐渐深入的精神。

---

　　① 谢晓东：《现代新儒学与自由主义——徐复观殷海光政治哲学比较研究》，东方出版社2008年版。

第一节　研究对象说明

在文本正式展开之前，首先对研究对象做出一些说明是颇有必要的。

一　本课题国内外研究现状述评及研究意义

1. 研究现状述评

儒家政治哲学在中国古代社会占据主导地位，而先秦儒学就是其古典形态。近现代以来，自由主义是西方世界占主导地位的政治哲学，而古典自由主义就是其古典形态。19 世纪末，严复把英国古典自由主义引入中国。从此，从政治哲学角度思考儒学，尤其是先秦儒学与古典自由主义的关系就成为重要的理论问题。现有的研究成果可以做如下归纳：

第一类，注重差异的。严复首先注意到了先秦儒学与古典自由主义之间的一系列差异。比如，儒家把历史看作循环的、重视等级、强调尊敬君上，而自由主义则把历史看作进步的、关心平等、强调民众。更关键的是，"自由"是儒学所缺乏的。梁启超认为，儒家在公私之间划分不清。虽然儒家重视道德，但是关注的仅仅是私德，而对公德则阙如也。胡适、殷海光采取了"全盘反传统主义"，他们认为儒学与自由主义不相容。他俩特别强调自由主义的个人主义基础，攻击儒学缺乏科学的理性精神。不过，殷海光在晚年，他的立场有所改变，开始承认儒学里也具有自由的因素。张君劢认为儒家的社会治理模式是德治，而自由主义则是法治。梁漱溟认为儒学的特殊精神与自由主义不合，所以中国难以实现民主化。张灏进一步从人性哲学出发，他认为"幽暗意识"是西方自由民主的人性根据，而儒家性善论则妨碍了自由民主。郝大维与安乐哲、贝淡宁（Daniel A. Bell）都认为儒学与自由主义差异颇大，故而"儒家民主"将不同于自由主义民主，而是某种社群社会的民主形式。

第二类，关注相似点的。狄百瑞认为新儒学中形成了一个自由传统，表现为朱熹的自由教育，新儒家的道德与文化个人主义，尤其是黄宗羲的自由思想。杜维明明确认同自由民主法治，但是反对个人主义，认为儒学的社群主义倾向更有价值。对张灏的观点，李明辉提出了质疑，他认为儒家的性善论也可以引出民主。牟宗三、唐君毅和徐复观都认为儒学具有丰富的自由资源，牟、徐认为中国具有治道民主。韩国学者咸在鹤则认为儒学的礼具有某种宪政的作用。近年来，有些中国学者也提出了"儒家宪政"的观点。

第三类，强调儒学与自由主义相结合的。内在于本研究课题，这是一个非常重要的问题，故而把它单列出来。这种结合可以区分为两种类型：从儒学的基本立场出发与从自由主义的基本立场出发。前两类学者中都有人主张结合儒学与自由主义，尤其是第二类。此外，何信全、刘军宁、邓小军、任剑涛、肖滨、陈少明、刘鸿鹤、陈明、贝淡宁、黄玉顺、白彤东、吴根友与谢晓东等诸多学者也做了一些重要工作。

就先秦儒学与古典自由主义的比较来看，对政治人性论层面的人性善恶、公与私、个人主义与社群主义等问题，对政治价值论层面的正义、自由和平等问题，对政治制度论层面的德治与法治、专制与民主、正当性等问题，前人与当今中外学者进行了比较深入的研究。由于囿于各自的问题意识，这就为从政治哲学视角对儒学与自由主义的整体性、系统性研究留下了空间。此外，我们还应当继续强化对西方政治哲学的理解，比如必须区分清楚古典自由主义、新自由主义与新古典自由主义的异同，等等。最后，超越向度有待加强。进行比较不是为了分个高下，而是应采取"回到问题本身"的做法，对先秦儒学与古典自由主义所欲对治的问题，看看他们的理路有何异同，并分析理由，揭示理论效果。

2. 研究意义

理论意义：从政治哲学视角，透过一个根本性问题，贯穿先秦儒学和古典自由主义政治哲学，从而把这两套理论看成是对同一个问题的回答。或许，这种研究对于政府的哲学反思具有一定的价值。从较为中观的角度来看，有利于儒家政治哲学的现代转换，有利于自由主义理论资源的中国化，有利于提升对自由主义学理的批判水平，也有利于当代中国的政治哲学建构。

现实意义：既是对蒋庆的儒学原教旨主义的回应，也是对自由主义西化派的回应。

二 研究的主要内容、基本思路和方法、重点难点、基本观点及创新之处

1. 主要内容

政治哲学的核心关注点是政治价值。政治价值是范导性原理，它还需要一个建构性原理，即政治价值的实现方式与程序，这就是制度论的内容。价值不是不证自明的，它还存在着一个合理性依据问题，这就是人性论所要解决的问题。基于这种理解，本文拟大致从政治人性论、政治制度论和政治价值论三个层面来分析和研究这个论题。

政治人性论。一切政治哲学都是建立在对人的哲学思考之上的。儒家的主流认为人性是善的，道德理性是人的本性，理解个人与社会关系的适当模式应当是社群主义的。但是，古典自由主义则提出了理性是人的本性、以"原罪说"为表现的性恶论和以个体主义为代表的社会观。经过比较可以发现，根据《大学》一书提供的"八条目"，在"齐家"与"治国"之间，儒学缺少"社会"一环。这是一大缺陷，因为现代的公民社会、市民社会、哈贝马斯意义上的公共领域就是一个社会层面的概念。基于此，儒学的未来发展必须要着眼于社会。本文在人性理论上主要考察的是康德与荀子的颇有特色的观点。指出荀子的人性论应该重新解读为性危说，从而弱化性恶论；并运用康德的自律（autonomy）学说，指出荀子的道德（人性）哲学的基本属性是他律。认为康德的人性理论必须同时考虑到善良意志与根本恶这两个向度，它们统一在人性公式中。指出康德的人性理论实际上可以同时涵盖孟子与荀子的观点，从而可以和孔子的人性观点相互诠释。

政治制度论。基于人性与知识论的乐观主义，儒家更为关注的问题是：权力应该掌握在有德行的人手中。德治是实现儒家政治价值的根本性方式与程序。不过，奠基于"幽暗意识"之上的自由主义与儒家的制度设计根本不同。在其看来，问题不在于让有德性的人掌权，而在于不管是谁执政，统治者的权力都必须受到严格限制。这就是法治与宪政的制度设计。先秦儒学从积极的角度追求一个好政府，而古典自由主义则从消极的角度希望避免一个坏政府。优良政府问题是政治制度论的核心

问题，古典自由主义走向了自由主义民主，而儒家则告别了王道，也趋向了民主。这就是新儒学中的政治自由主义传统的意义所在。走出王道，走向民主，是一些主张融合儒学与自由主义的人的选择。也是根据康德的自律（autonomy）理论，同时结合孟子的相关思考所得出的结论。

政治价值论。儒家认为公义是根本的政治价值，而幸福、秩序则是次一级的政治价值。古典自由主义认为自由是根本的政治价值，而平等、博爱与秩序等则是次一级的政治价值。儒学注重等级，而自由主义强调平等。儒学面临的最大挑战在于自由。虽然儒学具有一些道德自由的资源，但是属于消极自由层面的个人自由尚需要弥补。在学界现有的研究基础之上，本文主要探讨的是正义这种政治价值，考察对象主要是休谟与荀子的正义观。这种考虑主要是基于略人之所详，详人之所略的原则。一个正义的优良政府，必定同时具有正当性。孔子和洛克对政治正当性观念具有不同的看法，其差异体现在天命论与契约论之上。顺着正当性的观念，革命问题就凸显了。那么，革命能否被证明为正当呢？对此，先秦儒学与古典自由主义具有较为多元的看法。

2. 基本思路

以古典形态比较古典形态，既大幅度地压缩了论述范围，又显得比较公平。其中，先秦儒学里的孔子、孟子、荀子与古典自由主义中的洛克、休谟、康德都非常具有代表意义。故而，本书主要聚焦于他们的政治哲学。

从行文之架构来看，乃以先秦儒学为经，古典自由主义为纬。

从最为根本性的问题出发，考察儒学与自由主义的理路，据此对它们予以批判的超越。同时，这个问题足以贯穿儒学与自由主义政治哲学系统。这个问题就是："什么样的政府是好政府？"对此问题，古典自由主义认为，受到法律严格控制的、维护人权的有限政府才是好政府；而儒学则认为，由具有高度道德修养的人所组成的，以实行仁政为目标的强势政府才是好政府。于是，双方在政治制度论层面就形成了不同的理路，而这样的理路又具有不同的理论和实践效果。再从这样的问题向前追溯，发现理路不同很大程度上源于政治价值观的分歧，而价值层面在相当程度上又是由关于人的哲学思考所决定的。于是，政治价值论、政治制度论、政治人性论就构成了本书的架构。在章节的安排上，该架构具体表现为人性、优良政府与正义的三角关系。研究思路是逆推的，而课题的基本内容和行文则是顺导的。

3. 研究方法

比较法是本书研究的基本方法。在比较时既要注意同中之异，也要关注异中之同。在此基础上，围绕政治哲学的三个基本方面，进行理论上的分析、提炼、归纳，并比较、抽绎出其共同特征和差异。主要运用文本解读（如诠释学、结构主义）、理论构建（概念化、命题提炼、反思总结）、横向与纵向比较等方法。本书的一个基本特点就是非常重视原始文献，在反复研读原始文献以及广泛参考同行研究成果（第二手文献）的基础上，得出了一些颇有价值和新意的观点。

4. 重点难点

虽然目前尚未发现有学者系统论证这个研究题目，但一些微观和宏观层面的比较研究却散见于各种著作和论文中，且一些海外学者也对此有过研究。因此，如何尽可能地对已有的研究成果进行"掘井及泉"的发掘，以及如何从中搜求、分辨出政治哲学的视角，并给予合理的分析与解释就成为一大难点和重点。与此同时，如何真正进入问题本身，并对问题有深刻的理解，然后据此衡量先秦儒学与古典自由主义的政治哲学理路，这也是一大难点和重点。我试图也从自律（autonomy）问题入手，考察人性、优良政府与正义之内在统一性，从而把儒学与自由主义之研究建立在一个更加扎实的基础之上，但是，自律问题本身就是一个极为复杂的难题。因而，比较遗憾的是，这个工作本书目前也只是完成了一部分，还有待笔者以及学界同行们的继续努力。

5. 基本观点及创新之处

使用先秦儒学和古典自由主义自身的标准来衡量他们的理论效果，它们都是为了对治一定的问题而产生的，故而具有明确的问题意识。与此同时，它们又各自面临着困境，因而又有很强的困境意识。故而，先秦儒家与古典自由主义的政治哲学就是在这两种意识的纠结中寻求解决之道。

儒学的着眼点是造就强势的政府以实现仁政，但是，儒学的困境是制度的承诺无法兑现理论的承诺，即无法造就一个优良的政府，或者即便具有了"圣君贤相"的格局也无法保持下去。这就是政治哲学中的稳定性问题。中国的政治在王朝周期律的主导下循环往复，从而无法实现长治久安。古典自由主义的着眼点是控制住国家权力以保护个人权利。可以说，它的目的在很大程度上是实现了。但是，这么做是有代价的。自由主义的困境就是无法塑造理想的人，它对人的要求仅仅是不得为恶。而对儒家来说，则要求人通过修身而达到至善。从这一点来看，自由主义是现实主义的，而儒学是道德理想主义的，他们的差异体现了低度要求与高层次价值的对立。

儒学的功能介于基督教与自由主义之间，既安顿个人的生命，又处理社会政治问题。现代中国缺少基督教背景，故而儒家政治哲学的现代重构与汉传自由主义均面临痛苦的抉择。

自由主义使用了二分法，区分了国家与社会。本研究尝试使用三分法，即个体、社会与普遍三个层次。普遍层面相当于罗尔斯所说的理性多元的各种学说在公共理性的作用下所形成的"重叠共识"，即"政治自由主义"。就这个层面而言，古典自由主义的理论智慧可以发挥作用。儒学则可以在个人与社会层面发挥作用，从而造就具有高度人格的理想的人。由于具有普遍层面的立宪民主制的保护，所以可以确保儒家成圣成贤的人格理想是自愿和自主的行为。这就避免了强制性，从而更加合乎儒学的真精神。相对于传统的基本结构"内圣外王"，儒家政治哲学的现代转换形态将是"外王内圣"。

正文的每一节实际上都是一篇相对独立的论文，合计有十一篇。再加上导论的一篇与结论的三篇，实际上就有十五篇论文。应该说，这些论文，几乎每一篇都具有较为明确的问题意识，大多颇具新意。而且，全部论文又都是围绕早期儒学与古典自由主义的思想关系而展开的。就此而言，本书还是构成了一个相对严密而完整的整体。至于本书的实际学术水平究竟如何，还需要读者去评价，这里就不赘述了。

第二节 理想政治的四种类型：兼论孟子 政治哲学的理论归宿

什么样的政府是好政府？这是政治哲学的一个基本问题。其实，该问题可以转化为：什么是理想的政治？对此，存在着不同看法。本书通过结合道德哲学与政治哲学，提出了理想政治的四种类型，尝试把人类的相关思考整合在一个模型里。并在此基础上，探讨孟子自律伦理学的理论归宿。

一 问题的提出

1. 王道与民主：人类关于何谓理想政治的思考

走向文明以来，人类就一直在思考一个问题：什么是理想的政治？从政体角度分析理想政治，西方人的思考比较深入。在古代，柏拉图的"哲学王"理念是一种很有影响力的学说。而在近现代，民主则成为一种占主导地位的理想政治。在古代中国，人们对政体的思考几乎就不曾超越君主制的藩篱。中国人在一定程度上区分了绝对君主制与等级君主制，也就是说，秦汉之后的是绝对君主制，或者说是君主专制政治。而秦汉之前则是等级君主制，或者说是君王与贵族共治的相对（封建）君主制。故而，在西方思想冲击之前，中国人是不曾考虑到民主政治的。区别于西方人多从政权的归属构想理想政治的思维倾向，中国人尤其是儒家则从权力的实际运用过程的角度来考量何谓理想的政治。他们的结论是，王道政治是理想的政治，而霸道政治则不是。① 从王道与霸道的二分法来看，柏拉图实质上持有的观点可以解读为，以哲学王的统治为表现形态的王道政治是理想政治。从理想政治的视角来看，王道政治和民主政治都是理想的政治，只不过一种更为流行于古代，而另一种则更为现代人所认同而已。从逻辑的角度而言，王道政治与民主政治是独立的两个概念，而且是无法相互结合的两个概念。因而，那种认为民主政治便是一

———————————

① 《孟子·公孙丑上》，本节后文所引用的《孟子》的材料，均随文引。

种王道政治的观点，就是混淆了范畴的层次。

2. 自律与他律：伦理学的一项基本区分

自康德以来，伦理学就存在一项基本区分：自律与他律。何谓自律（autonomy）？何谓他律（heteronomy）？康德指出，自由具有两重含义。其消极意义是，自由是具有理性的生命体的意志所固有的性质，这就意味着意志"不受外来原因的限制，而独立地起作用"。其积极意义是，意志所固有的性质就是它自身的规律。换言之，人的行动法则来自意志自身，而这样的法则又是可以普遍化的定言命令。① 从伯林的脉络来看，康德所谈自由的消极面与积极面，其实也只是自由的一面。意志独立于感性与意志仅仅服从于理性法则，不过是一枚硬币的两面而已。它们都属于积极自由的范畴。对于康德而言，上述自由的两重含义，其实也就是自律。当然，康德更多的是在自由的积极意义上使用"自律"这个词语的。故而，在康德哲学中，自律与自由其实就是一回事。基于此，康德阐发了道德哲学中的"人为道德立法"的原理。康德的伦理学严格区分了感觉世界与理智世界，人同时是这两个世界的成员，起着沟通两个世界的作用。作为感觉世界的成员，服从自然规律，人是他律的；作为理智世界的成员，仅仅服从理性规律，而不受自然与经验的影响。② 而道德世界是仅仅属于理性的世界，道德的本质就是自律。从康德哲学的角度来看，在伦理学领域，作为主体的意志的动机受两种原则的支配，其一是感性的，比如幸福和快乐等，这就是他律；其二是理性的，比如纯粹的道德法则，这就是自律。虽然在康德哲学中"他律"这个概念可以同时适用于自然界与道德界，但是本文所关注的"他律"排除了自然界这种视野，而集中在道德哲学领域。于是，可以得出结论，从康德哲学来看，伦理学只有自律伦理学与他律伦理学两种类型。③ 其实，这种区分对于中国传统伦理学来说也是适用的。

① 康德：《道德形而上学原理》，苗力田译，上海人民出版社2002年版，第69—70页。
② 康德：《道德形而上学原理》，第76页。
③ 前辈学者牟宗三和李明辉等人，都集中论述了此点。具体可以参阅牟宗三《圆善论》，台湾学生书局1985年版；李明辉《儒家与康德》（联经出版事业公司1990年版），《孟子重探》（联经出版事业公司2001年版）等。

3. 道德与政治：四种连接类型划分的依据

有一种观点认为，政治哲学只不过是道德哲学的应用而已。① 故而，道德哲学关于自律和他律的基本区分，对于政治哲学就具有不同寻常的意义。就本文而言，力图把道德哲学与政治哲学连接起来作为一个整体进行思考。具体地说，就是把自律和他律这对基本概念与王道和民主这两个关于理想政治的概念组合起来。于是，在一个系统中就出现了自律、他律、王道政治、民主政治这四个概念。而它们之间可以构成四种排列：自律与民主政治、自律与王道政治、他律与民主政治、他律与王道政治。在这些排列中，不管是自律还是他律都可以在事实上同民主政治连接起来。比如，康德就同时支持自律与民主政治，而他也认为二者之间具有密切关系；而洛克伦理学属于他律伦理学，但是他也支持民主政治。对于王道政治来说，问题则要复杂一点。在笔者看来，孟子确立了自律与王道政治之间的联系，而荀子则倾向于他律与王道政治之间的连接。故而，本书试图在比较广阔的理论视野下去分析理想政治的类型，并在此基础上揭示孟子政治哲学的归宿。

二 四种连接类型

由于本文的主题是关于理想的政治，故而可以把上述的四种连接类型转换为如下四个概念：自律型民主、自律型王道、他律型王道与他律型民主。

1. 自律与民主（自律型民主）

根据康德的观点，自律优于他律。故而，理想的道德和理想的政治的结合就产生了自律型民主与自律型王道两种类型。再根据人类政治的发展历程可知，民主比王道更为可取。在四种连接类型中，有必要首先考察最具有理论彻底性的自律型民主，然后以此为基础分析其他三种类型。

如果着眼于道德的抽象性，只从抽象的角度认为人应当是自律的，并且以之为基础，其社会政治结论是什么呢？以康德的观点为例。正如

---

① 比如，罗尔斯和诺奇克等人就是这么认为的。

个人的道德不能建立在感性的幸福的基础上一样，国家也不能建立在感性的幸福原则之上，而是必须建立在纯粹理性的基础之上。公民国家建立的先天原则是人的自由、平等和独立。康德认为确立了上述原则的共同体的宪法原则可以这么表述，"没有人能强制我按照他的方式（按照他设想的别人的福祉）而可以幸福，而是每一个人都可以按照自己所认为是美好的途径去追求自己的幸福，只要他不伤害别人也根据可能的普遍法则而能与每个人的自由相共处的那种追逐类似目的的自由（也就是别人的权利）"。① 据此，国家的目的不在于维护和促进公民的福利和幸福，而在于维护那些能够使其宪法最充分地符合权利原则的条件。② 可以说，康德给予了自由主义最深刻的论证。基于自由选择的理念，"家长式的专制主义，至少是政治意义上的家长式专制主义，成为他强烈憎恶的东西之一。"③ 对康德而言，这就排除了王道政治的选项。可见，康德把自律观念贯通道德哲学和政治哲学两个领域，于是就有了自律与自由民主制度之间的内在一致性。其实，罗尔斯早就论证过，原初状态（original position）下的人们一致选择了自由民主原则，其实不过是对康德的自律概念的一种程序性解释而已。④ 康德的自律观念属于伯林所说的积极自由一系，这种观念是对"谁统治我"这个问题的一个明确的答复。自律观念对该问题的回答必然是：我应当自己统治自己。自己统治自己其实就是民主。故而，在康德哲学那里，道德自律与民主政治之间确实具有内在的一致性。当然，伯林对于积极自由视野下的民主是颇为警惕的。⑤

2. 自律与王道（自律型王道）

此处的"王道"是"王道政治"的简称。在民主政治大盛于人类社会之前，思想家们就设想了一种理想的政治——王道政治。柏拉图以现

---

① 康德：《论通常的说法：这在理论上可能是正确的，但在实践上是行不通的》，《历史理性批判文集》，何兆武译，商务印书馆1990年版，第182页。

② 徐向东：《自由主义、社会契约与政治辩护》，北京大学出版社2005年版，第241页。

③ ［英］以赛亚·伯林著，亨利·哈代编，《浪漫主义的根源》，吕梁等译，译林出版社、凤凰出版集团2008年版，第74页。

④ John Rawls, *A Theory Of Justice*, Harvard University Press, 1971, pp. 251–257.

⑤ 以赛亚·伯林：《两种自由概念》，《自由论》，胡传胜译，译林出版社2003年版，第186—246页。

存的斯巴达为底本，提出了哲学王的统治即理想的政治的看法。正如一
个正义的人的根据在于其灵魂的三个部分各司其职，一个正义的城邦那
就是组成它的三类人之间各司其职。① 而哲学家与王权的符合一致方可造
就理想国。在柏拉图看来，这样的哲学王只能是一个。哲学王根据理性
与智慧，在武士阶层的协助下统治整个城邦（国家），从而实现正义。无
独有偶，孟子也明确提出了王道政治。孟子提出了王道与霸道这对概念。
在他看来，霸道的特质是"以力假仁"，而王道的特质则是"以德行仁"。
霸道"以力服人者，非心服也，力不赡也"。而王道"以德服人者，中心
悦而诚服也"。（《孟子·公孙丑上》）孟子反对霸道，他说："五霸者，
三王之罪人也。"（《孟子·告子下》）他鄙视霸道，他声称，孔子的门徒
都以提到齐桓公和晋文公这两个霸道的代表人物而羞耻。（《孟子·梁惠
王上》）可见，孟子政治哲学的一个基本特点是尊崇王道而贬斥霸道。孟
子对王道的理解可以概括为：王道政治是以仁政为中心，以德治和民本
为两翼的一种非民主的政治形态。不同于柏拉图对哲学王的知识层面的
高度重视，孟子更加强调王道中道德性的中心位置，所谓"以德服人"
是也。我尝试着提出一个普遍性的王道政治定义：王道政治是一种以统
治者为立论中心、以民众为受益对象、以和谐为导向的理想政治。在简
要分析了王道政治之后，接下来考察儒家的自律观念。

儒家非常强调道德的主体性，而这是由孔孟所奠定的。孔子提出了
"为仁由己"（《论语·颜渊》）的命题，从而揭开了儒家发掘、表彰道德
自主性观念的序幕。"由己"表明了意志的独立，作为主体力量的体现，
意志的首要表现就是道德选择。只要主体的意志选择了仁并且努力去做，
那么就可以实现仁。"仁远乎哉？我欲仁，斯仁至矣。"（《论语·述而》）
不过，孔子以意志和仁为中心的关于道德自主性的阐述还比较浑沦，进
一步的工作是由孟子阐发的。孟子开辟了对心的论述，从而对儒学给予
了鞭辟入里的推进。他区分了耳目与心，直接揭橥了心及其功能，所谓
"耳目之官不思，而蔽于物。物交物，则引之而已矣。心之官则思，思则

---

① ［美］列奥·斯特劳斯、约瑟夫·克罗波西主编：《政治哲学史》（上），李天然等译，
河北人民出版社 1993 年版，第44—45 页。

得之，不思则不得也。此天之所与我者。"（《孟子·告子上》）耳目等器官的功能是感性的接受，而心灵的功能则是理性的思考。在孟子看来，心灵思考的对象不是物，而是法则。到此，仍然不知道孟子所说的法则是知识性的还是道德性的，又或者两者都是。孟子指出，"君子所性，仁义礼智根于心"。（《孟子·尽心上》）也就是说，性是心的本质，其具体内容为仁义礼智。故而，孟子首倡了"性善"的学说。这种学说否定了"生之谓性"的说法，明确地把道德法则归入了"我固有之"的范围。① 具体而言，道德法则就在人的心中。可以说，孟子提出的"仁义内在"思想包含了康德的"自律"概念的全部含义。② 如牟宗三和李明辉等前辈学者早就发现孟子伦理学与康德哲学之间的一致性，他们认为，孟子无疑属于自律伦理学的范畴。

孟子在伦理学里持有自律观念，而在社会政治领域则鼓吹王道政治。人们或许会想，孟子的自律伦理学与王道政治之间是否具有一种内在关系？可以说，王道政治是孟子道德理论的一种推论。孟子首先发明了性善论，他是通过心善来说性善。"四端之心"是善的，从而凸显了性是善良的，这是从经验的角度来论证的。此外，孟子还从先验的角度来分析，这就是所谓的"仁义礼智根于心"，而"我固有之也"的说法。"人皆有不忍人之心。先王有不忍人之心，斯有不忍人之政矣。"（《孟子·公孙丑》）内在的心性与外在的政治之间具有密切关系，这就从道德过渡到了政治。这种政治就是王道政治。至此，或许人们不禁会问，既然同属于自律伦理学，为何康德走向了民主政治，而孟子走向了王道政治？孟子自律学说的逻辑归宿到底是什么的问题？关于这些问题，留待最后一节探讨。

3. 他律与民主（他律型民主）

洛克持有的是独立的个体的观念。知识论中的不可再分析的简单观念，物理学中的原子与伦理学中的个体，这就是洛克哲学中的个体观念。对单个个体的重视是一以贯之的，可以说，用原子式个体来描述洛克的

---

① "仁义礼智，非由外铄我也，我固有之也，弗思耳矣。"见《孟子·尽心上》。

② 李明辉：《儒家与康德》，联经出版事业公司1990年版，"序言"第iii页。

本真状态是比较贴切的。洛克对人性及其政治意义是在自然状态学说中阐发的。在洛克看来，自然法的目的"旨在维护和平和保卫全人类"。① 它的这个目的与从哲学意义所谈的人性是具有内在联系的，这就涉及洛克的伦理学。"善"与"恶"是伦理学的基本概念，而洛克是从"快乐"与"痛苦"的角度来定义它们的。"所谓善或恶，只是快乐或痛苦自身"。② 人则是"恒常地要希望幸福"，故而人的行动法则就是"趋利避害"③。洛克认为人的意志的动机来自于人的欲望，④ "人类本性中最为强大的力量，因而也是对政治理解来说最有意义的东西就是自我保存的欲望。"⑤ 对于人类而言，"自我保存的欲望决定了人们的行为方式。"⑥ 因此，洛克"肯定人性基本上是利己主义的，道德是开明的自利"。⑦ 从康德哲学来看，洛克的伦理学是功利主义的，是他律的。

洛克认为，自然状态是"一种完备无缺的自由状态"，也是"一种平等的状态"。⑧ 因而，自然状态是一种人人自由和平等的状态，或者说人人享有平等的自由，自然状态为自然法所支配。但是，自然状态存在着一些基本的缺陷，有时会引发人们之间的战争，从而导致人自我保存的欲望落空。为了弥补这些缺陷，理性教导人们通过契约建立政治社会，从而进入公民社会的状态。在洛克看来，制度化政府形式的权力来源于政治社会的每一个成员所拥有的自然权利。"因此，当每个人和其他人同意建立一个由一个政府统辖的国家的时候，他使自己对这个社会的每一个成员负有服从大多数的决定和取决于大多数的义务；否则他和其他人为结合成一个社会而订立的那个原始契约便毫无意义。"⑨ 洛克为自由主义进行的雄辩，揭示了自由民主的可欲性。

---

① ［英］约翰·洛克：《政府论》（下），瞿菊农、叶启芳译，商务印书馆1964年版，第7页。

② 洛克：《人类理解研究》，关文运译，商务印书馆1959年版，第35页。

③ ［美］格瑞特·汤姆森：《洛克》，袁银传、蔡红艳译，中华书局2002年版，第93页。

④ 洛克：《人类理解研究》，第253页。

⑤ 列奥·斯特劳斯、约瑟夫·克罗波西主编：《政治哲学史》（下），第589页。

⑥ 同上书，第556页。

⑦ 梯利：《西方哲学史》（增补修订版），商务印书馆1995年版，葛力译，第366页。

⑧ 洛克：《政府论》（下），第5页。

⑨ 同上书，第60页。

不同于康德和孟子等自律伦理学家严格区分感性与理性，从而在相当程度上把人二重化，洛克和荀子等哲学家则是仅仅从感性经验的角度来分析人。从伦理学的角度来看，道德哲学都是他律的。不过，政治哲学却走向了不同的道路。荀子走向了王道政治，而洛克则走向了立宪民主政治。那么，在洛克那里，他律和民主政治是一种什么关系呢？在我看来，洛克是用"自我保存的欲望"这一经验条件入手来沟通他律和民主的。但是，其中夹杂着知识的调和而不是强调理论的彻底性。毕竟，自然法的概念和自然状态本身仅仅是理性的设定而已，而这和洛克的经验论的立场是相互矛盾的。对此，休谟已经从彻底经验主义的立场对洛克等人的自然法学说给予了批判。况且，霍布斯的道德哲学同样属于他律的，但是他却走向了专制主义。这表明，他律和民主政治之间可以形成事实上的联系而无法构成理论上的一贯性。从经验主义方面是很难逻辑地论证出自由民主与道德自律之间联系的必然性的。而孟子和康德的理性主义相对而言则具有理论上的优势。

4. 他律与王道（他律型王道）

荀子持有一种普遍人性论的观点，因此，即便是圣人与桀、纣的本性也是相同的。"饥而欲食，寒而欲暖，劳而欲息，好利而恶害，是人之所生而有也，是无待而然者也，是禹桀之所同也。"[①] 荀子认为，人的本性是恶的。"人之性恶明矣，其善者伪也。"（《荀子·性恶》）荀子是从人天性中的欲望着手谈论性的，"欲不待可得，所受乎天也。"（《荀子·正名》）从经验观察的角度可以发现欲望冲突导致人们相互争斗，"人生而有欲，欲而不得，则不能无求。求而无度量分界，则不能不争；争则乱，乱则穷。"（《荀子·礼论》）如果放纵人的自然欲望（恶性），就会导致各种糟糕的后果。

荀子对人性的描述，比较接近霍布斯关于自然状态下人与人之间的关系的论述，如"狼和狼"。在霍布斯看来，为了避免人类在相互冲突中毁灭，于是理性就教导人们，应该通过社会契约的形式建立一个国家来

---

① 《荀子·非相》，本节后文所引用的《荀子》的材料，均随文引。

维持和平与秩序。霍布斯的选择是建立一个专制国家来控制社会冲突。①
荀子的思路近于霍布斯，只不过儒家的圣王集自然法的理性与专制政权
于一身而已。"先王恶其乱也，故制礼义以分之，以养人之欲，给人之
求。使欲必不穷于物，物必不屈于欲。""故必将有师法之化，礼义之道，
然后出于辞让，合于文理，而归于治。"荀子认为人具有趋利避害的本
能，因此，支配人的行动的法则是感性的，故而符合康德所说的他律。
康德所说的他律的最为主要的特征就是支配意志（实践理性）的不再是
纯粹的道德法则，而是感性的经验的客体。② 对于荀子来说，礼义等道德
法则明显具有经验的起源，是圣人发明的，是圣人用来控制与支配人的
行为的。③ 在这种情况下，人的行为就仅仅具有合法性，而不具有意向的
道德性。显然，礼义不是人的意志为自己立法的产物，而是和人性相冲
突的。因而，礼义沦为一种社会控制工具，而掌握工具的先王（君王）
则依靠礼法的强制性来"伪"，从而造就臣民善的行为。在这种情况下，
荀子在逻辑上就必须强调"尊君"。④ "今当试去君上之执，无礼义之化，
去法正之治，无刑罚之禁，倚而观天下民人之相与也。若是则夫强者害
弱而夺之，众者暴寡而哗之，天下悖乱而相亡，不待顷矣。"（《荀
子·性恶》）

和孟子一样，荀子从价值选择上还是比较倾向于王道的。"仲尼之
门，五尺竖子言羞称五霸。"（《荀子·仲尼》）在荀子看来，王霸的区别
在于，"粹而王，驳而霸。"（《荀子·强国》）荀子把霸看作驳杂，霸作
为政治行为在道德上并不完全合乎儒家的伦理价值。不过，荀子很多时
候把王和霸视为君主的两种选择。比如，"故用国者，义立而王，信立而
霸。"（《荀子·王霸》）"故尊圣者王，尊贤者霸。"（《荀子·君子》）
"人君者，隆礼尊贤而王，重法爱民而霸。"（《荀子·强国》）"上可以
王，下可以霸。"（《荀子·君道》）这就似乎同时肯定了王道与霸道。简
单地说，荀子是王霸并重，但是以王道政治为理想，而以霸道政治为第

---

① 霍布斯：《利维坦》，黎思复、黎廷弼译，杨昌裕校，商务印书馆1985年版。
② 康德：《实践理性批判》，第129页。
③ "凡礼义者，是生于圣人之伪，非故生于人之性也。"《荀子·性恶》
④ 萧公权：《中国政治思想史》（一），第103页。

二等的政治。这种尊王而不黜霸的做法和孟子存在较大差距，而和宋代的陈亮则具有不少共同点。

三　自律的逻辑结论应该是民主政治而不是王道政治

通过上文的分析，自然就会产生如下问题：根据康德哲学这个典范，在孟子的自律伦理学与民主之间断裂的理论与实践因素是什么？对该问题的分析，事实上就同时指出了自律伦理学走向王道的理论与实践缘由。

康德把自律观念贯通道德哲学和政治哲学两个领域，于是就有了自律与自由民主制度之间的内在一致性。而孟子则没有把自律原则贯穿到底。换言之，孟子只是半截子自律。如果孟子的自律伦理学坚持到底，必然是走向康德的路子。他之所以没有走到那一步，固然有理论内部的局限，但主要是由于当时中国在实践层面的局限。孟子不像古希腊的柏拉图和亚里士多德那样，见过各种政体的表演，他只见过一种政体——那就是君主政体。在孟子时代，君主制正处在由等级制转变为绝对君主制的后期。也就是说，君主专制制度正在迅速形成。在这种情况下，孟子的政治课题就是在君主专制的背景下寻求一种合理的政治，其结果便是王道政治。孟子以及儒家所阐发的道德自律观念和王道政治理论具有比较正面的历史和理论价值。至少是否定了法家的赤裸裸的暴力原则，同时，作为一种规范性的社会理想，也减轻了君主专制政体的毒害。

不过，孟子哲学内部的局限也不容忽视，正是这样的局限致使孟子导向了王道而不是民主。第一，过于实用化的思维方式。孟子不是纯粹的哲学家，而是试图用世的儒者。于是，哲学层面的普遍主义常常受制于现实层面的考虑，从而走向特殊主义。比如他在人性哲学上所持的是人性善的普遍主义的立场，但在现实中人的行为表现差异极大，于是就赋予少数精英道德和政治上的特权，从而去改变一般人。第二，平等主义的不彻底性。孟子只承认人原初的善性的平等，这是一种抽象的肯定。而在现实层面，孟子区分了先觉与后觉，分别对应着精英与民众。普通民众具有被动性的典型特征，需要精英的主动积极的作为，这就从具体的层面否定了道德和政治层面的平等主义，故而表现出了平等主义的不彻底性。而大家知道，康德哲学是以纯粹的理论思考著称，其普遍主义的立场和平等主义的倾向是导向自由民主的轨道。第三，个体主义的缺失。基于上述两点，在孟子的自律伦理学中，个体的权利和职责概念较难确立。这就意味着个体主义无法彰显。并从根本上使得孟子哲学在当时难以达到民主政治。

从康德哲学而言，个体主义、平等主义和普遍主义是自律的道德哲学和自由民主之间得以自然沟通的桥梁。而孟子，由于现实和理论等方面的限制，其自律伦理学无法突破王道主义而走向民主政治。但是，这并不是一种宿命。在剥离出自律学说的合理内核之后，在现代条件下，孟子的自律观念的逻辑归宿应该是民主政治而不是王道政治。① 其实，牟宗三的良知的自我坎陷理论可以视为沟通道德自律与民主政治的一次特殊的理论尝试。这种沟通便是以孟子为代表的心学自律伦理学为基础的。持福利国家立场的新自由主义之所以能够走出古典自由主义，很大程度依靠了积极自由（positive freedom）这一观念。而积极自由和自律之间互为表里的关系则说明孟子的王道政治理论和新自由主义具有较多的相互诠释性，也表明孟子哲学对于自由主义的发展可以发挥相当的作用。对于中国这类缺乏消极自由传统的国家来说，孟子的自律伦理所确立的积极自由原则是非常难能可贵的。从这个意义上本文也可以视作，为意识到积极自由的价值的自律概念而辩护。并以此为基础，推动中国政治哲学传统的创造性转化。这种转化同时也就是中国政治哲学的现代重构。这种重构，其实很大程度上可以视为是先秦儒学与古典自由主义政治对话后的产物。诚如林毓生所言，中国自由主义的前途在于其能否整合西方自由理论与本土丰厚的知识和价值传统，从而发育出一种新的知识体系。② 立足于孟子

---

① 有一种看法认为，强调自律应该走向儒家所强调的德治，从而会反对民主政治。2011 年 10 月，在台北召开的一次国际学术会议上，陈昭瑛教授就曾经和笔者谈过这点。不过，我觉得这是一个误会。陈教授所谈的可能是常识意义下的自律而不是道德哲学层面的，尤其不是康德和孟子所理解的含义。

② 林毓生：《五四时代的激烈反传统思想与中国自由主义的前途》，收入氏著《中国传统的创造性转化》，三联书店 1988 年版，第 160—204 页。

的自律伦理学并予以创造性转化，或许可以为实现儒家政治哲学的现代重构提供一个理论原点，从而使得民主政治成为儒学的内在要求和理论归宿。

第 一 章

人 性 辩 证

在政治哲学研究中，对人性的考察占据了基础性的地位。在本章中，我从人性论角度展开对早期儒学与古典自由主义思想关系的分析。需要指出的是，这种分析不是对儒学与自由主义人性论面面俱到的研究，而是试图在现有的研究之外提出某些较为新颖的观点。

第一节　性危说:荀子人性论新探

关于荀子的人性论，多数人认为是性恶论。况且，《荀子》的文本也是这么阐述的。于是，性恶这种观点几乎成了荀子的招牌，也是历代学者毁之和誉之的焦点。就性恶论而言，可以区分为性本恶（先天性恶）和后天性恶论。[①] 不过，也有一些人认为荀子的人性论蕴含着性善论。[②] 此外，也有人认为，荀子所说的性恶不是指人性本恶，而是顺从、沉溺于人的本性的结果。[③] 这种观点认为，性本身无善恶，从而否定了性本恶。还有一种观点认为，荀子支持的是性可以为善可以为不善的观点。[④] 在时贤的研究基础之上，笔者试图提出一种对荀子性论的新阐释。这种

[①] 吴乃恭：《荀子性恶论新议》，《孔子研究》1988 年第 4 期。

[②] 马一浮：《马一浮集》（第三册），浙江古籍出版社、浙江教育出版社 1996 年版，第 1141 页；劳思光：《新编中国哲学史》（一卷），广西师范大学出版社 2005 年版，第 254 页；胡伟希：《荀子人性思想探微》，《清华大学学报》（哲学社会版）1988 年第 2 期。

[③] 韦政通：《荀子与古代哲学》，台北：台湾商务印书馆 1966 年版，第 68—72 页。

[④] Kim-chong Chong, Early Confucian Ethics, Open Court, Chicago and La Salle, Illinois, 2007, p. 83.

阐释虽然主要针对性无善无恶论，但是也兼顾到了其他几种观点。性无善无恶论或许比性恶论更好地总结了荀子性论的立场，它从消极的角度规定了性的属性，从而指出了性不是什么。但笔者以为，这是不够的，应该从正面指出性到底是什么。① 就此而言，以性无善无恶来概括荀子的性论仍然不够充分。我们的基本观点是，以性危来指称荀子的性论或许是一个更好的选择。

一　荀子对"性"的理解

在阐述性危说之前，有必要先来分析荀子对"性"这一词的理解，以便为该论点奠定一个较为坚实的基础。这种理解，相当程度上是以"性"之定义，尤其是以分析"性"之内涵和外延为中心的。先考察性之内涵。

第一，性是什么？根据戴震的研究，"谓之"一词在古汉语中可视为下定义。②因此，可以说荀子给性下过如下定义："生之所以然者谓之性。性之和所生，精合感应，不事而自然谓之性。"（《荀子·正名》）"不可学、不可事之在天者，谓之性。"（《荀子·性恶》）所以，所谓性就是指人因出生这项事实而具有的自然倾向，因而不具有人为的含义。就此而言，颇为接近告子所说的"生之谓性"。事实上，荀子之《性恶》与《正名》诸篇中的"性"字原本当作"生"字解。③ 那么，在荀子看来，凡是可以称为"性"的事物都具有什么特性呢？"凡性者，天之就也，不可学，不可事。"（《荀子·性恶》）"性者，本始材朴也。"（《荀子·礼论》）"性也者，吾所不能为也，然而可化也。"（《荀子·儒效》）可见，性具有自然而成、质朴、不可以通过学习获得以及可以转化等几种特征。

第二，性和情、欲。上文对性的分析完全是形式化的，那么，性的

① 张祥龙也认为，性无善无恶论并没有突出人类的特殊的通性，因为无机物、植物和动物也都是无善无恶的。《先秦儒家哲学九讲——从〈春秋〉到荀子》，广西师范大学出版社2010年版，第245页。

② （清）戴震：《孟子字义疏证》，中华书局1982年版，第22页。

③ 傅斯年：《性命古训辩证》，广西师范大学出版社2012年版，第74—78页。

内容是什么呢？"性之好、恶、喜、怒、哀、乐谓之情。"（《荀子·正名》）也就是说，好、恶等六情是性的内容。荀子进一步认为，"情者，性之质也；欲者，情之应也。以所欲为可得而求之，情之所必不可免也。"（《荀子·正名》）可见，情是性的质体，或者说是内容。由此可见，性情是同体的，所以荀子常把这两个词连用。比如，"故顺情性则不辞让矣，辞让则悖于情性矣。"（《荀子·性恶》）而欲望是情对外物的反应，因而，欲望是人必须要有的。虽然荀子在概念上把性、情、欲三者分别加以界定，但事实上，它们是一个东西的三个名称。①

第三，性与伪的分合。在荀子哲学中，要正确理解"性"，是无法离开"伪"这个术语的。可以说，区分性和伪是荀子的一大创造。"情然而心为之择谓之虑，心虑而能为之动谓之伪。虑积焉，能习焉，而后成谓之伪。"（《荀子·正名》）可见，伪具有两层含义，其一是指心的能动性，其二是指经过主体的努力而取得的客观成效。② 当然了，对于重行的儒家来说，伪的第二层含义占主导地位。荀子认为，"可学而能、可事而成之在人者，谓之伪，是性、伪之分也。"（《荀子·性恶》）也就是说，伪的属性是人的努力可以成就的，并非天生的。因而，伪意味着人类的文明，所谓"伪者，文理隆盛也。"（《荀子·礼论》）荀子也没有忽略性和伪相联系的一面。他认为，性是伪所处理的对象和得以发挥作用的前提，而伪则是性得以提升和转化的关键，二者缺一不可。"无性则伪之无所加，无伪则性不能自美。""性伪合"具有莫大的功效，可以成圣人之名，可以使天下治。（《荀子·礼论》）简单来说，性是天生，而伪是人成，于是天生人成就成为了荀子的基本原则。③

根据荀子对性的内涵的规定，符合这种属性的事物大致是什么呢？这就是性的外延。有学者认为荀子性概念的子概念有四种，即情、欲、知和能，其中情和欲为一组，知和能为一组，前者是恶的，而后者是无

① 徐复观：《中国人性论史》（先秦篇），三联书店2001年版，第205页。

② Philip J. Ivanhoe, *Confucian Moral Self Cultivation*, Second Edition, Hackett Publishing Company, Inc. Indianapolis/Cambridge, 2000, p. 40.

③ 牟宗三：《名家与荀子》，吉林出版集团有限责任公司2010年版，第143—144页。

所谓善恶的（中性）。① 这种区分颇有意义，但上述四个方面在笔者看来，似乎应该属于性的外延问题。荀子还认为性具有同一性，一切人的性都是一样的，没有差别。"凡人之性者，尧、舜之与桀、跖，其性一也；君子之与小人，其性一也。"（《荀子·性恶》）这种同一性，也就意味着性具有普遍性。此外，性还具有现成性，② 也就是人生而具有的自然的属性。那么，具有这些意义的性的外延是什么呢？

认识能力是性的一种类型。其中，较为低级的能力是感官的感觉能力。"目辨白黑美恶，耳辨声音清浊，口辨酸咸甘苦，鼻辨芬芳腥臊，骨体肤理辨寒暑疾养，是又人之所常生而有也，是无待而然者也，是禹桀之所同也。"（《荀子·荣辱》）与此同时，人还具有理性认识能力。"凡以知，人之性也；可以知，物之理也。"（《荀子·解蔽》）③ "所以知之在人者谓之知，知有所合谓之智。"（《荀子·正名》）知之在人和人所具有的认识能力，就是佛学所说的能知，知有所合和可以知，就是所知，能所结合方产生知识。情感能力也是性的一种类型。由于情可以分为好、恶等六种具体情感，其中的每一种都可以表现为某些欲望，故而这里的情感能力的实质就是欲望。故而，荀子性论的特色，就在于以欲为性。④ 欲望可以分为生理层面的和心理层面的，其实指的都是人的自然本能，比如，"饥而欲食，寒而欲暖，劳而欲息，好利而恶害，是人之所生而有也，是无待而然者也，是禹桀之所同也。"（《荀子·荣辱》）性的第三种类型是意志能力。在《荀子》的文本中，多处出现了"志"这个词语，比如，"君子贫穷而志广"（《荀子·修身》），"而志乎古之道"（《荀子·君道》），等等。著名翻译家里雅格（Legge）和刘殿爵（D. C. Lau）都把"志"译成英文"Will"。因而，可以较有把握地认为，荀子注意到了意志这种人所具有的特殊能力。荀子明确涉及了意志软弱（weakness of

---

① 廖名春：《荀子新探》，台北：文津出版社1994年版，第125页。

② 储昭华论述此点颇为精到。详论参见氏著《明分之道——从荀子看儒家文化与民主政道融通的可能性》，商务印书馆2005年版，第238—240页。

③ 第一个"以"，梁启雄认为当作"可"，可知即能知，而能知是人的本质。参见氏著《荀子简释》，中华书局1983年版，第304页。

④ 徐复观：《中国人性论史》（先秦篇），第205页。

will）的问题。① 他认为，从潜能来看，人都具有成为圣人的可能性，所谓"涂之人可以为禹"（《荀子·性恶》）是也。虽然"涂之人可以为禹则然"，但是从现实性来看，"涂之人能为禹则未必然也"。之所以如此，就是因为普通人的意志薄弱，无法积学而为圣人。

要言之，荀子哲学中的性之内涵是指人与生俱来的自然倾向，其外延既包括知情意三种能力（faculties），也指由之生发的情感与欲望（e-motions and desires）。

二　性危说的证明

既然性危说是对荀子性论的一种新阐释，那么它又是如何得到证明的呢？在此，笔者主要从两个方面予以论证。

1. 《荀子》文本中有性危说的暗示

第一，文本中有很多处"危"字。许慎对"危"的解释是，"在高而惧也"。② 许慎是从造字的角度来分析"危"的，说明人由于处于某些特殊境地而害怕。"危"在《荀子》中是常用字，共出现107次，③ 其基本含义是危险。从词性的角度而言，当"危"单用时，主要有名词、动词和形容词三种形式，前者比如"安则虑危"（《荀子·仲尼》），中者比如"危其身者"（《荀子·王霸》），后者比如"夫是之谓危国"（《荀子·王霸》）。当然，"危"也可以和其他字组合而构成词组，比如"危亡"、"危害"、"危辱"、"危弱"、"危削"和"危殆"。就本文而言，更加注重"危"及其反义词"安"在一个句子中共同出现的情况，这些例子比较多，信手拈来几处："是安危利害之常体也"（《荀子·荣辱》）、"国之所以安危臧否也"（《荀子·王制》）、"将以为安乃得危焉"（《荀子·王霸》）、"此谓荣辱安危存亡之衢也"（《荀子·王霸》）、"欲安而恶危"（《荀子·君道》）、"以安国之危"（《荀子·臣道》）和"以危为安"（《荀子·赋》），等等。可见，"危"确实具有危险和不安全的含义。

① ［美］倪德卫著，万白安编：《儒家之道——中国哲学之探讨》，周炽成译，江苏人民出版社2006年版，第106页。

② （汉）许慎撰，（宋）徐铉校订：《说文解字》，中华书局1963年版，第194页。

③ 引得编纂处编纂：《荀子引得》，上海古籍出版社1986年版，第405—407页。

"危"的适用对象一般是"身"和"国",当然也包括"心",比如"人心之危"(《荀子·解蔽》)。关于"人心之危"的详细分析,留待后文。

第二,对"情安礼"命题的分析。在《荀子》文本中,有两处谈到了"情安礼",笔者以为这个提法应该引起人们的高度关注。其内容如下,"礼然而然,则是情安礼也;师云师云,则是知若师也。情安礼,知若师,则是圣人也。"(《荀子·修身》)杨倞对"情安礼"的注释是,"谓天性所安,不以学也。"① 由于情是性的内容,因而"情安礼"也可以解释为性安于礼。而我们知道,礼义乃圣人所制,其目的是"养人之性,给人之求。"(《荀子·礼论》)礼义相当程度上是用来调节人的欲望(性)的,从而在无限的欲望与有限的资源之间保持平衡。在没有礼(pre-ritual)产生之前,人的欲求是会导致无秩序、不通和混乱。"人生而有欲,欲而不得,则不能无求。求而无度量分界,则不能不争;争则乱,乱则穷。"(《荀子·礼论》)可见,对于情(性)来说,有礼则安,无礼则危。"安礼"之"安"和"性危"之"危"刚好是一对反义词,这不更好地凸显了化性的必要性吗?就此而言,性危说呼之欲出。"行离理而不外危者,无之有也。"(《荀子·正名》)此处的"理",似指礼义,或 good order,② 这句话表明,任何人的行为只要背离了礼义,其处境就会危险。笔者以为,这句引文的要点在于,行背理则危险,这就暗示了其反面,即行合理(礼)则安全。此处,或可认为也暗示了性危说。

2. 关于性危说的几个证明步骤

前面论证得出的结论是荀子暗示了性危说,而下文则要证明,对荀子性论的性危说阐释,是较为符合荀子的思想理路的。需要指出的是,这种证明相当程度上借助了朱熹关于人心道心的诠释。

第一,人心与性之间联系的确立。本文的基本思路是把朱子关于人心"惟危"的论证转用于证明荀子的性论是性危说,要达到这个目的,首先要做的事情就是确立《荀子》文本中"人心"与"性"这两个概念

① (清)王先谦:《荀子集解》,中华书局1988年版,第33—34页。

② John Knoblock, *Xunzi*: *A Translation and Study of the Complete Works*, vols. 3. Stanford: Stanford University Press, 1994, 22. 6D.

的联系。王夫之在注释《尚书·大禹谟》的"人心惟危，道心惟微，惟精惟一，允执厥中"时指出，"告子湍水之喻，其所谓性，人心之谓也。漾洄而不定者，其静之危与！决而流者，其动之危与！湍而待决，决而流不可挽，初非有东西之成形；静而待动，动而尧、桀之皆便。唯其无善无恶之足给，可尧可桀，而近桀者恒多；譬诸国然，可存可亡，而亡者恒多，斯以谓之危也。"① 由于朱熹的努力，人心道心说成为了宋明理学的重要论题。作为哲学大家的王夫之，也阐述了自己的某些理解。为了使论述不至于过于枝蔓，此处就不详细阐发王夫之的相关思想了，只需指出，王夫之确认了《孟子》文本里，告子思想中"人心"与"性"之间的一致性，这对于荀子的思想来说，可以视为一种曲折的间接证明，因而具有某种方向性意义。不应低估王夫之这个观点的重要性，因为中外不少荀子研究者认为荀子的性论是无善无恶说，从而和告子持有相同的立场。②

如果说王夫之只是提供了一种间接说明的话，那么汉学家史华兹（Ben Jamin I. Schwarze）则给出了进一步说明。他指出，"在《荀子》中，如果把'性'这个词译成'心灵'（mind）则更为合适，因为它不可能依靠对于与生俱来的道德禀性的引导来生成。它所包含的是一种宝贵的思想能力，是一种既可能又不能调动起来去获得知识、深思熟虑的气质、反思的能力、自觉完成其预定目标的思想能力。至少就人们对'心灵'这个词的第一感觉而言，它正是典型的'有为'意识尤其是人们获得知识之能力的中心。"③ 有敏锐的汉学家注意到，在荀子那里，"性"与"心"之间具有同一的一面。这对于我们的基本证明起着重要的中介作用。

唐君毅曾经对孟荀之性心关系有一概要看法，他指出，孟子言心，

---

① 王夫之：《尚书引义》，中华书局 1962 年版，第 20 页。

② 比如柯雄文（A. S. Cua）和韦政通等人。A. S. Cua, Philosophy of Human Nature, in Cua, Human Nature, Ritual and History: Studies in Xunzi and Chinese Philosophy, Washington D. C. : Catholic University of American Press, 2005, pp. 1 – 38.

③ ［美］本杰明·史华兹：《古代中国的思想世界》，程钢译，刘东校，江苏人民出版社 2004 年版，第 303—304 页。

"乃与性合言"；而荀子言心，"则与性分言"。① 也就是说，荀子是"裂心与性情为二，贵心而贱性情"。② 关于荀子思想中的性和心，牟宗三有一个重要观点，即"以心治性"。③ 可以说，唐、牟的论点都注重了心和性的区别，而史华兹则强调了心和性的一致之处。就荀子的性心关系而论，还有一个问题需要解决，那就是心是否是性？对此问题，可以从两个层面来回答。"心是性"是从"生而有"说，而"心不是性"则是从"实践功夫"说。④ 其实，在荀子哲学中，心和性既具有明显的区别，更具有同一的一面。而对心性同一性的强调，则把人们引向了"人心"与"性"这两个概念的联系。

如果说前文只是提供了间接证明的话，那么黄宗羲则给出了更为明确的说明。他在为阎若璩的经典著作作序时曾经写道，"'人心'、'道心'，正是荀子性恶宗旨。'惟危'者以言乎性之恶，'惟微'者此理散殊无有形象，必择之至精而后始与我一，故矫饰之论生焉"。⑤ 黄宗羲指出，"人心惟危"表明了性恶，这种看法和本文所提出的性危的基本观点是不同的。在人心道心问题上，黄氏和其师刘宗周以及朱熹的人心不是恶的观点明显不同，却同于王阳明及二程人心为恶的学说。⑥ 即使如此，黄宗羲明确把荀子里的人心、性恶和危的观念放在一起考察，而这种思路却正是笔者非常认同的。

第二，朱子对人心危的诠释适用于荀子之性。朱熹在《中庸章句序》中阐发了自己成熟的道心人心思想。⑦ 为了论证的需要，兹引序的相关部分如下：

① 唐君毅：《中国哲学原论》（导论篇），台湾学生书局 1986 年版，第 139 页。

② 同上书，第 133 页。

③ 牟宗三：《名家与荀子》，第 179 页。

④ 何淑静：《孟荀道德实践理论之研究》，台湾文津出版社 1988 年版，第 47—73 页。

⑤ （清）黄宗羲：《尚书古文疏证原序》，收入阎若璩《尚书古文疏证》，上海古籍出版社 2010 年版，第 3 页。

⑥ 谢晓东：《宋明理学中的道心人心问题——朱熹与心学的思想比较》，《厦门大学学报》（哲学社会版）2009 年第 6 期。

⑦ 谢晓东：《寻求真理——朱熹对道心人心问题的探索》，《河北大学学报》（哲学社会版）2005 年第 3 期。

盖尝论之：心之虚灵知觉，一而已矣，而以为有人心、道心之异者，则以其或生于形气之私，或原于性命之正，而所以为知觉者不同，是以或危殆而不安，或微妙而难见耳。然人莫不有是形，故虽上智不能无人心，亦莫不有是性，故虽下愚不能无道心。二者杂于方寸之间，而不知所以治之，则危者愈危，微者愈微，而天理之公卒无以胜夫人欲之私矣。精则察夫二者之间而不杂也，一则守其本心之正而不离也。从事于斯，无少间断，必使道心常为一身之主，而人心每听命焉，则危者安、微者著，而动静云为自无过不及之差矣。①

根据笔者和一些学者的研究，朱熹人心道心思想晚年定论的基本标志是确立了人心、道心的普遍性（"虽上智不能无人心"，"虽下愚不能无道心"），尤其是前者。这就意味着，朱熹告别了"人心，人欲。道心，天理"②的二程的人心人欲说，并批评了二程以人欲来解释人心，与天理来诠释道心的模式。他认为，人心不是恶，故而不是人欲。"'人心，人欲也，'此语有病。虽上智不能无此，岂可谓全不是。"③ 对于朱熹来说，人心具有普遍性，是上智和下愚都有的，其性质是危。根据朱熹的思想，笔者曾经提出了人心通孔说，据此把道心人心思想和天理人欲理论整合为一个模型，认为天理（或道心）和人欲都是通过人心这个通孔来表现自身的，分别是人心上达和下达的结果。④ 根据学者们的研究，人心指的是人的知觉与需求。知觉通过感官而现，而需求就是欲望。在荀子哲学中，性既包含了知觉，也涵盖了欲望。故而，荀子对性的描述，有很大一部分和朱熹对人心的规定性是重合的。就此而言，朱熹所理解的人心和荀子哲学中的性具有很强的可比性。

---

① （宋）朱熹：《晦庵先生朱文公文集》卷七十六，朱杰人，严佐之、刘永翔主编：《朱子全书》第二十四册，上海古籍出版社、安徽教育出版社 2010 年版，第 3673—3675 页。

② （宋）程颢、程颐：《二程外书》卷二，《二程集》，中华书局 2004 年版，第 364 页。

③ （宋）黎靖德编：《朱子语类》卷七十八，中华书局 1986 年版，第 2010 页。

④ 谢晓东、杨妍：《朱子哲学中道心人心论与天理人欲论之内在逻辑关系探析》，《江苏社会科学》2007 年第 2 期。

那么，朱熹对人心的诠释和荀子的思想，是否具有文本上的实际联系呢？答案是肯定的。事实上，朱熹的道心人心思想，就是通过阐发《古文尚书》之《大禹谟篇》的所谓十六字传心诀来确立的。这十六个字是这样的：人心惟危、道心惟微、惟精惟一、允执厥中。根据阎若璩的考证，其中前三句基本来自《荀子》书中所引的《道经》，而最后一句来自于《论语》的《尧曰》篇。① 来自《荀子》的相关内容是，"故道经曰：'人心之危，道心之微。'危微之几，惟明君子而后能知之。"（《荀子·解蔽》）《道经》早已失传，而荀子之所以引用《道经》的观点，目的是给自己张目。也就是说，此处他所引用的材料，和其基本思想倾向应该是一致的。据此，可以认为，用朱熹对人心的理解来反观荀子的性论，这种做法具有较强的正当性。

朱熹明确指出，"人心不全是不好，若人心是全不好底，不应只下个'危'字，盖为人心易得走从恶处去，所以下个'危'字。若全不好，则是都倒了，何止于危？危，是危殆。"② 再比如，"危者，危险，欲坠未坠之间。"③ 在这里，朱熹对人心之所以危的解释，和荀子对性的看法，几乎是如出一辙。荀子并没有说性便直接是恶（性本恶），而是说，"顺是"、"从人之性"和"顺人之情"便会产生恶。（《荀子·性恶》）正如黄百锐（David B. Wong）所说，荀子之所以认为性恶，是因为在人的欲望和情感（二者构成了性）占据了支配地位的情况下，就产生了不安全与缺乏秩序。④ 对荀子而言，行为表现为恶，乃自然之势能，故而甚易；而善伪则某种程度上要反自然之倾向，故而需要付出相当大的努力。形象地说，作恶犹如水冲沙，故而甚易；而为善则如逆水行舟，甚难。对荀子而言，恶乃堕落的结果，善伪乃提升之结果。这些特性均说明了性危说的提出，是符合荀子之内在理路的。至此，可以较为谨慎地认为，

---

① （清）阎若璩：《尚书古文疏证》，第122—124页。

② （宋）黎靖德编：《朱子语类》卷七十八，第2010页。

③ 同上。

④ David B. Wong, "Xunzi on Moral Motivation," ed. T. C. Kline and Philip J. Ivanhoe, Virtue, Nature, and Moral Agency in the Xunzi, Hackett Publishing Company, Inc. Indianapolis/Cambridge, 2000, p. 150.

荀子的性论确实可以解释为性危。

三 性危说何以是一种更好的阐释？

笔者在上文初步论证了荀子的性危说，这是不够充分的，还必须证明性危说具有较为明显的优势，并能够有力地反驳其他几种性说，从而证明是对荀子性论的一种更好的阐释。

1. 性危说的优势

第一，跳出了以善恶言性的传统思路。一般认为，儒家人性论的主流是孟子的性善论，而荀子的性恶论则是主要的反面教材，处于两者之间的是其他几种人性论，比如性无善无恶、性有善有恶以及性可以为善可以为恶，则占据了一定的逻辑地位。这些性论，大多有人把它套在荀子头上。不难发现，不管这些性论有多大的不同，它们都分享了一个共同点，那就是以善恶来规定性。而本书所提出的性危说则跳出了这一窠臼。这是因为，在笔者看来，善恶是建立在规则的基础之上的。诚如康德所言，"善和恶的概念必定不是先于道德法则被决定的，而只是后于道德法则并且通过道德法则被决定的。"① 道德法则是人类确立秩序的基础，有法则方有善恶之分。具体到荀子那里，在作为规则的礼义产生之前，只有事实，没有价值，也就没有善恶。② 不管是从逻辑的角度还是发生学的角度来看，性必定先于礼义法度。可以设想，人类有过一段没有规则的时候，或借用著名的自然状态学说，该学说假定人类存在过一个自然状态。在自然状态里，每一个都是立法者，也是执法者，还是当事人。在这种情况下，是没有客观的是非之分的，因而每一个人都具有康德所说的野性的自由。礼义的产生是为了给人类确立秩序，此前，人类做什么事情都是可以的。也就是说，在社会秩序产生之前，无所谓善恶。③ 秩

---

① 康德：《实践理性批判》，韩水法译，商务印书馆1999年版，第68页。

② 傅斯年也有类似看法，他写道，"自今日论之，生质者，自然界之事实，善恶者，人伦中之取舍也。自然在先，人伦在后，今以人之伦义倒名自然事实，是以后事定前事矣。"《性命古训辩证》，第194页。

③ 本文所谈论的善恶，指的是道德意义上的，而不是自然意义上的。自然意义上的善恶，比如先天残疾、天性聪颖等，因不具有道德意义，故而不是本文所研究的对象。

序确立之后，则只能作规则所没有禁止的事情。因而，在对性予以逻辑分析的时候，在排除了规则的情况下，用善恶这种后规则的概念来规定"性"这一名词，就是一种不够合理的做法。就此而言，那些用善恶来阐释荀子性论的做法或许是存在问题的。而性危说则跳出了以善恶来考察性的传统思路，从而区别于目前一些主要的对荀子性论的阐释。

第二，为"善伪"和"化性"观念确立了更好的基础。性的概念本身就意味着它是一种本质，是自然的不可改变的永恒结构。这当然是对性的一种本质主义的理解。一些学者由于承认荀子性恶说在其思想整体中具有重要地位，故而发现，在论证善的起源（所谓"善者伪也"）及其基础观念"化性"时面临不少困难。诚如蔡元培所批评的，"荀子持性恶说，则于善之所由起，亦不免为困难之点。"① 性恶观念之所以较难以说明善的起源，是因为善就外在方面而言完全依赖于圣人所创立的礼义的矫正，在内在方面而言则依赖于认知心的理性计算。前者导致对强制的强调，而后者则走向了他律，从而共同促成了自律的难产。② 就其理路本身而言，也存在难以解决的矛盾。荀子在《礼论篇》中认为，如果人的欲求没有规则的调节，那么在资源有限的条件下人与人之间必然发生持续的争斗，从而类似于霍布斯所说的"一切人对一切人的战争"。为了告别这种状态并给予人类社会以秩序，霍布斯诉诸自然法的理性。理性教导人们，应该通过社会契约的形式建立一个国家来维持和平与秩序，霍布斯的选择是建立一个专制国家来控制社会冲突。③ 荀子的思路近于霍布斯，他选择的"先王（圣王）"起到了类似的作用。只不过，儒家的圣王是集自然法的理性与专制政权于一身而已。荀子的这种理路不是偶然的，而是先秦诸子关于这种礼（国家以及秩序等）的起源的思考的一贯路径。而世界范围内，这种多少具有神性的立法者来建立国家的说法比比皆是，比如希腊和罗马就是如此。荀子所理解的先王就是这么一位立法者（虽然缺乏神性），他制定了礼义。问题在于，这样的先王是单数还是复数，

---

① 蔡元培：《中国伦理学史》，东方出版社 1996 年版，第 20 页。
② 关于自律和他律的观念主要来自于康德，具体可以参阅《实践理性批判》等康德的实践哲学系列论著。
③ ［英］霍布斯：《利维坦》，黎思复、黎廷弼译，杨昌裕校，商务印书馆 1985 年版。

如果是复数，那么是不同时间段的吗？由于荀子持有的是一种自然主义的天道观，因而他所理解的先王就不具备神性，他也是学习和积累而成的。作为启蒙者（制礼义者）的第一先王，谁来启蒙他？① 如果接受本文的诠释，则困难将会减弱很多。性危而不是性恶，是对性的结构自身的客观描述。而性危，则既说明了化性的必要性，又比性恶说容易说明化性的可能性，故而只需要化性而不需要变性。

第三，有助于确立"责任"观念。性恶论认为，恶乃性之顺其自然。这种观点，导致难以合理解释"责任"观念。因为如果人的本性就是恶的话，那么一方面人作恶不过是体现了真实的自我，另一方面则说明了人很大程度上是无能为力的，只能被动地由性推动。这更容易导致宿命论而不是意志自由。或许有人会反驳道，基督教的核心观念是原罪（original sin）说，而原罪说中的恶是根深蒂固的，从性质上看比荀子的性恶（human nature is bad）说更悲观，但却并不妨碍意志自由观念的确立。其实，基督教的原罪说，由于有上帝的作用，故而人的意志可以是自由的。但是荀子信奉的是自然主义天道观，没有上帝的干预，故而在性恶的条件下就较难以解释意志自由了。比如，信奉性恶说的霍布斯，就逻辑一贯地否定了意志自由。② 在笔者看来，意志自由和责任是互为表里的。而性危说则表明，儒学的核心观念修身意味着要和自身固有的倾向做斗争，这就充分地体现了修身的艰难与必要。而修身观念，也是建立在意志自由观念的基础之上的。此外，性危说比性恶说更容易和忧患意识共存，而忧患意识也是责任观念的一个来源。要言之，性危说有助于最终确立责任观念，从而为道德奠定牢固的基础。

2. 对荀子性论的几种解释之反驳

在证明性危说的过程中，其实相当程度上已经反驳了性恶说和性无善无恶说。在接下来的分析中，会依托性危说反驳对荀子性论的其他几种影响较大的解释，从而进一步证明性危说是一种更好的阐释。首先引

---

① 何平：《荀子的悖论与政治神话的发生》，《天津师范大学学报》（哲学社会版）1993 年第 1 期；以及汪修全、朱滕：《荀子礼治思想的重新审视》，《哲学研究》2005 年第 8 期。

② 霍布斯：《利维坦》，第 30 页。他认为该词毫无意义，是荒谬的。

起注意的是性无善无恶论及其反命题—性有善有恶论这两种混合型解释。根据王充的记载，性有善有恶论是周人世硕的观点。① 不过，目前尚未发现有人用它来指称荀子的人性论。况且，从逻辑上看，这种观点是对常识的描述，相对来说缺乏哲学的深度。基于这两个理由，此处就省略对这种观点的分析。性无善无恶论由柯雄文（A. S. Cua）和韦政通等人所主张。从哲学史来看，告子所持的观点也是性无善无恶（性无善无不善）。告子认为，人性是没有方向和倾向性的，就像流水那样，哪里有口子，就朝哪里流。（《孟子·告子》）据此，荀子和告子似乎都支持同一种人性论。在性危说看来，性虽然本身是无善无恶的，但是却具有一定的倾向，而不是没有倾向性。② 其容易坠落（为恶）的特点就是一种明显的潜在倾向性，这就意味着，性是可以一定程度上超越无善无恶而进一步认定为性危的。传统上所认为的荀子也是性无善无恶的解释，是无法和告子的观点予以有效区分的。因为假设如此的话，荀子人性思想的独特性也就难以彰显了。而我们知道，区别荀子和告子的人性论还是比较重要的。比如，告子持有一种唯意志论（voluntarism）立场，把成就德性仅仅看作是一个简单的选择行为，这与荀子以及儒家之立场差别甚大，故而荀子就否认了告子意义上的人性是无善无恶的。③ 基于这几点理由，可以认为，性危说从某种程度上看，既区别了荀子与告子，又吸纳了合理要素，故而可视之为对性无善无恶说的一种发展。

还有一种解释是庄锦章（Kim-chong Chong）提出的，他认为，荀子的性论实际上是性可以为善可以为不善。④ 庄氏区别了"可以"和"能"，⑤ 并以此为基础得出了自己独特的结论。我认为，庄氏的观点是对

① 王充：《论衡·本性篇》，见《论衡校释》，黄晖撰，中华书局1990年版，第132—133页。

② 就此而言，信广来（Kwong-loi Shun）的观点就值得商榷，他认为，荀子的"性"是无善恶倾向的。"Nothing in one's constitution points toward goodness and away from badness." Mencius and Early Chinese Thought, Stanford University Press, Stanford, California, p. 230.

③ Bryan W. Van Norden, "*Mengzi and Xunzi: Two Views of Human Agency*", ed. T. C. Kline and Philip J. Ivanhoe, Virtue, Nature, and Moral Agency in the Xunzi, pp. 125 – 127.

④ Kim-chong Chong, Early Confucian Ethics, Open Court, Chicago and La Salle, Illinois, 2007, pp. 83 – 97.

⑤ Ibid., pp. 67 – 81.

荀子性论研究的重要推进。但是,这种解释也还存在一定的问题。确实,性从潜能的角度而言是可以为善可以为不善的,从现实性而言,则是有善有恶。问题在于,能否进一步追问,可以为善可以为不善的客观的却并非是由主体的选择所造成的依据是什么呢?庄氏没有回答这个问题。而我们所提出的性危说则回答了这个问题,那就是,正因为性危,所以才可以为善,可以为不善。就此而言,笔者的解释一方面可以涵盖庄氏对荀子性论的阐释,另一方面还提供了一个新要素,即跳出了以价值词语"善"来规定性的传统思路。

兒玉六郎[①]以及周炽成等提出的性朴论是另一种对荀子性论的解释。周的基本文本依据取自于《荀子》中的"性者,本始材朴也"。该说认为,性恶不是荀子本人的思想,就文本而言,性朴才是荀子性论的正解。[②] 周说和笔者的观点有相近之处,其中之一就是跳出了以善恶来诠释荀子性论的固有模式。但是在我看来,性朴论实际上是性无善无恶说的变相说法,本质上依然属于性无善无恶说这种类型。从哲学的角度来看,性朴说似乎是性白板说。在我看来,性朴论忽略了"性"的字面含义,那就是作为本质的存在,是变中的不变者。性不是虚无,而是具有一些倾向,而性朴论则忽略了这一点。就此而言,它将难以回应荀子的如下挑战,"今当试去君上之执,无礼义之化,去法正之治,无刑罚之禁,倚而观天下民人之相与也。若是则夫强者害弱而夺之,众者暴寡而哗之,天下悖乱而相亡,不待顷矣。"(《荀子·性恶》)但是,性危说却可以较为有力地回应这个理论假设。此外,周说的文本依据过于薄弱,而且论证也相对简单。性危说,究其实质而言体现的是一条中间道路,即处于性恶和性善的中间观点。其区别于性朴论之处在于:如果说善是左,恶是右,正中间是无善无恶(也可以说是性朴),那么性危说则处于中间偏右。中间偏右有两种基本表达式:性危说和性向恶说。性危说已经由本文所提出,而性向恶说则是关于荀子性论的又一种理解。

---

① 兒玉六郎,1974,《荀子性朴说の提出》,载《日本中国学会报》第 26 集。转引自佐藤将之,2003:《二十世纪日本荀子研究之回顾》,载《"国立"政治大学哲学学报》第 11 辑,第 68 页。该文在第 39—84 页。

② 周炽成:《荀韩人性论与社会历史哲学》,中山大学出版社 2009 年版,第 17—36 页。

　　性向恶说是我们反驳的重点。或许，有人会说，荀子的性论不是本文所提到的其他解释，而是性向恶论。这种观点目前没有看到有谁提出，① 但是为了论证的需要，笔者认为，有必要为这种观点建构一种简要的证明。证明过程如下：洛克曾经提出了心灵白板说，从而否认了心灵存在任何先天的观念，而莱布尼茨则提出大理石纹路说以反驳洛克。他认为，心灵固然没有现成的观念，但是具有一些内在的倾向和潜存的观念。据此，可以借此论证荀子，从而认为荀子所理解的性不是白板或白纸，并非空无一物，而是有倾向性的。或许有人会认为，在荀子看来，这种倾向性是明显的，那就是恶。换句话说，性确实不是本恶，但它倾向于为恶。为了强化关于性向恶论的论证，可以借用《孟子》曾经提到过的水的流向类比之。水的本性是朝低处流，也就是说，在地球重力等因素保持不变的条件下，水自然会向下流。对于荀子来说，顺人之性，人便会自然为恶，就像顺水之性，水会自然向下流一样。必须承认，性向恶说是性危说的强劲对手。这是因为它们都否定了对荀子性论的如下阐释：性朴论、性善论和性本恶论，也与性无善无恶论、性可以为善可以为不善论明显不同。向恶就意味着危，就此而言，性向恶和性危似乎并无本质差异，只不过是词语的不同表述而已。但是，性危的表述更加简明扼要，从思维经济的原则来讲更为可取一些。此外，基于荀子的自然主义的天道观，正当优先于善的原则以及价值中立原则，笔者认为，对性的判断尽量不要含有诸如善恶之类的价值词，会更加合理一些。就此而言，性危说略胜一筹。前文曾经提到过蔡元培对性恶论的批评，其实，如果这种批评能够成立的话，那么性向恶说也是难以避免其冲击的。但是，性危说则相当程度上可以避免这种批评。此外，性危论可以涵盖性向恶论，而后者则似乎不能够涵盖前者。最后，性危说是动静合一的。就静态（未发）的性而言，是无善无恶的；作为潜能的性而言，是可善可恶的；就动态（已发或现实的）的性而言，是有善有恶的。所以性危说同时具有上述几个向度，体现了动静合一。

---

　　① 我注意到了台湾大学傅佩荣教授的性向善论，而这种观点是性向恶论的反命题。傅说可以参阅氏著《儒家哲学新论》，台湾联经 2010 年版。

本文证明了性危说这种对荀子性论的新阐释，指出了其优势，并以之为基础反驳了对荀子性论的其他诸多理解。读者或许会问：根据你的阐释，既然荀子性论的实质是性危，那么荀子为何还要摒弃这种较为温和的观点而选择颇为激烈的"性恶"来表述呢？最重要的理由是，为了反击孟子的性善论以及庄子的性善心恶论，荀子必须要强化自己的立场，故而需要某种关于人性的醒目而强硬的观点。从逻辑上看，性恶似乎是不二选择。如果这个说法可以成立，那么其理论招牌性恶说，就只不过是性危说的一种强势表达而已。但某种程度上就是这种表达引起了董仲舒、宋明新儒家以及现代新儒家的批评。其中具有代表性的是程颐的观点，他认为，"荀子极偏驳，只一句'性恶'，大本已失。"① 如果现代研究者回归荀子性论的实质，并摒弃其强势的表达，那么或许就可以减少对其观点的一些无谓的批评与误解。

第二节　善良意志与根本恶：康德的人性论

对于康德的人性论，学者们多有关注。但是，从善良意志与人性根本恶的角度切入其人性思想的似乎尚不多见。因而，本文拟从此角度分析康德的人性思想，希望能够提出一点新观点。

一　善良意志

不管"善良"一词其含义是善良的，还是只是"意志"一词的属性，我们都要首先理解"意志"一词在康德哲学中的含义。

1. 何谓意志？

康德曾经说道："知性除了与（理论认识中的）种种对象的关系之外，它还有一种与欲求能力的关系，欲求能力因此称作意志，并且在纯粹知性（它在这种情形下称作理性）通过一条法则的单纯表象是实践的

_____

① （宋）程颢 程颐：《二程遗书》卷十九，《二程集》，中华书局 2004 年第二版，第 262 页。

范围内，这个能力称作纯粹意志。"① 很明显，意志指的是欲求能力。在康德看来，人有两种基本能力：认识能力和欲求能力。② 前者是一种知性能力，而后者则是一种意志能力。当然了，不管是哪种能力，都属于理性能力的范围。就此而言，意志也就意味着主体，或实践理性。③ 需要指出的是，在康德哲学中，需要区别"意志"与"意念"。前者是一个先验概念，而后者则是一个经验概念，其含义是指"准则的主观原则"④。同时，康德还区分了"低级的欲求能力"和"高级的欲求能力"，前者把客体（质料）作为意志决定根据的先决条件，而后者则是单纯的形式法则成为意志决定根据的先决条件。⑤ 此外，康德还指出，"意志是有生命者底一种因果性（就这些有生命者是理性的而言）。"⑥ 因果性可以区分为自然的因果性与自由的因果性，前者支配现象，而后者指向物自身。人同时属于现象与物自身，故而是两个世界的联接者。意志可以绝对自发地引起行动，故而其具有因果性，当然，是属于自由的因果性。由于有理性者可以区分为有限的有理性者与无限的有理性者，前者包括人类，而后者指的是亚伯拉罕三教意义中的上帝。故而，意志可以区分为有限意志与神圣意志，前者属于人，后者属于上帝。本文所探讨的意志是有限意志，而不是神圣意志。从道德哲学的角度来总结一下康德的观点，"意志被设想为一种能力，可依据某些法则底表象决定自己的行动。"⑦ 或者，"每一个自然物都依法则而产生作用。唯有一个有理性者具有依法则底表象（亦即依原则）而行动的能力，或者说，具有一个意志。"⑧ 也就是说，意志是一种行动能力，一种依原则而行动的能力。也可以通俗地说，意志乃是真正的自我。⑨

---

① 康德：《实践理性批判》，韩水法译，商务印书馆1999年版，第59页。
② 康德：《实践理性批判·序言》，第9页。
③ "既然我们需要理性，才能从法则推衍出行为来，所以意志不外乎就是实践理性。"（康德：《道德底形上学之基础》，李明辉译，台湾联经1990年版，第32页。）
④ 康德：《单纯理性限度内的宗教》，李秋零译，商务印书馆2012年版，第34页。
⑤ 康德：《实践理性批判》，第21页。
⑥ 康德：《道德底形上学之基础》，第175页。
⑦ 同上书，第51页。
⑧ 同上书，第32页。
⑨ 同上书，第89、93页。

2. 意志的特性

意志具有至少两个特性,一是自由,二是自律。当然,在康德哲学中,自由与自律其实指的是同一种含义,不过,为了分析的需要,我们还是分别阐述之。康德告诉我们,"自由必须被预设为一切有理性者底意志之特质。"① 自由问题是一个非常复杂的问题。康德认为,在自然界中,或在现象中,受因果法则的支配,不存在自由。但是,在道德中,或在物自身中,是存在自由的。或者说,必须假设自由的存在,否则道德即成为不可能。康德认为,道德法则是自由的认识理由,而自由又是道德法则的存在理由。细心的读者不难发现,康德在此有一个循环论证,即通过道德法则来证明自由的存在,又通过自由的存在来证明道德法则的存在。② 在证明至善何以可能时,康德设定了自由、灵魂不朽和上帝存在,从而试图保证至善的可能性。这些话语表明,自由是人的理性所无法证明的,故而只能假设之。回到刚才的引文,康德就明确把自由预设为有理性者意志的一种特性。"这样一个意志必须被思想为在相互关系上完全独立于现象的自然法则,亦即因果性法则。但是这样一种独立性在最严格的意义上,亦即在先验的意义上称为自由。因此,一个只有准则的单纯立法形式能够用作其法则的意志,是自由意志。"③ 此处,康德把自由与意志直接连接起来构成自由意志这么一个词组,其含义应该是自由的意志,或意志是自由的。

关于意志的第二个特性自律,康德是这么阐述的:"意志底自律是意志底特性,由于这种特性,意志(无关乎意欲底对象之一切特性)对其

① 康德:《道德底形上学之基础》,第77页。

② 不过,康德更多的是强调从道德法则证明自由。比如,"我们关于无条件的一实践的事情的认识从何开始,是从自由开始,抑或从实践法则开始?它不能从自由开始;因为我们既不能直接意识到自由,该缘自由的最初概念是消极的,也不能从经验中推论出自由概念,因为经验只让我们认识到现象的法则,从而认识到自然的机械作用,自由的直接对立面。因此,正是我们(一旦我们为自己拟定了意志的准则,立刻就)直接意识到的道德法则首先展现在我们面前,而且由于理性把它呈现为不让任何感性条件占上风的、确实完全独立于它们的决定根据,所以道德法则就径直导致自由概念。"(康德:《实践理性批判》,第29—30页。)再比如,"本身无需任何正当性证明根据的道德法则不但证明了自由的可能性,而且证明了它在那些承认这条法则对自己有强制作用的存在者身上具有现实性。"(同上书,第50页)

③ 康德:《实践理性批判》,第29页。

自己是一项法则。因此，自律底原则就是：除非我们的抉择底格律同时也作为普遍法则而被包含于同一个意志中，否则不要以其他方式作抉择。"① 也就是说，意志具有自律这么一个特性，其含义是指意志对自身就是一项法则。换言之，意志是自我立法的。我们来看一下康德所说的实践理性中的原理四的内容，其中就有关于自律是意志特性的长篇分析。"意志自律是一切道德法则以及合乎这些法则的职责的独一无二的原则；与此相反，意愿的一切他律非但没有建立任何职责，反而与职责的原则，与意志的德性，正相反对。德性的唯一原则就在于它对于法则的一切质料（亦即欲求的客体）的独立性，同时还在于通过一个准则必定具有的单纯的普遍立法形式来决定意愿。但是，前一种独立性是消极意义上的自由，而纯粹的并且本身实践的理性的自己立法，则是积极意义上的自由。道德法则无非表达了纯粹实践理性的自律，亦即自由的自律，而这种自律本身就是一切准则的形式条件，唯有在这个条件下，一切准则才能与最高实践法则符合一致。因此，愿望的质料只能是与法则联结在一起的欲求的客体，它如果进入实践法则，作为实践法则的可能性条件，那么从中就产生出依从某种冲动或禀好的意愿的他律，亦即对自然法则的依赖，意志给予自己的就不是法则，而只是合理地依从种种本能法则的规矩；但是，准则在这种方式之下决不能在自身之中包含普遍的立法的形式，它非但不能以这种方式引起义务，而且甚至与纯粹实践理性的原则，因而也与德性意向正相反对，即便发源于它的行为是合乎法则的。"② 在此，康德明确把自律和自由结合在一起考察，从而指明了自律的本质。需要指出的是，关于自由的自律，不是孤语，而是多处出现。比如，"在全部被造物之中，人所愿欲的和他能够支配的一切东西都只能被用作手段；唯有人，以及与他一起，每一个理性的创造物，才是目的本身。所以，凭借其自由的自律，他就是道德法则的主体。"③

　　因而，意志既是自由的，也是自律的，而且自由与自律也是相互包

① 康德：《道德底形上学之基础》，第67页。
② 康德：《实践理性批判》，第34—35页。
③ 康德：《实践理性批判》，第95页。

含的。那么，是否意志只有这么两个特性呢？答案是否定的。在康德看来，意志还是善良的。

3. 善良意志的含义

在康德来看，人没有神圣意志，但是可以具有纯粹意志。① 显然，"道德形上学应当探讨一种可能的纯粹意志之理念和原则，而非一般而言的人类意欲之活动和条件（它们多半取自心理学）。"② 因此，康德就在《道德底形上学之基础》一书中分析了纯粹意志。他认为，纯粹意志（也可以简称为意志）具有善的特性。康德指出，"在世界之内，甚至根本在它之外，除了一种善的意志之外，我们不可能设想任何事物，它能无限制地被视为善的。"③ 也就是说，善的意志是唯一的绝对的善。所谓绝对一词，它具有无条件的含义。康德哲学中，一些重要的原则或理念，都具有唯一性。比如，绝对命令的普遍公式只有一个，绝对善的意志也是唯一的。这种唯一性的证明表明其原则具有最高的统一性，从而具有更大的说服力。康德进一步证明，善良意志之为善，"并非由于其结果或成效，即非由于它宜于达成一项规定的目的，而仅由于意欲，也就是说，它自身就是善的。"④ 康德是一位动机论者，故而他认为意志的意欲本身就是善的，从而善的意志本身就具有全部价值。"产生一个绝非作为其他目的底手段、而是其自身即善的意志……这一意志固然可以不是唯一而完全的善，但却必须是最高的善，而且是其他一切善（甚至一切对幸福的要求）底条件。"⑤ 很明显，康德认为善的意志本身就是目的，它就是最高的善，这和前面所说的绝对的善是一致的。善具有多种类型，但善良意志是其他所有善的条件。也就是说，其他的善之所以是善，其善性是善良意志赋予的。没有善良意志这个最高的善，也就没有其他一切的善。善良意志还是"自身即可尊崇且不因其他目的而为善的"。为了阐明

---

① 康德：《实践理性批判》，第33页。他说道："我们虽然设定作为理性存在者的人类具有纯粹意志，但是我们无法设定作为受需要和感性动机刺激的存在者的人类具有神圣意志，亦即不可能有任何与道德法则相抵触的准则这样一种意志。"

② 康德：《道德底形上学之基础》，第5页。

③ 同上书，第9页。

④ 同上书，第10页。

⑤ 同上书，第13页。

这么一个概念，康德讨论了义务概念，之所以如此，是因为他认为该概念包含了一个善的意志的概念。[①] 或者说，"义务是一个自身即善的意志（其价值超乎一切）底条件。"[②] 总结一下，善良意志是最高的、绝对的、无条件的善，因而具有唯一性。正如康德所说，"最高而无条件的善却只能见诸于一个有理性底意志中。"[③] 善良意志具有非常重要的作用，康德就曾经指出，"要实现这个理念，需要有对于一部可能的宪法底性质的正确概念、经过许多世事磨炼的丰富历练，以及最重要的是，一个为采纳这个理念而准备的善的意志。"[④] 在康德的道德哲学，善良意志概念是一个出发点。用康德的话来说就是，"现在我们可终止于我们最初出发之处，即一个无条件的善的意志之概念。如果一个意志不会是恶的，也就是说，其格律成为一项普遍法则时，绝不会自相抵触，这个意志便是绝对善的。因此，以下的原则也是这个意志底最高法则：始终依据你能同时意愿其普遍性为法则的那项格律去行动！"[⑤]

二　根本恶

既然康德提出了善良意志的学说，又怎么会认为在人性中存在根本恶呢？两者如何得到协调呢？不过，在解决这些问题之前，我们首先来考察一下康德关于人性中"根本恶"思想的论述。

1. 人的本性中向善的原初禀赋

在康德看来，人具有三种禀赋，分别是动物性的禀赋、人性的禀赋与人格性的禀赋。就动物性的禀赋而言，这是由于人是有生命的存在者，故而具备该种禀赋。其"可以归在自然的、纯然机械性的自爱的总名目下，这样一种自爱并不要求有理性。它又有三个方面：首先是保存自己本身；其次是借助性本能繁衍自己的族类，并保存那些由于和性本能相

---

① 康德：《道德底形上学之基础》，第 13 页。
② 同上书，第 22 页。
③ 同上书，第 19 页。
④ 康德：《康德历史哲学论文集》，李明辉译注，联经 2013 年版，第 13 页。
⑤ 康德：《道德底形上学之基础》，第 63 页。

结合所产生出来的东西；其三是与其他人共同生活，即社会本能。"① 可以发现，该种禀赋是人与动物都有的，从而无法区别人与野兽。人之所以具有人性的禀赋，这是因为人在具有生命之外，还具有理性，故而是理性的存在者。以理性来规定人的本质，是柏拉图以来的西方哲学的一般作法，康德也不例外。"人性的禀赋可以归在虽然是自然的、但却是比较而言的自爱（为此就要求有理性）的总名目下；也就是说，只有与其他人相比较，才能断定自己是幸福的还是不幸的。由这种自爱产生出这样的一种偏好，即在其他人的看法中获得一种价值，而且最初仅仅是平等的价值，即不允许任何人对自己占有优势，总是担忧其他人会追求这种优势。"② 康德认为，人性的禀赋与动物性的禀赋之上，均可以嫁接各种恶的东西（或简称恶习）。但是，在人格性的禀赋之上，"绝对不能嫁接任何恶的东西"。③ 那么，何谓人格性的禀赋呢？康德以为，"人格性的禀赋是一种易于接受对道德法则的敬重、把道德法则当作任性的自身充分的动机的素质。这种易于接受对我们心中的道德法则的纯然敬重的素质，也就是道德情感……由于这种道德情感只有在自由的任性把它纳入自己的准则的时候才是可能的，所以，这样一种任性的性质就是善的特性；善的特性一般与自由任性的任何特性一样，都是某种只能获得的东西。"④ 人格性的禀赋区别于人性的禀赋之处在于，前者除了适用于有生命同时又有理性的存在者之外，还必须满足"能够负责任的存在者"⑤ 这么一个条件。人格性何以与承担责任具有内在联系？

康德曾经指出，我的人格就是不可见的自我。⑥ 他还指出，我们自己的人格就是"那意识到这个法则的存在者。"⑦ 综合上述两点可以得出结论，人格就是自我意识，就是先验自我，就是物自身，就是本体。因而，可以认为，人格的特性就是自由。正因为自由，所以才能够承担责任。

---

① 康德：《单纯理性限度内的宗教》，第21页。
② 同上书，第21—22页。
③ 同上书，第22页。
④ 同上。
⑤ 同上书，第21页。
⑥ 康德：《实践理性批判》，第177页。
⑦ 同上书，第116页。

于是，我们就理解了何以人格性的禀赋之特质在于负责任。针对上述三种原初禀赋，康德进一步指出，"当我们依照其可能性的条件来考察上述三种禀赋时，我们发现，第一种禀赋不以理性为根源；第二种禀赋以虽然是实践的，但却只是隶属于其他动机的理性为根源；第三种禀赋则以自身就是实践的，即无条件的立法的理性为根源。人身上的所有这些禀赋都不仅仅（消极地）是善的（即它们与道德法则之间都没有冲突），而且都还是向善的禀赋（即它们都促使人们遵守道德法则）。它们都是源始的，因为它们都属于人的本性的可能性。人虽然可以与目的相违背地使用前两种禀赋，但却不能根除它们中的任何一个。"① 这些规定性说明，善在人的身上是有内在依据的，从而为道德奠定了良好的基础。

2. 根本恶问题

康德认为，人的本性中存在一种根本的、生而具有的恶，我们或许可以把这种恶称为根本恶。那么，康德是如何证明这一点的呢？他指出，"本真恶或者道德上恶的倾向"可以被"称作人的一种趋恶的自然倾向。"② 倾向可能是与生俱来的，但不是必定是与生俱有的，所以与人的选择有关，从而区别于禀赋。而倾向指的是"一种偏好（经常性的欲望）的可能性的主观根据，这是偏好对于一般人性完全是偶然的而言。"③ 在康德看来，这种倾向有三个不同的层次，其具体内容是："第一，人心之遵循已被接受的准则方面的软弱无力，或者说人的本性的脆弱；第二，把非道德的动机与道德的动机混为一谈的倾向（即使这可能是以善的意图并在善的准则之下发生的），即不纯正；第三，接受恶的准则的倾向，即人的本性或者人心的恶劣。"④ 我认为，在分析这三种倾向的类型时顺序应该倒过来。可以发现，第三种类型讲的是故意为恶的问题，第二种类型讲的是动机的不纯粹的问题，第一种类型谈的是意志薄弱的问题。第一和第二种类型可以是无意的，从而和有意的第三种类型形成明显对比。在康德看来，趋恶的倾向是普遍的，且都与人的选择有关，因而我

---

① 康德：《单纯理性限度内的宗教》，第23页。
② 同上书，第24页。
③ 同上书，第23页。
④ 同上书，第24页。

们应该为趋恶的倾向承担责任。"趋恶的倾向由于涉及主体的道德性，从而是在作为一个自由行动者的存在者的主体中被发现的，所以作为咎由自取的东西，必须能够被归咎于主体，虽然这种倾向深深地植根于任性之中。由于这一点，人们必须说可以在人的天性中发现它。其次，这种恶的根据也不能被放在为道德立法的理性的败坏之中；就好像这种理性能在自身中清除法则本身的威望，并且否定出自法则的责任似的；因为这是绝对不可能的……所以，为了说明人身上的道德上的恶的根据，感性所包含的东西太少了；因为它通过取消可能从自由中产生的动机，而把人变成了一种纯然动物性的东西；与此相反，摆脱了道德法则的、仿佛是恶意的理性（一种绝对恶的意志）所包含的东西又太多了，因为这样一来，与法则本身的冲突就会被提高为动机（因为倘若没有任何动机，任性就不能被规定），并且主体也会被变成一种魔鬼般的存在者。——二者中没有一个可以运用到人身上。"① 康德指出，"这种恶是根本的，因为它败坏了一切准则的根据，同时它作为自然倾向也是不能借助于人力铲除的，因为这只有借助于善的准则才会实现；而既然假定所有准则的最高主观根据都是败坏了的，这就是无法实现的了。但尽管如此，这种倾向必然是能够克服的，因为它毕竟是在作为自由行动的存在者的人身上发现的。"② 也就是说，根本恶也是可以克服的，所以道德是可能的。

3. 重构向善的原初禀赋的力量

在人的行动中，恶的泉源在于自爱成为人们所有准则的原则。③ 那么，如何重建向善的原初禀赋的力量呢？在康德看来，善与恶必须出自人的自由选择的结果才有意义，否则他就不能为善恶负责，那么它在道德上也就是无善无恶的。"人被造就为向善的，人的原初禀赋是善的。但人还没有因此就已经是善的，而是在他把这种禀赋所包含的那些动机接纳或不接纳入自己的准则（这必须完全听任于他的自由选择）之后，他才使自己成为善的或者恶的。"④ 因此，"在我们身上

①　康德：《单纯理性限度内的宗教》，第31页。
②　同上书，第33页。
③　同上书，第42页。
④　同上。

重建向善的原初禀赋，并不是重获一种丧失了的向善的动机；因为这种存在于对道德法则的敬重之中的动机，我们永远也不会丧失。要是会丧失的话，我们也就永远不能重新获得它了。因此，这种重建，仅仅是建立道德法则作为我们所有准则的最高根据的纯粹性。按照这种纯粹性，道德法则不是仅仅与其他动机结合在一起，或者甚至把这些动机（偏好）当作条件来服从，而是应该一起全然的纯粹性，作为规定任性的自身充足的动机，而被纳入准则。原初的善也就是在遵循自己的义务方面准则的圣洁性，因而是纯然出自义务的。"① 也就是说，要履行我们的义务，并且确保义务的纯粹性。基于此，就可以重建向善的原初禀赋的力量。

三　二者如何统一

重建向善的原初禀赋的力量，其实就是试图把善良意志与根本恶统一起来。那么，二者能够统一吗？若是，又是如何统一的呢？

1. 统一的根据

康德以为，人的本性之恶劣，不能被理解为魔鬼般的恶意。所谓魔鬼般的恶意"是指一种把恶之为恶作为动机纳入自己的准则意念（准则的主观原则）"。② 换言之，即每一个动机都是邪恶的。在康德看来，人是不可能这么邪恶的。康德的这个观点类似于朱熹的"虽下愚不能无道心"的立场。③ 康德把根本恶又称作心灵的颠倒，即没有把纯粹的义务作为动机的最高原则。不过，人虽然有根本恶，但是还是可以和善良意志统一起来的。用康德的话来说就是，"这种恶的心灵，能够与一个总的来说善的意志共存。"④ 共存就意味着统一。问题在于，是怎样统一的呢？

2. 如何统一？

根据康德的理解，根本恶是一种必然的倾向，即是人的宿命。由于

---

① 康德：《单纯理性限度内的宗教》，第44页。
② 同上书，第34页。
③ 朱熹：《四书章句集注》，中华书局1983年版，第14页。
④ 康德：《单纯理性限度内的宗教》，第34页。

人是感性与理性的复合体，从而集现象与物自身于一体，也沟通了感觉世界与智思世界。根本恶的存在与感性、现象和感觉世界直接相关，甚至可以说就是它的一部分。人是永远无法摆脱这些因素的，所以人就排除了具有神圣意志的可能性。而我们知道，在西方基督教背景之下，人永远处于上帝（神）之下，野兽之上。这就决定了在基督教大背景之下思考的康德是永远也不会赞成儒家的圣人观的。儒家的圣人是随心所欲不逾矩，也就是说，圣人这种理想人格具有神圣意志，从而不可能有恶的心灵以及恶的行为。康德以为，人虽然具有根本恶的倾向，但是由于有善的禀赋，由于是人格性的禀赋，故而为善的行动与心灵奠定内在的基础。另外，人具有自由意志，所谓自由意志就是绝对的自发性，意志总是可以截断众流，并在当下立刻发动出善的行为来。而且，善良意志是自律的，也就是说，意志为自身确立道德法则，并遵循道德法则。这就是自我立法、自我守法之真义。于是，人虽然具有根本恶的倾向，且这种倾向是无法根除的，但是人的善良意志通过作用，能够限制根本恶的倾向，从而发动道德行动来。无法根除的根本恶的倾向，是作为理性存在者的人类头上高悬的达摩克利斯剑。但是作为道德主体的善良意志（实践理性）面对根本恶的倾向，一方面会战战兢兢、如临深渊、如履薄冰，但另一方面则会和这种倾向作永恒的斗争。

3. 统一的表现：人性公式

在我看来，善良意志与根本恶之统一的表现，就是康德著名的人性公式。其内容是：如此行动，即无论在你的人格还是其他每个人底人格中的人性，你始终同时当作目的，绝不只当作手段来使用！[①] 需要指出的是，康德是从行动目的（动机）的角度来阐发人性公式的。如果从一般表现形式来看，就是这么一个法则，"仅依据你能同时意愿它成为一项普遍法则的那项格律而行动！"[②] 该法则是绝对命令，具有唯一性。这条法

---

① Kant, *The Moral Law*, translated by H. J. Paton, Commentary and Analysis of the Argument, Routledge Classics, London and New York, 2005, pp. 106 - 107. 翻译成中文时参考了李明辉的翻译，但是有两处重要改动。李的译文可以参阅 ［德］康德《道德底形上学之基础》，李明辉译，第53页。

② 康德：《道德底形上学之基础》，李明辉译，第43页。

则其实就是可普遍化原则，是从形式上检验主观准则能否成为客观法则的试金石。国际康德哲学研究界把这条法则简称为普遍法则公式。问题在于，人性公式是如何统一善良意志与根本恶的呢？简单地说，人性公式体现了人是目的的理念，而这种理念本身又是以善良意志为根据的。而把人当作手段或工具来使用，体现了人感性的层面。而感性本身正是和根本恶互为表里的。于是，在人性公式里，善良意志与根本恶就以依据的形式表现且统一起来。

如果把康德的人性思想与早期儒学作比较，就会发现，康德的善良意志说，以及人的本性中向善的原初禀赋，似乎和孟子的性善论相似；而康德关于人性中的根本恶的观念，似乎又和荀子的性恶论（其实质应该是弱化性恶的意义的性危说）类同。而从总体上看，康德的人性思想则近于孔子的"性相近、习相远"的箴言。当然，上述的观点还比较粗陋。不过，康德的思想在早期儒学与古典自由主义的比较研究中，显然是居于核心的地位的。

第三节 自律还是他律？——论荀子道德哲学的基本属性

荀子的道德哲学是海内外学人研究的重点所在。而其中荀子道德哲学的基本属性到底是自律还是他律，学界颇有不同意见。牟宗三曾经把孟子的伦理学归入自律伦理学，相应地，就把荀子的伦理学划入了他律伦理学。[①] 不过遗憾的是，牟先生关于荀子为何是他律论者的论述仅寥寥数语，以至于还停留在论断层面。与牟宗三的论断形成鲜明对照的是韩国学者李漳熙（Janghee Lee），他认为荀子哲学是以心的自律性为中心的，因此其伦理学是自律伦理学。[②] 笔者此前发表的论文曾经扼要证明过荀子道德哲学的基本属性是他律，[③] 但是不曾具体而微地证立这一点。因

---

① 牟宗三：《心体与性体》（上），上海古籍出版社1999年版，第75—78页。

② Lee Janghee, *Xunzi and Early Chinese Naturalism*, State University of New York Press, 2005, pp. 78 – 82, 90 – 96.

③ 谢晓东：《理想政治的四种类型——兼论孟子政治哲学的理论归宿》，《武汉大学学报》（人文科学版）2012年第6期。

而，本文既是笔者以往研究的延伸，同时也是试图在学界现有研究的基础上、在和牟宗三与李漳熙的对话中证明荀子道德哲学的基本走向是他律。本文在相当程度上反驳了李漳熙的观点，同时也是对牟宗三观点的细致化与重要补充。

一 自律（autonomy）与他律（heteronomy）的区分

德国哲学家康德是第一个对自律与他律作出区分的人，因而，本文就先扼要地介绍一下他的相关思想，以便为下文的分析奠定一个较为牢固的基础。根据佩顿（Paton）的看法，善良意志（a good will）是康德伦理学的出发点。[①] 而意志与实践理性其实是一而二、二而一的关系，即它们实质是同一的。对于康德来说，"自由必须被预设为一切有理性者底意志之特质。"[②] 换言之，意志本身就是自由的。因此，意志自由就成为了康德伦理学的第一个预设理念。或许我们还会记得，在康德的《纯粹理性批判》里，知性的超越使用就产生了四个二律背反（antinomy），其中之一就是自由与决定论。康德认为，在理性的范围内，二律背反必然存在。康德形而上学有一个著名的区分，即现象与物自身。现象是人们的认识对象，而对于物自身，它不是认识对象，而是一个可思对象。不过，实践理性相对于思辨理性具有某种优越性。比如，人们的道德实践活动可以证成自由，而这在思辨理性中，是不可想象的。对于人这种理性存在者来说，他就是现象与物自身的交点。也就是说，作为肉身的人存在于现象界，或者说可知世界，其受自然的必然性的支配，因此，人是被决定的，故而谈不上自由。但是，作为实践主体的人，却可以超脱"对感性世界底决定原因"，从而享有自由。[③] 对于康德来说，"一个自由的意志和一个服从道德法则的意志是一回事。"[④] 自由的消极概念在于摆脱一

---

① Kant, *The Moral Law*, translated by H. J. Paton, Commentary and Analysis of the Argument, Routledge Classics, London and New York, 2005, p. 8.

② 康德：《道德底形上学之基础》，李明辉译，台湾联经出版事业股份有限公司1990年版，第77页。

③ 同上书，第83页。

④ 同上书，第76页。

切感性的因素的影响，让出于理性的纯粹的道德法则支配实践理性的动机。用中国哲学的术语来讲，就是"截断众流"。自由的积极概念则在于主体的自我立法，或人为道德立法。当然，这种立法不是任意的，而是有着严格的形式条件，这就是著名的可普遍化原则。换言之，"仅依据你能同时意愿它成为一项普遍法则的那项格律而行动。"① 因而，道德法则是主体自身所制定的，所以，人是自我立法者。而且正因为如此，他才遵守法则。换言之，人既是立法者，也是守法者。这就是自律的主要含义。② 因而，意志自律是道德的唯一的原则，也是最高的原则。作为理性者的人在世界上之所以享有尊严，原因就在于自律。③ 或许有人会质疑，认为康德的观点是一种把自由等同服从的看法，而这个思路来自于卢梭，而卢梭的自由观会导致极权主义。④ 其实，这种担心是多余的。因为康德还有两个条件在限制可普遍化原则：一是人是目的理念，二则是目的王国概念。⑤ 这些限制性因素就可以消除掉对自律概念的担心。现在，我们来看康德的自律原则的具体内容，"除非我们的抉择底格律同时也作为普遍法则而被包含于同一个意志中，否则不要以其他方式作抉择！"⑥ 自律其实就是康德所说的绝对命令。在交代完自律概念之后，来看一下其对立概念——他律。"如果意志底在其格律之适于普遍的自我立法以外的任何地方——也就是说，它越出自己之外，在其任何一种对象的特性中——寻求应当决定它的法则，便一定形成他律。这样一来，并非意志为自己制定法则，而是对象透过它对意志的关系为意志制定法

---

① 康德：《道德底形上学之基础》，第 43 页。

② 同上书，第 56 页。

③ 康德说："自律是人类及每个有理性者尊严之根据。"同上书，第 66 页。就此而言，张千帆的观点就值得商榷。他认为人格尊严概念是重构儒家政治哲学的关键，而在我看来，自律概念比尊严概念更为根本。张千帆的观点可参阅《为了人的尊严——中国古典政治哲学批判与重构》，中国民主法制出版社 2012 年版。

④ 或许，以赛亚·伯林就持有这种观点。具体参阅氏著《两种自由概念》，载《自由论》，胡传胜译，译林出版社 2003 年版，第 186—246 页。

⑤ ［德］康德：《道德底形上学之基础》，第 62 页。其实，笔者已经对此有过相关分析，所以这里就不具体论述了，谢晓东：《走出王道——对儒家理想政治的批判性考察》，《哲学动态》2014 年第 8 期。

⑥ 康德：《道德底形上学之基础》，第 67 页。

则。"① 因而，他律可以说是，如果理性不是单独决定意志，则意志仍受制于主观条件（某些动机）。在康德看来，伦理学只有两种类型，自律或他律。

二 牟宗三认为荀子是他律论者的理由

牟宗三对于康德哲学颇有研究，他是近代以来第一个把康德的三大批判翻译成中文的人。牟氏对于康德的道德哲学尤其感兴趣，他吸收了康德的自律与他律的观念并加以改造，然后以此为标准来评判儒家哲学，尤其是宋明理学和早期儒学。在其名著《心体与性体》（上中下）中，他把荀子、朱熹和程颐划为他律论者，而把程颢、胡宏、刘宗周、陆九渊和王守仁定位为自律论者。牟先生的观点影响很大，下面将整理、细化一下他所提出的荀子是他律论者的理由。而李明辉则绍述其师说，发挥颇有力，故而在有的地方补充上他的观点。

第一，主智主义必然导致他律。牟宗三认为，朱熹的心是认知心，心认知地摄具理，理超越地律导心，主观地由气之灵之凝聚处来把握这些理。朱熹的系统乃横摄系统，而和主流儒家的纵贯系统对立。② 根据牟先生一向把朱熹和荀子放在一类的做法，可以认为上述他对朱熹的规定性也是适用于荀子的。可以说，荀子也是以知定行的，这可在其"知明而行无过矣"③ 的看法中窥见一斑。牟先生虽然认识到了主智主义与他律之间有关系，但是并未明言到底是何种关系。李明辉则明确指出，主智主义必然导致他律。④

第二，没有一个独立的道德主体。这一点是李明辉对牟宗三的发挥。在李先生看来，千言万语，其关键问题只在于：他们是否承认孟子的"本心"义，而接受"心即理"的义理架构？如果是的话，则必属于自律伦理学。不接受此一义理架构，但有一个独立意义的"道德主体"概念，仍不失为自律伦理学；比如康德所表现的形态。若连道德

---

① 康德：《道德底形上学之基础》，第67—68页。
② 牟宗三：《心体与性体》（上），第47—51页。
③ 《荀子·劝学》。
④ 李明辉：《儒家与康德》，台湾联经出版事业公司1990年版，第36页。

主体底概念亦不能挺立起来（如朱子），便只能归诸他律伦理学。① 其实，这个论述对于荀子来说也是适用的，因为荀子的心也是认知心，而性是动物性，不但心不是理，而且性也不是理。② 故而心不是一个独立的道德主体。

第三，性与天成为被动的被治理者。在牟先生看来，荀子哲学的基本原则是"天生人成"。③ 从而导致"礼义之统"成为外在，而大本无法安顿。因而荀子言师法，谈积习。"其所隆之礼义系于师法，成于积习，而非性分中之所具，故性与天全成被治之形下的自然的天与性，而礼义亦成空头的无安顿的外在物。④" 由于性是气性，性与天均是无颜色的，故而心亦是无颜色的，从而价值就无法确立。于是道德法则成为了无源之水、无本之木，对于人成为纯外在的，而不是人的意志自我制定者。从康德哲学的角度来看，这就从根本上沦为他律伦理学。

第四，礼义法度只有工具价值无内在价值。由于第三点原因，导致礼义法度完全外在于人，于是就成为一种强制。而且对人不尊重，尤其是对人性不尊重。正如有识者所云，荀子对人性之自然（自发性）持有的是一种怀疑的态度，而孟子持有一种信任的态度。⑤ 这和康德的唯有善良意志是无条件为善的观点差别太大。故而，法则仅仅成为圣王统治人的工具，而本身不具有内在价值。

第五，"用气为性"的理路必然导致心性是关联的合一，故而是他律道德。在牟宗三看来，告子、荀子、董仲舒、王充和韩愈等人的人性论，

---

① 李明辉：《儒家与康德》，第45页。需要指出的是，关于朱熹是否是他律伦理学，学界有不同观点。牟、李认为朱熹哲学是他律伦理学，而郭齐勇则认为朱熹哲学也是自律伦理学。郭的观点具体参阅郭齐勇《牟宗三先生以"自律道德"的理论诠释儒学之蠡测》，《哲学研究》2005年第12期。对此，本文采纳的策略是存而不论。

② 谢晓东：《政治哲学视域下荀子的礼：以人性、优良政府和正义为中心的考察》，《厦门大学学报》（哲学社会版）2015年第3期。

③ 牟宗三：《名家与荀子》，第143页。

④ 同上书，第132页。

⑤ ［英］葛瑞汉：《论道者：中国古代哲学论辩》，张海晏译，中国社会科学出版社2003年版，第291页。

其理路都是"用气为性"。① 和孔孟以及宋代除程颐朱熹之外的其他大家都是用理为性。由于以气为性，故而性中无理，而心亦是一纯粹的认知心。只能说心具理，即经验的具，而不能说心即理，即心理本体的自一。换言之，孟子等人是心理本身就是一，故而道德主体（善良意志）和道德法则本身就是互为条件而实际上是一物。② 而荀子则非是，是认知心去认识理，然后达到心静理明。这是一种外在论而非内在论的理路。李明辉也有和牟宗三类似的观点，他认为，孟子真能把握住此一基本方向，荀子则为歧出。因为荀子论性着眼于自然之性（动物性），所以治之者为"虚一而静"之心。此心基本上是认知心，以思辨认识为主。此心应用到实践领域，只能建立他律原则，即康德所谓"在道德底原则中的实践的实质决定根据"。

牟宗三是从比较实质的角度（纯康德哲学）去看待荀子哲学的，故而他认定荀子道德哲学的基本属性是他律。当然，牟先生的论断也不能说就很完美，本文拟在第四部分对其观点予以必要的补充。

三　李漳熙（Janghee Lee）为何认为荀子是自律论者？

李漳熙是一名韩国学者，时任忠北国立大学教授。在其具有重要影响的论著中，他认为荀子是自律论者。笔者先扼要论述其理由，同时也对其理由作了相应的评价。

首先，荀子性论的实质。李漳熙指出，性恶在荀子文本中只是夸张的词语，目的仅在于攻击自然主义者。实际上，荀子的"性"指的是道德中立、描述了有关人的事实而已。③ 换言之，他弱化了荀子的性论，不再认同那种传统的认为荀子的人性主张是性恶的强势观点。④ 应当说，李漳熙的观点具有理论敏锐性，因为不少人觉得在主张性恶的同时是难以

---

① 牟宗三：《心体与性体》（上），第105页。

② 同上书，第75页。

③ Lee Janghee, *Xunzi and Early Chinese Naturalism*, pp. 30，38.

④ 就此而言，Lee Janghee 和谢晓东的观点有类似之处。关于谢的观点，可参阅《性危说：荀子人性论新探》，《哲学研究》2015年第4期。

坚持道德自律的。① 这种对性恶论的弱化，与其对心的功能的强调是互为表里的。可以想象一下，在坚持善良意志是绝对的善（因而也是一种性）的康德面前，对荀子性论的传统看法性恶是多么的不合时宜。这会导致李漳熙认定荀子哲学的基本属性是自律的核心观点完全破产。

其次，心是自主的。李漳熙注意到了《荀子》一书中谈到的人的特质是"义"（a sense of appropriateness）的一段话，该句全文为："水火有气而无生，草木有生而无知，禽兽有知而无义，人有气、有生、有知，亦且有义，故最为天下贵也。"② 他认为"义"就是心的一种性质或自然倾向，而心具有自治（self-governance）的能力。在他看来，二者之间是不冲突的。他进一步认为，对于感官、欲望与情感，心具有一种独一无二的控制与选择能力，这就是自律的心（autonomous xin）或心的自律/自主（the autonomy of xin）的概念。③ 此外，心还具有批判性或反思性思考的能力，从而能够在一阶欲望的基础上形成高阶欲望。④ 由于他引用的关于自律概念的看法对于全文主旨关系颇大，因而兹译其全文如下：

> 可以把自律定义为一种批判性地评估一个人的基本欲望、价值和如果他判断有理由就修正这些欲望和价值，以及按照那些他认同或支持的批判性反思而行动的能力。自律这种能力使得一个人得以对其基本欲望或价值负责，并且塑造一个人生活的方向。该定义依赖于一阶欲望（对某些物体或活动的欲望）与对一阶欲望进行反思

---

① 邓小虎：《荀子：性恶和道德自主》，收入刘国英编《求索之迹：香港中文大学哲学系六十周年系庆论文集·校友卷》，香港中文大学出版社 2009 年版，第 445—463 页。其结论是：荀子在主张性恶的同时，可以坚持道德自主。参见该文第 448 页。作者指出，"本文想探讨的是，荀子能否容纳道德自主。本文将首先厘清荀子提出的'性恶'的意涵。在这种理解的基础上，本文将进一步指出，'性恶'和道德自主并不互相冲突。"

② 《荀子·王制》。

③ Lee Janghee, *Xunzi and Early Chinese Naturalism*, p. 41.

④ 这里，李章熙采纳的是法兰克福关于一阶欲望与二阶欲望的著名区分，具体内容参见 Harry Frankfurt, "Freedom of the Will and the Concept of a Person", *The Journal of Philosophy*, Vol. 68, No. 1 (Jan 14, 1971), pp. 5–20。

的高阶欲望的区分，这就使得进行高阶批判性反思的能力成为自律的中心。高阶价值可被视为关于一个人想被哪一种一阶欲望和价值所推动的判断；或作为关于一个人所倾心的目标或行动是否是真的值得追求，或某种个人的价值或性格特点是否是好的评估性判断。①

他认为，荀子的心的自律概念和现代对心的自律的规定性具有惊人的相似之处。当然，他也指出了，荀子的心的批判性的理性或思考并未完全脱离情感与欲望这些感性要素。② 就此而言，他对自律（autonomy）一词的用法与康德是有较大距离的，因为我们都知道，康德的自律观念，是以对感性因素的完全排除为基本特征的。在这种情况下，他还继续把康德来和荀子做比较，③ 认为荀子也是自律论者的观点，就是很难站得住脚的。

最后，自治的心的概念和礼的概念是关联在一起的。李漳熙认为，荀子的自律的心的概念导致他把礼作为培育我们道德品质和建构和谐社会的道德引导。④ 对于荀子的哲学心理学来说，心概念比性概念更为重要。心概念的中心特征是自治（self-governance）的能力，而该能力是心把其认知与意志层面的功能建立在其所固有的"义"的基础之上，因而就不是通过操纵和强制来改造人性，而是通过心自主能力的作用来自愿地"化性"。换言之，虽然荀子的心不具有自我立法的作用，但还是可以谈自我守法的。不过，从康德哲学的角度来看，意志的自我立法更为基础，没有自我立法就没有自我守法。况且，很难说荀子的"义"是心所固有的。如果这样的话，荀子和孟子就差别不大了。对于荀子来说，"义"是后有而不是本有，是后具而不是本具。因此，李漳熙的看法需要接受更为严格的检验。但李漳熙的观点中有一点很值得关注，那就是很

---

① 李漳熙选择的定义来自 *Routledge Encyclopedia of Philosophy*，Vol. 1 ，London：Routledge，1998 ，p. 589. 引文在李漳熙书的第 42 页。

② Ibid. ，p. 42.

③ Ibid. ，pp. 83 – 96.

④ Ibid. ，p. 73.

大程度上他也把荀子的心概念二重化了。也就是说，心一方面是主动的作为自律的心，另一方面是被动地作为被治的心。而要点在于作为主动心对被动的心的引导、监督和控制。① 虽然他是从经验角度把心（也可以说是自我）二重化了，但是和康德的做法有一定的相似之处。本文的观点是，自我的二重化是自律的必要条件（或前提）。因而，李漳熙的看法和笔者就有了相近的地方。

要言之，李漳熙在论述荀子是自律论者时，主要关注的是心的概念，尤其是经验意义的心的概念以及自律的概念。但遗憾的是，他没有注意到牟宗三所做的相关工作，也似乎没有注意到他所引用的从心理学角度定义自律来考察荀子的心，与从康德先验哲学角度规定的自律概念来研究荀子的伦理学之间的冲突。

四　一致与冲突：荀子哲学和自律概念

虽然上述几位学者对荀子道德哲学的基本属性是自律还是他律的观点大相径庭，但是他们也有一个明显的相同之处，那就是主观上都是以康德哲学的自律概念来和荀子作比较研究的。故而本文拟采取和他们相同的做法，即以康德的自律观念为基础来判断荀子哲学的基本属性到底是自律还是他律。

1. 必须区分经验主义心理学角度和先验哲学角度的心的自律（autonomy）

康德发明了自律（autonomy）这个概念。② 他对自律伦理学作出了杰出的阐发，因此后来的研究者都不得不以此作为主要对话对象。需要指出的是，不少研究者跳出了康德哲学的藩篱，他们吸收了其自律观念，但抛弃了其形上学因素。于是，就对自律的研究而言，出现了康德式（kantian）与非康德式（non-kantian）两种根本立场。换言之，学界对自律的研究有不同的立场和观点，而康德的观点仅仅是其中最有影响力的

---

① *Routledge Encyclopedia of Philosophy*，Vol. 1．London：Routledge，1998，p. 79.

② J. B. Schneewind，*The Invention of Autonomy*，Cambridge University Press，1998，p. 3.

而已。① 就本文而言，需要对此作出明确的区分，即经验主义的与先验主义的自律这两种类型。如果不先做这些考镜源流的工作，那么我们的研究就可能建立在一堆沙子之上。前文所引用的《劳特利奇（Routledge）哲学百科全书》对自律的解释就是从经验主义心理学的角度出发的。从康德先验哲学的角度来看，承认心具有自主性并不妨碍该伦理学系统是他律伦理学。总体而言，两者的层次不同。心具有自主性是经验层面的，而自律则是从道德最高原则层面来谈的。

2. 荀子哲学中和自律概念相一致之处

对此，李漳熙做过一些工作，本文将在此基础上继续探索。

第一，自我具有一定程度的二重化。对于康德而言，世界可以分为感性世界与知性世界，而人则二重化为处于因果必然性和自由必然性中。在康德看来，世界的二重化和自我的二重化是同构的。在实践哲学中，人是自由的，可以自我立法和自我守法，因而又是自律的。对于荀子而言，心具有多重功能，主要是感性的情欲与理性。但这种二重化是经验层面而非本体层面的二重化，故而无法支撑康德哲学意义上的自律概念。荀子哲学固然重视心，但是孟子也很重视。仅仅从是否重视心的自主性上是无法区别荀子和孟子的。但要确立自律概念，类似于孟子的心即理的路向就是必需的。但荀子似乎没有这么做，而是走向了权威主义的外在强制。② 这是需要批判的，但承认荀子哲学也是自律概念的体现，那么对其批判的向度就要大打折扣。

第二，颇为强调意志自由。对于康德而言，意志自由是一种必须预设的理念，否则道德即成为不可能。意志可以是好的，也可以是坏的，但康德则认为善良意志是道德的基础。意志是自由的，故而可以自我立法，同时自我守法。对于荀子而言，"涂之人可以为禹"，因此人具有无限成长的可能性。人可以选择成为君子，也可以选择成为小人。但是绝

---

① Gerald Dworkin, *The Theory and Practice of Autonomy*, Cambridge University Press, 1988, pp. 3 – 20.

② 劳思光：《新编中国哲学史》（第一卷），广西师范大学出版社 2005 年版，第261 页。

大多数人选择了成为小人，其根本原因在于意志薄弱（weak will）。荀子意义下的意志无法做到当下即是，即"截断众流"，以从感性的羁绊中挣脱出来，回到纯粹的理性的自我。因而，荀子对意志自由的强调是经验意义的。它既不是孟子意义上的本体，也不是康德意义上的主体，故而无法抵达康德哲学意义下的自律概念。

第三，对道德法则有敬畏感。就康德而言，道德法则是人性尊严的体现，也是主体自身为道德立的法，故而具有崇高性。道德法则的起源和情感之类的感性因素没有关系，唯一对道德法则可以起一定作用的就是敬畏了。但是，敬畏在康德那里是道德法则在主体那里引起的一种情感，从而对主体积极履行道德法则具有一定作用。对于荀子而言，以礼为主体的道德法则不是人自身的产物，而是圣人代为人立法。换言之，礼生于圣人之伪。① 对于人来说，圣人是一种具有韦伯意义的超凡魅力，因此礼也就具有了权威性。普通个体在这种外在的客观法则前会产生一种敬畏感，从而遵守它。可以说，荀子所谈到的对道德法则的敬畏感，层次要比康德的低，自觉因素也不够。

可见，荀子哲学和康德的自律概念在部分形式上有一致之处，就此而言，李漳熙不为无见。但从实质上看，荀子哲学和康德的自律概念有很大差别，因而无法提供类似康德哲学意义上的自律概念，这就是下文所要讨论的。

3. 荀子哲学中和自律概念相冲突之处

在此，需要回到一个问题，那就是荀子道德哲学的基本属性是否是自律。对此，牟宗三有过论断。笔者在牟先生的研究基础之上进一步证明了荀子哲学和康德哲学意义上的自律概念冲突甚大，无法予以调和。

用中国哲学的术语来讲，荀子与康德对心、性、理的规定不同。其一，理。对于康德来说，道德法则是主体自身为自己立法的产物，这就是所谓的人为道德立法的著名观点。而对于荀子来说，性乃自然性，并无价值的含义，故而性不成之为理。而另一方面，心又是气，故而也无

①《荀子·性恶》。

法提供理，即心也不是理。对于荀子而言，作为理的道德法则是圣王的产物，和普通人的意志没有关系。因而，在道德法则的起源这个关键问题上，荀子和康德就明显拉开了距离。其二，性。荀子是用气为性，因此善成为外在的。而康德则视性为理，于是善就成为内在的规定。就此而言，康德确实和孟子比较相似，而和荀子的差别却比较大。以气为性，则性不可依靠，反而成为被治理的对象。而道德的目的不是内生，而是外引，这就会导致假言命令。康德则把性看着是绝对的善，故而直接引出了绝对命令的令式。我们知道，假言命令导向的是他律概念，而绝对命令导向的则是自律概念。其三，心。对于康德而言，心（意志或实践理性）本身就是理，这是因为作为理的道德法则是意志本身所立。但是对于荀子来说，心是认知心，是经验意义上的，而作为理的道德法则（礼）则是外在于心的，是圣人制定的。其四，心、性、理三者关系。人通过认知心的把握，逐渐认识到理，并以理去支配心。于是，心、理就不是自身的本体的合一，而是在功夫基础上的合一，是后天的经验的合一。或者用牟宗三的话语来说，是关联的合一。而我们知道，心、理本体的合一是自律伦理学，而关联的合一是他律伦理学。故而，荀子是他律论者而不是自律论者。就心、性、理三个角度考察自律/他律，牟先生均有涉及，但他并没有明确针对荀子，而本文则以较为系统的方式直接指向了荀子。

我们以为，以下两个方面对于分析荀子为何无法达到自律观念也应该是不可或缺的，而这正是牟宗三不曾注意到的。康德用自我立法（self-legislate）与自我守法来规定自律。其中，自我指的是经验自我还是本体自我？在康德那里，本体自我是必然自律的。① 我们知道，本体自我也就是理性自我，它是一个纯粹的意志，也是一种理性的能力，即制定与遵守道德法则的能力。本体自我是经验自我的基础，它直接面对智思世界。而经验自我则属于感性世界，它面对的是现象，处于一种自然的因果性之中，而本体自我则处于一种自由的因果性之中。道德之可

---

① J. B. Schneewind, Autonomy after Kant, edited by Oliver Sensen, *Kant on Moral Autonomy*, Cambridge University Press, 2013, p. 149.

贵在于人的意志仅仅遵循普遍的道德法则，而不允许变动不居的经验世界对意志发生作用。自律就意味着绝对命令，以及意志给自身确定的无条件的命令。不难发现，康德哲学中的自我指的是本体自我。而荀子哲学中最为抽象的概念——心，也就是自我，根本达不到本体的层次，依然停留于经验层面。这样的心，或许具有某种自主能力，但其予以选择和反思的对象均为现象。这在康德看来，就是典型的他律，即自律的反面。而立法在康德那里是理性自我确立普遍遵守的法则的行为，每一个有理性者都是平等的立法者。而在荀子看来，圣王和普通人不是平等的，只有圣王才是立法者。这就和康德的规定直接矛盾。而影响更为深远的是，不具有平等立法权的人民，在相当程度上沦为了圣王的工具，而不可能体现康德所说的人是目的这个理念。而我们知道，该理念是对形式化的自律观念的一种实质限制，否则，自律观念也无法成立。基于此，就引出了荀子与康德自律观念差异的另一个关键点：实质的与形式的伦理学之差异。康德的伦理学是形式主义的，他只是告诉我们，真正的道德应该具备什么条件。故而他只是给出了一些形式条件的概念，从而具有普遍性和必然性的优点。这使得他摆脱了任何道德体系的束缚，反而能够来评判一切道德哲学与道德体系。荀子则不然，其伦理学是一套实质的道德系统。简单地说，是儒家的道德价值系统。他过于关切这一系统并为其作合理性的证明，但这就导致了和研究对象之间缺乏足够的距离，批判性和反思性就相对不足。在笔者看来，形式主义与自律概念是一枚硬币的两面。荀子的伦理学是实质伦理学，就意味着无法确立一套纯粹的道德法则，于是自律概念当然也就无法达到了。其走向必然是他律伦理学。

对荀子的伦理学是他律的说法，可能会引起一些反驳，即圣人既制定了礼法，又遵守礼法，于是圣人就是自律的。其他人之所以是他律，是因为他们还没有达到圣人的境界，要是达到了，就都是自律的了。在笔者看来，这种观点是不正确的。在荀子哲学中，初始圣王与普通人之间存在着巨大的鸿沟，以至于表现为自律/他律的二元断裂。对于现实的人来说，只需要遵循先王所制定的礼义即可。因而，荀子在终极意义上还是认为人是他律的。至此，我们可以较为谨慎地得出全文的结论：

荀子哲学中和康德哲学的自律概念的相似之处都比较外在，而相互冲突之处则均是在比较关键的地方。在这种情况下，总体来说荀子哲学是无法达到自律伦理学的。换言之，荀子道德哲学的基本属性是他律。

第 二 章

优良政府

如果从趋利避害的角度来分析儒学和自由主义对政府的观点，可以得出一个大致的结论：儒学是倾向于趋利的一面，它试图建立一个优良的政府来做好事，所以它对于统治者的自我修养提出了很高的要求；而自由主义则是倾向于避害的一面，它试图控制政府做坏事，所以搞出了宪政和法治等制约性因素来确保一个有限的优良政府。

第一节 精英主义民主：论现代新儒学中的
政治自由主义传统

自近代以来，中国遭遇了"三千年未有之大变局"。由于西方文明的强势挑战，儒学失去了传统的主导地位。不过，经过几代学者的努力，改进的儒学仍然在思想界具有非常重要的影响，其具体表现就是它成为20世纪中国三大学术思潮之一。这种改进型儒学被人正式称为现代新儒学。作为20世纪中国的两大思潮，现代新儒学与其竞争对手自由主义之间相互作用、相互影响，其重要结果之一就是新儒学对自由主义一些思想观点的接受与改造。可以说，现代新儒学与中国自由主义在自由民主问题上形成了广泛的共识，其差别主要体现在对待中国文化和儒家传统的态度上。[①] 新儒家们的做法是在传统与自由主义的张力之间上下求索。这种长期探索与思考的产物就是：在现代新儒学中形成了一个政治自由

---

① 李明辉：《儒家视野下的政治思想》，北京大学出版社2005年版，第14页。

主义传统。

一　新儒学中政治自由主义传统的界定

　　传统是文化遗产的总和，它是过去留传给现在的既定事物。根据研究传统问题的权威希尔斯的观点，一个传统的形成至少需要延续三代才行。[①]　而到目前为止，新儒学已经经历了 80 余年，至少传承了四代人。[②]故而，从形式要件来看，可以初步认为新儒学中已经形成了政治自由主义传统。但是，从实质要件的角度来看，如果新儒学中存在着一种政治自由主义传统，那么它应该也可以从理念层次上体现出来。除此之外，形式要件与实质要件还必须是内在一致的，即这种理念层面的要素应该明显地具有一种内在的结构与传承。本文侧重于考察该传统的内在结构。不过，在作具体考察之前，需要从形式上对新儒学中的政治自由主义传统作一个界定。

　　自丹尼尔·贝尔以来，越来越多的人相信一个人可以同时信奉文化上的保守主义、政治上的自由主义和经济上的社会主义。[③]　其实，早在他提出这个著名公式以前，有不少新儒家便是这一公式的实行者。[④]　根据前人的研究成果，可以较为肯定地认为张君劢、徐复观、杜维明是政治上的自由主义者。[⑤]　政治自由主义是自由主义在政治上的集中体现，反映了自由主义的根本关注所在，反映了自由主义者的共识，因而数百年来备受诸多自由主义思想家的重视，并已形成了相当丰富的理论内容。它的基本内容包括捍卫人权、提倡宪政以约束国家权力、力行民主以增强权力的合法性、实行法治以保护个人自由。以此认识为基础，我们可以判

---

　　①　希尔斯：《论传统》，傅铿、吕乐译，上海人民出版社 1991 年版，第 20 页。

　　②　梁漱溟、熊十力和张君劢等是第一代，牟宗三、唐君毅和徐复观等是第二代，刘述先、杜维明等是第三代，而李明辉、林安梧等则是第四代。

　　③　丹尼尔·贝尔：《资本主义文化矛盾》，赵一凡等译，生活·读书·新知三联书店 1989年版，第 21 页。

　　④　方克立：《要注意研究 90 年代出现的文化保守主义思潮》，《现代新儒学与中国现代化》，天津人民出版社 1997 年版，第 532—533 页。

　　⑤　例如，吕希晨、陈莹、许纪霖、任大华对张君劢的研究；肖滨、李维武、任剑涛、刘鸿鹤对徐复观的研究；胡治洪等人对杜维明的研究。

断出新儒家们的基本政治价值取向。

张君劢自陈其喜欢英国的政治思想，他是拉斯基社会民主主义思想的信奉者。张君劢对中国现代政治有较大影响，如组建国家社会党、参与领导民盟，他还是1946年中华民国宪法的主要制定者。1949年流亡海外后，他仍然坚持走英美式民主政治的第三条道路。张氏是宪政专家，30年代初就与胡适等人倡导"人权"，反对独裁，坚持对权力的约束等。无论从哪一个角度看，张君劢都是一个不折不扣的政治自由主义者。如果从严格的古典自由主义的角度来看，社会民主主义是属于左派的，故而不是自由主义者。但是，就中国来说，自由主义有两种形态，即以张君劢、张东荪为代表的社会民主主义和以胡适为代表的新自由主义。① 上述二分法颇有启发价值，因为这两种形态在西方语境下的确有很大的差异，但在中国语境下却有着重大的一致性。② 徐复观主要在20世纪50年代至70年代活跃于港台。他反对蒋介石的个人独裁、不满大陆的制度以及倡导儒学复兴。因此他的学术活动被人概括为"以传统主义卫道，以自由主义论政"。③ 他较多地关心如何把自由主义与儒家传统结合起来，力图为中国化的自由主义提供传统文化上的依据。正因为如此，有学者便在他的研究基础上正式提出"儒家自由主义"的看法。④ 徐非常支持政治自由主义的主张，希望中国走向民主自由，其学术宗旨可概括为融合儒家精神与民主政治于一体。杜维明自20世纪60年代末出道以来一直活跃在世界学术舞台上。他清醒地认识到"儒学第三期发展"的问题是如何回答科学与民主提出来的挑战。⑤ 因此，他秉承其师徐复观的思路，力

---

① 许纪霖：《寻求自由与公道的社会秩序——现代中国自由主义的一个考察》，《开放时代》2000年第1期。

② 秦晖：《问题与主义·自序》，长春出版社1999年版，第5—6页。也可参见李慎之的观点《关于现代学术——与李慎之先生对话》，《杜维明文集》（第五册），武汉出版社2002年版，第298页。

③ 韦政通：《以传统主义卫道以自由主义论政——徐复观先生的志业》，载罗义俊编《评新儒家》，上海人民出版社1989年版。

④ 任剑涛：《自由主义的两种理路：儒家自由主义与西化自由主义》，《中国现代思想脉络中的自由主义》，北京大学出版社2004年版，第22—45页。

⑤ 杜维明：《道·学·政——论儒家知识分子》，《杜维明文集》（第三册），武汉出版社2002年版，第649页。

图实现儒学的现代转换，凸显其人文主义色彩使之成为联系儒学与自由主义的桥梁。杜维明明确指出儒家进一步发展不可或缺的任务就是要接受自由主义的自由、民主、人权等基本理念。① 自由主义是从最低的要求来谈的，它讲的是在最平常的环境下人们的相处之道，因此定下了最基本的价值。② 自由主义可以容纳其他学说、思想和意识形态，这当中就包括儒家。在杜看来，自由主义理念所要建构的那套秩序，"没有任何一个现代文明社会能够摆脱掉"，"没有这套秩序，其他任何的高远理想都不必谈，一定是异化"。③ 因此，对他而言自由主义是不可跨越的。职是之故，杜维明才把"五四"以来的80年里所形成的自由主义看成是中国最珍贵的传统之一，他号召"海内外华人共同合作一起来开发自由主义的资源"。④杜还提出了"自由主义在中国落实、生根"⑤ 和"关于自由主义的本土资源"的问题。⑥ 其实，该问题也就是自由主义中国化的问题。

　　根据上文的论证，作为现代新儒学第一代、第二代和第三代的典型代表，一方面张君劢、徐复观、杜维明均信奉政治自由主义；另一方面张君劢与徐复观介于师友之间，杜维明又是徐复观的学生。除此之外，作为新儒家第三代的代表人物余英时、刘述先以及第四代的李明辉等人亦均信奉政治自由主义。至此，根据希尔斯三代可以形成一个传统的观点，可以从形式上明确地认定现代新儒学中确已形成了政治自由主义传统。

二　新儒学中政治自由主义传统的内在结构

　　上文主要是从历史的角度来论证新儒学中存在着政治自由主义传统。

---

　　① 曾明珠整理：《儒家与自由主义——和杜维明教授的对话》，该文收入哈佛燕京学社、三联书店主编的《儒家与自由主义》一书，生活·读书·新知三联书店2001年版，第123页。本文所引该文的地方均是杜维明本人的话语。

　　② 杜维明：《自我认同的谱系：兼论儒家与自由主义》，《杜维明文集》（第五册），第270页。

　　③ 哈佛燕京学社、三联书店主编：《儒家与自由主义》，第114页。

　　④ 杜维明：《"五四"·普世价值·多元文化》，《杜维明文集》（第五册），第315页。

　　⑤ 杜维明：《儒家传统的启蒙精神》，《杜维明文集》（第五册），第301页。

　　⑥ 同上书，第305页。

这种论证还主要是对现象的描述，尚未提升到理念的层面。因此，还需要从哲学的角度论证新儒学中政治自由主义传统的理念结构。在本文看来，这种结构主要体现在以下五个方面。为了行文方便，下文把新儒学中的政治自由主义传统简称为儒家自由主义。

第一，性善论：儒家自由主义传统的人性论依据。

新儒学与自由主义在政治自由主义上是一致的。但是，这并不妨碍它们在一些重要政治哲学问题上的预设差异，人性论就是其中的一种。儒家的主流是性善论，现代新儒家也是以性善论为主。在他们看来，性善论是政治自由主义的人性依据。在新儒家中，徐复观对这个问题的考察最具有代表性，所以本文以他为例来探讨性善论与儒家自由主义的关系。在徐复观看来，中国文化建立在性善论的基础之上，而性善思想"真正把握到了人类尊严、人类平等、及人类和平相处的根源；当然也是政治上自由民主的根源"。① 这就赋予了性善论极为重要的意义。因为人性是善的，所以人们的好恶是可以信赖的；由于人是可以信赖的，所以应该让人们自己治理自己，这就导向了自由和民主的原则。信任人就是对人的尊重，而一切极权主义都是不信任人从而也不尊重人的。因此，徐复观把性善论看作是政治自由主义的人性依据。他认为自由是道德何以可能的基础，而自由又是建立在性善论的基础之上的。性善论导致人的尊严和对人的尊重，它的反面性恶论则把人当成牛马来对待。前者是自由的依据，而后者则是奴役的理由。自由可以分为积极自由和消极自由，而徐复观对积极自由是非常关注的。在他眼中，积极自由的意志自由是道德何以可能的内在依据。没有意志自由的支撑，儒家的道德理想主义就成了无源之水。所以，徐复观认为性善论是自由的依据。除此之外，性善论还是民主的依据。民主可以分为低调民主和高调民主，以实现道德理想为目的的高调民主的人性依据是性善论。② 在徐复观看来，高调民主是低调民主的目的。所以，人们可以从宽泛的意义上讲性善论是

<hr />

① 徐复观著，萧欣义编：《孔子德治思想发微》，《儒家思想与民主自由人权》，台北：八十年代出版社1979年版，第93页。

② 相关论述请参阅《中国近代转型时期的民主观念》，见其《幽暗意识与民主传统》，新星出版社2006年版，第228—230页。

民主的依据。由于人性是善的，所以，统治者的良善统治是可能的；由于人性是善的，所以作为被统治者的人们是可以通过道德教化而被统治的。于是，性善论就导向了德治。其实，德治的实质就是良善的圣人通过道德而对人们进行治理，所以德治从根本上来说主要是针对统治者而言的。正如有的论者所言，性善论和德治是儒家政治哲学中二而一的核心部分，是儒家政治哲学中最重要的主题。① 自由、民主和法治下的德治是儒家自由主义中的三个基本范畴，它们都是以性善论作为人性依据的。因此，可以较有把握地认为：性善论是儒家自由主义的人性论依据。

第二，人格主义：儒家自由主义传统的社会哲学依据。

个人与社会的关系是一个政治哲学体系的基点，从而形成了个人主义与集体主义两种基本理论形态。西方自由主义的基础是个人主义，而儒家自由主义则试图在个人主义与集体主义之间寻求一种平衡，有学者把它称为人格主义②。对于新儒家来说，纯粹的个人主义是和儒家传统相冲突的，因而令人难以接受。在他们看来，纯粹的集体主义容易走向集权，这也是他们所不愿意接受的。因此，最好的做法是在个人主义和集体主义之间达成某种平衡。这正是第一代新儒家张君劢所想。张君劢把议会政治、个人主义与宪政作为英国自由主义的特点。由于其自述喜欢英国的政治，想必他对于个人主义还是抱有相当的好感的。"工业革命后的欧美社会，以个性主义来做基础。"其实，个性主义通常译为个人主义，但是张君劢"嫌它不好。因为个人主义含有自私自利的意义在内。所谓个性主义，就是说每个人应该自己尊重自己，自己求职业，自己求有所发明，再将自己的享受，既不依赖家庭，更不依赖团体，自己对自己负责，来发挥其能力，行使其权利"③。不过，"自个人主义出发，便可以养成无限制的资本主义"④。从这点看来，他对个人主义有一些保留。

---

① 何信全：《儒学与现代民主》，中国社会科学出版社2001年版，第114页。

② 张灏：《超越意识与幽暗意识》，《幽暗意识与民主传统》，新星出版社2006年版，第44—45页。

③ 张君劢著、程文熙编：《中西印哲学文集》（上），台北：学生书局1981年版，第326页。

④ 张君劢：《立国之道》，1938年桂林版，第3页。

张君劢把国家看作是一个有机体，政府是脑神经，人民是手足，二者须互相一贯，如是乃能成一国。① 但是，张君劢并没有走向黑格尔的国家主义。个人与社会、国家是一种什么关系呢？ 在张君劢看来，个人、社会和政府是一个国家的三项而不是三个层次。个人之生活离不开团体与国家，② 因此，"与团体对立的个人，可以说还是一种拟制（Fiction）"③。国家的目的在于维持人民的生存、保障人民的自由和造成一种法律秩序。④ 不过，张君劢明确地宣称他的思想是以"国家民族为本位"的。⑤ 故而，如果说张君劢是在个人主义和集体主义之间寻求一种平衡，那么可以说他的平衡点是倾向于集体主义的。这或许和当时民族危亡的严峻形势和张本人的民主社会主义立场有关。就徐复观而言，他也是试图实现个人主义与集体主义在实践层面的平衡。⑥ 就第三代新儒家杜维明而言，他完全认识到了个人主义的价值。在他看来，现代性与自由存在不可分割的关系，而现代自由又是和个人主义结合在一起的。⑦ 因此，被帕森斯列为现代性三个侧面的个人主义"似乎是正确的"，它要比苏联所代表的集体主义更符合历史的潮流。⑧ 但是，如果从儒学立场来看，更重要的是"人情而非个人主义"。⑨ 个人主义有一些不可欲的后果，"在个人主义下，社群根本无法建立，家庭、国家都会解体"。⑩ 因此，孟子批判杨朱的个人主义和墨子的集体主义就是有道理的。对于"儒家式政治"来说，更为合理的做法是"超越集体主义和个人主义的"⑪。这种超越的

① 张君劢：《民族复兴运动》，《再生》1 卷 10 期，1933 年 2 月。

② 张君劢：《明日之中国文化》，山东人民出版社 1998 年版，第 86 页。

③ 张君劢：《中西印哲学文集》（上），第 69 页。

④ 张君劢：《国家为什么要宪法》，该文收入吕希晨、陈莹选编《精神自由与民族文化》，中国广播电视出版社 1995 年版，第 606 页。

⑤ 张君劢：《立国之道》，第 11—79 页。

⑥ 谢晓东：《在个人主义与集体主义之间——徐复观的社会观辩证》，《宁波市委党校学报》2008 年第 3 期，第 124—128 页。

⑦ 哈佛燕京学社、三联书店主编：《儒家与自由主义》，第 38—39 页。

⑧ 杜维明：《全球社群——探寻社会发展的精神资源》，《杜维明文集》（第四册），第 713 页。

⑨ 杜维明：《儒教东亚兴起的含义》，《杜维明文集》（第四册），第 589 页。

⑩ 哈佛燕京学社、三联书店主编：《儒家与自由主义》，第 117 页。

⑪ 杜维明：《中国哲学概览》，《杜维明文集》（第四册），第 694 页。

实质就是在集体主义和个人主义之间寻求一种实践层面的平衡。

第三，寻求积极自由与消极自由平衡的自由观。

自由是一切自由主义的基本内核所在，儒家自由主义也不例外。相对于以消极自由为中心的西方古典自由主义，儒家自由主义则试图以其惯用的中庸方法来综合西方思想与儒家传统，即寻求"消极自由"与"积极自由"① 的平衡。张君劢的自由思想比较复杂，既有消极自由的因素，也有积极自由的成分。他把自由看作是意志、动机和精神。② 这就是典型的积极自由思想。除此之外，他还非常重视意志自由，认为人类精神是主宰原则。③ 无论是西方的自由主义还是新儒家们的政治自由主义传统均是以自由为鹄的。可以这么说，自由与人权是一切自由主义理论的出发点与归宿，它是自由主义的灵魂与核心。美国新自由主义的代表人物罗尔斯强调"自由只有为了自由本身才能被限制"④。张君劢即认识到"民主政治的第一个条件在发展个人自由"⑤，个人自由能养成独立人格与健全公民，这一价值可以"垂诸千百年而不变"⑥。他非常重视法国的《人权宣言》，认同其规定的基本自由平等，政治乃是为保护自由而设，公民有良心、自由、思想自由、言论自由、出版自由等。自由的表现形式就是人权，他一针见血地指出，人权是宪政的基本⑦。总的来说，1949年以前的张君劢是非常重视以人权为表现形式的消极自由的，这和他作为政治家的身份是一致的。徐复观认为自由是一种生活方式，西方人的自由首先是"在知性中跃动"，从而走向民主政治；中国人的自由首先是"在德性中跃动"，从而走向德治主义。他认为政治自由需要知性层面的自由尤其是德性的自由作为根源⑧，这是其自由观的一个特色。除此之

① 关于消极自由与积极自由的观点可以参阅以赛亚·伯林《两种自由概念》，《自由论》，胡传胜译，译林出版社 2003 年版，第 186—246 页。

② 张君劢：《立国之道》，第 370 页。

③ 张君劢：《立国之道》，第 388 页。

④ 罗尔斯：《正义论》，何怀宏、何包钢、廖申白译，中国社会科学出版社 1988 年版，第 242 页。

⑤ 张君劢：《中西印哲学文集》（上），学生书局 1986 年版，第 248 页。

⑥ 吕希晨、陈莹选编：《人权为宪政基本》，《精神自由与民族文化》，第 498—501 页。

⑦ 吕希晨、陈莹选编：《修正的民主政治之方案》，《精神自由与民族文化》，第 625 页。

⑧ 徐复观：《为什么要反对自由主义?》，《儒家政治思想与民主自由人权》，第 287 页。

外，他还非常关心言论自由，曾经大力反对台湾国民党当局对自由主义者的非法打击。[1] 徐复观同意自由主义的普遍主义性质，他反对那种认为自由主义产生于西方因而不适合中国的言论，"近代民主自由，虽启发自西方，但一定要在人类中，开花结果"。[2] 因此，他试图沟通中国传统与西方的自由主义，力图在儒家普遍主义与自由主义的普遍主义之间达成平衡。杜维明对西方的政治自由主义理解颇深，加上其师徐复观的影响，他进一步发展和完善了儒家自由主义。他认识到"自由、人权是西方启蒙思潮的灵魂"[3]。在自由问题上，杜维明认为自由是市场经济、民主政治和公民社会背后的最为核心的价值，[4] 所以，儒家传统必须要"经过自由民主的洗礼，也就是一种全面而深刻的价值转换"[5] 才能适应现代社会。杜维明对哈耶克和伯林的自由思想都能同情地了解。在他看来，对于中国来说，"除了消极自由以外，还需要有积极自由的最高的理念"。[6] 可见，杜维明试图在消极自由和积极自由之间找到一种平衡。

第四，注重社会公正的平等观。

西方古典自由主义认为自由优先于平等，所以在一定程度上导致了以平等为核心的公正价值的失落。而儒家自由主义则试图避免这个缺陷，它很注重以社会公道为中心的平等。或许，这和儒家几千年来的经济传统有关。自孔孟以来，儒家的传统就是"不患寡而患不均"。他们认为国家有"养民"、"教民"的职责，因此国家对于社会的不公正有予以调节的义务。因此，新儒学作为儒学的现代形态也继承了这个理念。儒家自由主义要求国家在一定程度上介入经济生活，从而确保以平等为核心的社会公道。在这种情况下，古典自由主义之下自由放任的守夜人国家就不符合儒家的需要。张君劢认为介于个人自由和国家权力之间的问题就

---

① 徐复观：《为什么要反对自由主义?》，《儒家政治思想与民主自由人权》，第283—294页。
② 徐复观：《国史中人君尊严问题的探讨》，《儒家政治思想与民主自由人权》，第168页。
③ 杜维明：《"五四"·普世价值·多元文化》，《杜维明文集》（第五册），第308页。
④ 哈佛燕京学社、三联书店主编：《儒家与自由主义》，第39页。
⑤ 杜维明：《儒家传统的启蒙精神》，《杜维明文集》（第五册），第290页。
⑥ 哈佛燕京学社、三联书店主编：《儒家与自由主义》，第72页。

是经济层面的"社会公道"问题。① 他还把社会层面的平等置于立国的三标准之一,② 从而提出"一切政制之社会公道与个人自由,如鸟之两翼,车之两轮。缺一不可也"。③ 在他看来,资本主义容易导致贫富分化,故而可以用介于社会主义和资本主义之间的国家社会主义来从事经济建设,它是中国今后应走的唯一的途径。④ 国家社会主义有公私两种经济成分,它们都由国家确定全盘经济计划予以指导。⑤ 张君劢相信,国家社会主义既可以保持个人自由,此点区别于苏联对个人自由的剥夺,又可以成就社会公道,即个人在经济层面享有相对的平等,此点区别于西方资本主义的贫富悬殊。徐复观虽然反对全盘的经济计划或计划经济,但是他也赞成张君劢的保持私有财产权的意见。在徐复观看来,私有财产权是自由的保障,一旦失去经济自由,政治自由也就随风飘散了。⑥ 但是,无限制的私有财产权必须受到限制,古典时代的自由放任也已过时,国家应该进行必要的干预从而缓解经济自由与经济平等之间的紧张。可以说,人们应该"以经济的相对平等,来维护人类的民主自由"。⑦ 从某种意义上说,徐复观更加重视平等,因为在他看来,"平等是人类最高的愿望",只要人类顺着平等的路走下去,那就是奔向光明的前途。⑧ 但在杜维明看来,自由和平等是有冲突的。⑨ 那么,如何处理二者之间的冲突呢?"我们要突出自由是毫无疑问的,但是我们不能不照顾到公义。"⑩ 这似乎是自由优先,兼顾平等。不过,他的这个观点是从"道德推理这一层面"入手的,即从自由推出了平等。而从儒家的立场来看,"更重要的是平等

① 吕希晨、陈莹选编:《精神自由与民族文化》,第 498 页。

② 张君劢:《国家民主政治与国家社会主义》,《再生》一卷二期。

③ 黄克剑、吴小龙编:《张君劢集》,群言出版社 1993 年版,第 108 页。

④ 吕希晨、陈莹选编:《精神自由与民族文化》,第 524 页。

⑤ 同上书,第 512—521 页。

⑥ 徐复观:《从现实中守住人类平等自由的理想》,《学术与政治之间》,台湾学生书局 1985 年版,第 274 页。

⑦ 徐复观:《从现实中守住人类平等自由的理想》,《学术与政治之间》,第 277 页。

⑧ 徐复观:《西方文化中的平等问题》,《徐复观杂文——记所思》,台北:时报文化出版事业有限公司,第 259 页。

⑨ 杜维明:《自我认同的谱系:兼论儒家与自由主义》,《杜维明文集》(第五册),第 268 页。

⑩ 杜维明:《"五四"·普世价值·多元文化》,《杜维明文集》(第五册),第 314 页。

而非自由"。① 因此，杜维明也和他的先辈一样，赋予了平等以更高的价值。

第五、寻求德治与法治有机结合的社会政治治理模式。

社会政治治理模式是政治自由主义的主题之一，儒家自由主义对此也是极为关注的。张君劢比较了儒家的德治与西方的法治，在他看来，"吾国儒家，不论其与希腊相较，或与现代欧洲现代国家相比，自有其彼此一致之点在。倘就尚法治习惯言之，则儒家立场正与西方相异。欧洲自希腊至罗马，更自罗马以至中世纪以至现代，有至深至长之法治习惯，贯串其间，为吾国之所未尝见。儒家因尚德，而忽视法治。法家所谓法，乃严刑峻法之法，与西方议会中之法，犹薰莸之不同一器。此则法治习惯，所以为中西政治哲学分歧之界限"。② 因此，中国要想成为现代国家就必须首先建立法治。③ 但是，道德也是非常重要的，所以他提倡德法合一，"今后之政治学，应以德法二者相辅而行，为今后学术发展之途径，亦即为今后立国之途径"。④ 问题在于，德和法二者究竟谁居于主导地位？张君劢的答案是，"我以为人法二者，不易轩轾。就今日立国次序言之，法是应在人之先"⑤。因此，张君劢追求的是法治下的德治。此点在徐复观和杜维明那里也获得了回应。徐复观是著名的政论家，他在对现实政治的批判中形成了自己关于法治与宪政的思想。他指出，"中国过去之所谓法，根本没有由法去限制人君，限制政府的意思"，⑥ 而民主政治的第一义便是限制统治者权力的行使，因此法治成为与民主不可分的部分。只有通过法治才能保障民主的真谛，即在少数服从多数的同时多数必须保障少数，否则就会形成多数人的专政。徐复观提倡德治主义与民主政治的融合。他认为，从境界上看，德治更为根本，更为高级。不过，德治在现阶段中国却无用，它也无法转进为法治，因而我们应引入西方民

① 杜维明：《儒教东亚兴起的含义》，《杜维明文集》（第四册），第589页。
② 张君劢：《中西印哲学文集》（上），学生书局1981年版，第380页。
③ 吕希晨、陈莹选编：《精神自由与民族文化》，第488页。
④ 张君劢：《中西印哲学文集》（上），学生书局1981年版，第387页。
⑤ 同上书，第388页。
⑥ 徐复观：《荀子政治思想的解析》，《儒家政治思想与民主自由人权》，第144页。

主政治。在此基础上，德治仍有存在的必要①。因此，他也和其前辈张君劢一样，认为应当追求法治之下的德治。② 杜维明认为法治是启蒙的产物，是儒学所必须接纳的。但是，儒学必须要对启蒙心态予以"反思和批判"，从而超越启蒙精神。③ "但光有法不行，除了法治以外，必须发展出一套礼乐教化。只有如此，人民才'有耻且格'，才有一种羞耻感，才能自动自发地体现道德理性"。④ 因此，杜维明认为法治和道德应该并行。在这一点上，他与其师徐复观是一致的。

三 新儒学中政治自由主义传统的特征和意义

通过上文的论证，可以归纳出儒家自由主义传统的一些基本特征。第一，具有鲜明的儒学色彩。新儒学虽然援引西学入儒，但是他们并没有放弃儒家文化本位的立场。因此，张君劢才说到，"窃以为文化之改造，非易事也，舍己而求人，是为忘其本根，采他人之方而不问其于己之宜否，是为药不对症，心目中但欣羡他国之制，而忘其本身之地位，是为我丧其我（着重号乃笔者所加）"。因此，他们提倡"不可舍己循人"，"应知因时制宜"。⑤ 确立文化的主体性，文化改造需要具体问题具体分析，这些都是新儒家融合中西的方法论原则。在这种方法论原则的指导之下，处于文化交流中的儒学必然具有鲜明的儒学特征。比如，儒学的特质是道德理性优先，这就离不开性善论的理论预设。于是，他们就把性善论而不是性恶论看作是自由主义的人性哲学根据。第二，儒家自由主义是儒学与西方自由主义双向融合的产物。自由主义是人类文明的成果，它为人们提供了自由、民主、人权和法治等思想资源。可以说，这些资源在一定程度上已经超越了西方世界而成为人类共同的财富。在

---

① 徐复观：《儒家政治思想的构造及其转进》，《学术与政治之间》，第59—60页。

② 关于徐复观观点的具体论述参阅拙著《现代新儒学与自由主义——徐复观殷海光政治哲学比较研究》，东方出版社 2008 年版，第169—189 页；谢晓东《从"德治理想国"到法治下的德治——论徐复观对儒家社会治理观的转换》，《光明日报》2007—5 - 15，第 11 版。

③ 杜维明：《全球社群之核心价值的儒学透视》，《杜维明文集》（第四册），第648—649页。

④ 杜维明：《儒家传统的启蒙精神》，《杜维明文集》（第五册），第291 页。

⑤ 张君劢：《明日之中国文化》，第110 页。

这种情况下，中国的现代化尤其是儒家政治哲学的现代转型还是应当吸收利用上述资源的。但是，由于新儒家们对文化主体性的强调，这种吸收是有选择的。在这种情况下，儒家自由主义不可能与西方的自由主义一模一样，而是有着强烈的中国特色。比如对性善论的坚持、对个人主义的疑虑、对平等的期望，等等。不过，这只是问题的一个方面。另一方面，儒学的现代转换受到了自由主义的强烈影响，这表现在新儒家们对消极自由的接纳、对低调的经验主义民主的重视、对法治原则的赞扬等方面。第三，平衡原则。这是儒家自由主义的一个鲜明的特征，也是上述两点的进一步体现。新儒家们既要"返本"，也要"开新"，这就需要在中西两种文化因素中给予调和、折中与平衡。在英国学者曼宁看来，平衡原则是自由主义的基本原则。① 而新儒家则试图在众多因素之中寻求平衡，这一方面固然是受到了传统的中庸思想的影响，另一方面则颇合自由主义的精髓。具体而言，新儒家在个人主义和集体主义之间、在法治和德治之间、在消极自由和积极自由之间、在低调民主和高调民主之间寻求一种创造性的平衡。这种平衡可以是理论层面的，也可以是实践层面的。

儒家自由主义传统具有比较重大的意义。在作为文化保守主义的现代新儒学中竟然形成了政治自由主义传统，这一事实本身就具有重要的理论价值与现实意义。第一，这个传统是儒家政治哲学现代重构的产物，它是儒家政治哲学的现代形态，从而大大地丰富了儒家政治哲学的理论内涵并且赋予其现代性格。可以这么说，它是儒家政治哲学创造性转换的较为成功的范例。第二，这个传统的形成与延续，丰富了中国语境下自由主义的内容，使得自由主义的两种类型在冲突、竞争中相互影响，相互提高。内在于本文的立场，中国的自由主义可以分为弘扬传统的儒家自由主义与引进西学的西化自由主义，它们之间形成了复杂的异同迭合关系。第三，这个传统对中国马克思主义也有一定的借鉴意义。外来的学说要在一个民族和国家中扎下根来，这就需要本土化。具体到中国

---

① D. J. Manning, *Liberalism*, London：Dent £ Sons LTD. , 1976, pp. 13 - 30. 转引自于李强《自由主义》，中国社会科学出版社 1998 年版，第 20 页。

来说，就需要中国化。儒家自由主义传统是西方自由主义中国化的产物，它的成功之处和失足所在具有一定的启发价值。

当然，儒家自由主义传统也还存在着不足之处，以下两点是根本性的。第一，儒家自由主义的代表人物对本国传统理解很深，但对西方自由主义的理解却有所不足。比如他们仍然持有一种"价值—元论"① 的看法，即认为美好价值之间会自然地和谐，从而对自由与平等、自由与民主之间对立与冲突的层面还注意不够，虽然这种状况在杜维明那里已有所改变。第二，他们对儒家传统温情有余，批判不足，对传统与现代的复杂关系理解还有不够深入的地方。例如，片面地强调儒家性善论对民主政治的正面作用，却几乎忽略了西方强调性恶之"幽暗意识"的深层意义②。再如新儒家们常常采取以"民本"来比附"民主"的策略，从而难以对民主的复杂性有明确的认识。上述不足中，学理层面的比较容易克服，而心理层面的还会长期存在。总的来说，新儒学中的政治自由主义传统虽然还存在着缺陷，但是它对于中国政治哲学的现代重构还是有着比较重大的价值与意义，值得进一步深入研究。

第二节　朱熹的"新民"理念③

宋代以来，儒家的基本典籍出现了一个引人注目的变化，即四书取代了五经的核心地位。在这个变化中，朱熹起到了莫大的作用，而这在很大程度上又与《四书章句集注》有关。在朱熹看来，"四书"里，人们"应先读《大学》，以定其规模"④。所谓"规模"指的是儒家的"修己治人"（《语类》卷十四，第250页）与"内圣外王"的基本架构。可以

---

① 伯林：《自由论》，译林出版社2003年版，第216页。

② 关于"幽暗意识"与民主的关系可参考张灏《幽暗意识与民主传统》一书，第23—43页。

③ 在笔者看来，《大学》是先秦旧籍。而朱熹的新民理念中的"新民"一词，在《大学古本》中则为"亲民"一词。故而，笔者就以探讨朱熹的"新民"理念的形式，来分析早期儒学（先秦儒学）对优良政府的一些看法。

④ ［宋］黎靖德编：《朱子语类》卷十四，中华书局1986年版，第249页。除需要特别注明外，后文引用《朱子语类》均随文引并简称为《语类》。

说，《大学》的"三纲领"与"八条目"就集中地体现了这种架构。在这种情况下，《大学》其实就是一部谈论政治哲学的经典。正是基于此意义，中山先生才认为《大学》体现了区别于西方的中国的独特的政治哲学。① 其实，朱熹依托《大学》阐发了自己独特的政治哲学，而这又主要是通过对"三纲领"中的"新民"这个核心概念的阐发来实现的。就朱熹的新民思想而言，人们的关注点多集中在朱熹的"新民"与王阳明的"亲民"的对比分析上，② 而真正从政治哲学角度出发，集中系统地考察朱熹新民思想及其独特性的论著尚不多见。

一　"新民"与"明明德"的关系

朱熹把"明明德"、"新民"与"止于至善"看作是《大学》的"三纲领"。那么，它们之间的关系又是如何的呢？"明德，新民，便是节目；止于至善，便是规模之大。"（《语类》卷十四，第260页）因此，"明明德"与"新民"是两个项目，而"止于至善"则是它们做到极致时的境界。于是，在本文的语境下，真正的问题是：作为两个"节目"的"新民"与"明明德"的关系是什么？在分析两者的关系之前，有必要首先对这些概念的含义予以界定。

1. 何谓"明德"？

"明明德"是"三纲领"之首，应当先行考察其含义。从句法结构来看，"明明德"是动宾结构。第一个"明"是动词，它是一个使动用法，意思是"使明德明"。因此，问题可以归结为：何谓"明德"？根据朱熹的解释，"明德者，人之所得乎天，而虚灵不昧，以具众理而应万事者也。"③ 可以发现，"明德"具有三个属性，分别是"人之所得乎天"、"虚灵不昧"以及"以具众理而应万事"。"明德"最为基本的属性就是

---

① 孙中山：《三民主义》，岳麓书社2000年版，第62页。

② 林志纯：《亲民与新民——古典史学的一场争论》，《史学集刊》2000年第1期；余治平：《亲民与新民——作为中国古代政治哲学的一个问题》，《人文杂志》2005年第4期；郭晓东：《从"亲民"到"新民"：也谈宋明儒学中的"现代性"精神》，《江汉论坛》2005年第10期；刘依平：《朱子"新民"诠释的理论意蕴及其内在紧张》，《吉首大学学报》（社会科学版）2009年第1期；石福祁：《从"新民""亲民"看朱王之别》，《甘肃社会科学》2009年第3期。

③ 朱熹：《四书章句集注·大学章句》，中华书局1983年版，第3页。

性理，而性理在朱熹哲学中是一个反映本质的概念。从人人均有"明德"的原始意义来看，人是平等的；但这个平等只具有修养的意义。从功夫的效果来看，人是不平等的。《大学》中的"明德"相当于孟子的"性善"。"明德"就是"性"，其具有"善"的属性。作为公共本性的明德就是真正的自我，而个体的其他方面相对而言都是不重要的。如果从体用哲学的角度来看，"明德"就是本体。作为本体的"明德"具有"至明而不昧"与"未尝息，时时发现于日用之间"的特点。(《语类》卷十四，第262页)

2. 何谓"明明德"？

既然"明德"是本体，那么，"明明德"中的"明"是否就是工夫，而"明明德"则是明体呢？事实的确如此。前面讲过，"明明德"中的第一个"明"是使意动词，于是，"明明德"的含义就是使作为本体的"明德"明。故而，对动词"明"的诠释是理解"明明德"含义的关键。作为本体的"明德"是"光明灿烂"(《语类》卷十四，第261页)的，为何还需要"明"呢？朱熹提供的基本理由是，明德"为气禀所拘，物欲所蔽，一向昏昧，更不光明"(《语类》卷十四，第271页)。可见，原因有二：第一，先天因素。根据朱熹的形上学，在现实的人所禀受的气中，有清浊偏正等不同，气禀的混浊偏塞遮蔽了人的本性，影响了"明德"的表现，于是就出现了"昏昧"与"不光明"(《朱子语类》卷四，第68页)。第二，后天因素。在朱熹看来，"但以人自有生而有血气之身，则不能无气质之偏以拘之于前，而又有物欲之私以蔽之于后，所以不能皆知其性，以至于乱其伦理而陷于邪僻也。"① (着重号乃笔者所加)。也就是说，由于人有身体，故而就由此产生了不合理的私欲。在私欲的遮蔽之下，个人就无法实现先天善的"性"(明德)了，从而走向了"昏昧"与"不光明"。理解了导致"明德"或"不明"的根源，剩下的问题就是如何"明""明德"了。其实，"明明德"就是儒学"复性"传统的另一种表达。朱熹用形象的语言来阐释"明明德"，他说道："所谓

---

① ［宋］朱熹：《晦庵先生朱文公文集》卷十五，《经筵讲义》，第691页。朱杰人、严佐之、刘永翔主编《朱子全书》第二十册，上海古籍出版社、安徽教育出版社2002年版。

'明明德'者，求所以明之也。譬如镜焉：本是个明底物，缘为尘昏，故不能照；须是磨去尘垢，然后镜复明也"（《语类》卷十四，第267页）。针对导致"不明"的两种缘由，朱熹提出了"提撕"、"挑剔揩磨"与"刮剔"等修养工夫来对治。从"八条目"来看，"如格物、致知、诚意、正心、修身五者，皆'明明德'事"（《语类》卷十四，第264页）。

"明明德"是个人道德修养层面的问题，而人是生活在人类社会之中的，这就涉及了"自我"与"他者"的问题。实现"明德"是所有人的职责，"明"个人之德是个人的自我实现。儒家伦理学关注的是"明"个人之德，而儒家政治学则处理"明"他人之德的问题。这就是"新民"。因而，从"明明德"到"新民"的过程就是从"修己"到"治人"、从"内圣"到"外王"、从道德到政治的过程。

3. 何谓"新民"？

"新民"是个复合词，它是由"新"与"民"两个汉字组合而成。"民"在古汉语中指的是作为被统治者的民众，也就是周代封建制度之下的"小人"。孔子云："君子之德风，小人之德草。草上之风，必偃。"①邢昺《疏》曰："在上君子，为政之德若风；在下小人，从化之德如草。"可见，汉唐时代的君子小人主要是一个关于"位"的概念。而"民"则是一个政治学概念，它特指被治理的对象。此处"新民"中的"民"就指的是处于下位的民众。"然民之所以感动者，由其本有此理。上之人既有以自明其明德，时时提撕警策，则下之人观瞻感发，各有以兴起其同然之善心，而不能已耳。"（《语类》卷十六，第319页）在这段引文中，"民"与"下之人"含义相同。古人对"民"的规定性是比较复杂的。程朱理学的创始人程颐曾经说道："夫民，合而听之则圣，散而听之则愚"。②可见，社会精英们从整体上高扬民，却从个体上贬斥民。作为整体的民、民意是神圣的、明智的，而作为个体的民则是卑贱的、愚昧的。③

---

① 《论语·颜渊》。
② 程颐、程颢：《二程遗书》卷二十三，上海古籍出版社2000年版，第367页。
③ 孙晓春：《儒家民本思想发微》，《吉林大学学报》（社会科学版）1995年第5期。

新民的"新"是何意？"新者，革其旧之谓也，言既自明其明德，又当推以及人，使之亦有以去其旧染之污也"（《四书章句集注·大学章句》，第3页）。可见，这里的"新""是对旧染之污而言"的。"明德"犹如明珠，但是给弄脏了，从而变得"昏昧"与"不光明"。这种糟糕的状态可以称之为"旧染之污"。而新民的工夫则是要恢复其本来的光明，从而帮助人们实现自己的本质。作为三纲领之一的"新民"，从句法结构来看也是一个动宾结构，其中"新"是动词，而"民"则是名词。"新民"的意思就是"使民新"，也就是"使人各明其明德也"（《语类》卷十五，第308页）。《大学》也有"作新民"这样的说法，而此处由于"作"是动词，于是"新"就成为了一个形容词，"新民"则变成了一个表示效验的词组。或许可以说，作为三纲领之一的"新民"是工夫，而"作新民"之"新民"则是前者的效验。从"八条目"的角度来看，"齐家至平天下三件，是新民事"（《语类》卷十五，第308页）。也就是说，"新民"涵盖的范围包括"齐家"、"治国"与"平天下"三项内容。

4. "新民"与"明明德"的关系

在对上述三个概念的基本规定性予以初步分析之后，就可以切入到"新民"与"明明德"的关系问题。如果说"明明德"是明体，那么"新民"便是达用了。于是，儒家的"明明德"与"新民"便演变成了明体达用之学。"明明德"是属于"修己"的"内圣"个人道德领域，而"新民"则属于"治人"的"外王"政治领域。

在朱熹看来，可以从本末的角度来阐明"明明德"与"新民的"关系，"明德[1]为本，新民为末"（《四书章句集注·大学章句》，第3页）。"明德"是本体，而"明明德"则是明体，"新民"则是达用。

---

[1]　在我看来，此处的"明德"乃"明明德"之误。下文多处关于"明明德"与"新民"的关系的说法也同样有误。但奇怪的是《大学章句》乃朱熹"毕生精力"所在，怎么会有这样的错误呢？而其他几处的来源是《语类》，《语类》有误比较正常。如果后文出现类似情况，我就加上一个"明"字，并用括号把它括起来。当然，也可以解释为"明德"乃"明明德"的省略和简称。这个观点可以参阅刘依平《朱子"新民"诠释的理论意蕴及其内在紧张》，《吉首大学学报》（社会科学版）2009年第1期，第6页。

宋代以来的儒学逐步"内倾化",①于是"内圣"相对于"外王"而言就处于更加重要的地位。朱熹把"新民"看作是"末"的说法或许就体现了这一点。在我看来,最能体现"明明德"与"新民"关系的一句话是"(明)明德而后能新民"(《语类》卷十四,第267页)。"而后"一词表明二者之间的逻辑关系,其潜台词就是:先"明明德",后"新民"。在此,本文对这句关键话语略加分析。根据汉语词典,情态动词"能"具有的多层含义中与本文有关的两层是:第一,具有某种能力、才干;第二,表示许可(应、该)。从逻辑上来看,朱熹似乎把"明明德"看作是"新民"的充分条件。就经验而言,君王新民(亲民)不必以德性为前提,而有德性之人又未必有机会"新民"(比如孔子)。因此,"明明德"仅仅是"新民"的有利条件,而且是儒家背景下的有利条件。朱熹强化了新民政治的道德前提,即"先明明德"。当徐仁父问是否"新民必本于在我之自新也"时,朱熹明确地答复说:"然"(《语类》卷十六,第319页)。"在我之自新"其实指的就是"明明德"。② 因而,这体现了儒学一贯的"为政以德"的德治主张。要言之,"新民必本于(明)明德,而(明)明德所以为新民也。"(《语类》卷六十一,第1477页)

上面的论证都集中在定性分析,其实定量分析也很重要,于是就引入了一个程度概念。"或问:'明德新民,还须自家德十分明后,方可去新民?'曰:'不是自家德未明,便都不管着别人,又不是硬要去新他。若大段新民,须是德十分明,方能如此。若小小效验,自是自家这里如此,他人便自观感。'"(《语类》卷十四,第267页)这是一个棘手的两难问题。朱熹区别了两种情况,"大段新民"与"小小效验"。前者可能是指全面积极地改造人的气质,从而恢复"明德",造就"新民"。而后者可能是指在个别层面(既包括横向的,比如"让"、"孝"与"恭敬"等;也包括纵向的,比如"家"、"国"等)消极的以身作则,从而有限

---

① 刘子健:《中国转向内在——两宋之际的文化内向》,赵冬梅译,江苏人民出版社2002年版。

② "今且以(明)明德、新民互言之,则明明德者,所以自新也;新民者,所以使人各明其明德也。"《语类》卷十五,第308页。

地影响人的善性，即有限地新民。不管属于哪种情况，都需要回答一个问题：新民何以可能？

二 新民的内在逻辑结构

新民思想具有自己的内在逻辑结构。其实，对这一结构的分析同时就是对"新民何以可能"这一问题的回答。这是一个康德式的问题，实质上要表达的就是：如果新民是可能的，那么它的充分必要条件是什么？

1. 新民的内在依据："明德"的普遍性、永恒性与可欲性

新民如果能够成立的话，那么人以及"民"必须具有什么内在的特性而能够使得"新"是有源之水呢？根据儒家与朱熹的学说，"明德"就是"新民"得以可能的一个内在条件。"明德"具有先验性、普遍性与永恒性。第一，先验性。"人本来皆具此明德"。"本来"一词说明"明德"具有先验性，这与其超越的来源有关。"明德者，人之得乎天"。"明德"乃天所赋，故而具有先验性。第二，普遍性。在朱熹看来，"明德"是性理，它是人之所以为人的本质所在。"明德在人，非是从外面请入来底。"（《语类》卷十四，第261页）也就是说，"明德"具有普遍性，它是内在于人的本性。第三，永恒性。"明德"是理，对于朱熹来说，即便是山河大地都塌陷了，理依然存在。这是从时间上来定性"明德"的。故而，朱熹认为："明德未尝息，时时发现于日用之间。"既然先验、普遍与永恒的"明德"是人的本质，那么实现"明德"就是人的职责与义务了。由于先天与后天两个原因（气禀与物欲），除了极个别的圣人，人的本性受到污染而难以表现出来，"民"就属于后者。前面分析过"民"的特性，个体的"民"具有消极、愚昧与卑贱的性质。因而，"民"一般来说"不能自明"其"明德"，且"甘心迷惑没溺于卑污苟贱之中而不自知也"（《四书或问》卷一，第4页）。

在这种情况下，儒学的精英主义出场了。根据"（明）明德所以为新民也"的规定性，能够自明其"明德"的社会精英就必须站出来帮助别人"明明德"。因而，"新民者，所以使人各明其明德也"。（《语类》卷十五，第308页）那么，如何实现从"明明德"到"新民"的转向呢？或

者说，二者之间的发生机制是怎样的呢？① 这就涉及了新民的方法问题。

2. 新民的主体：君子

朱熹对新民的方法作了明确规定。"言既自明其明德，又当推以及人，使之亦有以去其旧染之污也。"（《四书章句集注·大学章句》，第 3 页）可见，"推以及人"或者说"推己及人"是朱熹新民的方法。方法为人所用，所以逻辑上需要首先明确新民的主体。在朱熹看来，"大学者，大人之学也"（《四书章句集注·大学章句》，第 3 页），也就是说，《大学》的"三纲领"与"八条目"主要是针对"大人"而言的。而"大人"指的又是什么人呢？有人问朱熹："'大人'，是指有位者言之否？"朱熹回答道："不止有位者，是指有位、有齿、有德者，皆谓之'大人'。"（《语类》卷四十六，第 1173 页）因而，新民的主体就有三类人，即在上位地位高的人、年纪大的人与有德性的人。地位高的人对于受他治理的人具有权威，年纪大的人至少在本宗族具有权威，而有德性的人比如孔子，至少对于周围的人具有权威。

朱熹认为，主要的政治关系存在于"天"、"君师"与"民"三者之间。"盖自天降生民，则既莫不与之以仁义礼智之性矣。然其气质之禀或不能齐，是以不能皆有以知其性之所有而全之也。一有聪明睿智能尽其性者出于其闲，则天必命之以为亿兆之君师，使之治而教之，以复其性。此伏羲、神农、黄帝、尧、舜，所以继天立极，而司徒之职、典乐之官所由设也。"（《四书章句集注·大学章句》，第 1 页）民是天所生，而君师乃天所选择与任命的，君师承担治理与教化民众的职责。天则是正当性的终极来源。孔子早就指出："天何言哉？"（《论语·阳货》）因此，沟通天与民之间的直接联系就是，"天视自我民视、天听自我民听"②。儒家民本思想视野下的天是一个消极的存在，可以视听，却无法言动。也就是说，只具有输入系统，没有输出系统。对于民来说也是如此。君师合一意味着儒家的理想社会是一个政教合一的社会，君及其助手是"有位者"，师是"有德者"，而秦汉以后的平民社会的族长是"有齿者"。

---

① 石福祁：《从"新民""亲民"看朱王之别》，《甘肃社会科学》2009 年第 3 期。

② 《尚书·泰誓》。

一般而言，这些人就是"上之人"。其中，君是最主要的新民主体，如黄帝、尧、舜、禹以及周文王等，这些都是儒家的圣王。君及其助手臣属于统治阶层，而民则属于被统治阶层。那么，君民之间的关系又是如何呢？在朱熹看来，"盖君犹表也，民犹影也，表正则影无不正矣；君犹源也，民犹流也，源清则流无不清矣。"① 正因为君王的地位如此重要，所以他更要以身作则。"大凡治国禁人为恶，而欲人为善，便求诸人，非诸人。然须是在己有善无恶，方可求人、非人也。"（《语类》卷十六，第358页）而民则是"新"的对象，是消极的受影响者，其行为很大程度上是君王行为的被动反映而已。

新民的动机与目标是要"明明德于天下"、"明明德于国"与"明明德于家"。新民主体通过某种或多种手段作用于对象，从事实现其动机与目标，这就是方法问题。

3. 新民的中介原则：推己及人

突破主体与对象之间的界限，所依靠的就是一个"推"字，扩而言之，就是"推己及人"。前文分析过，实现内在的"明德"是人的义务与职责，所以，"大人"也有义务"新民"，从而促使民"明德"的实现。"天下只有一个道理，在他虽不能，在我之所以望他者，则不可不如是也。"（《语类》卷十四，第270页）"不可不如是也"的说法表明实现"明德"确实是人的义务，因而具有一定的强制性，这也与所有人都以"修身为本"的说法相互印证。

再进一步看两则材料："我既是明得个明德，见他人为气禀物欲所昏，自家岂不恻然欲有以新之，使之亦如我挑剔揩磨，以革其向来气禀物欲之昏而复其得之于天者。此便是'新民'。"（《语类》卷十四，第271页）"然其所谓明德者，又人人之所同得，而非有我之得私也。向也俱为物欲之所蔽，则其贤愚之分，固无以大相远者。今吾既幸有以自明矣，则视彼众人之同得乎此而不能自明者，方且甘心迷惑没溺于卑污苟贱之中而不自知也，岂不为之恻然而思有以救之哉！故必推吾之所自明者以及之，始于齐家，中于治国，而终及于平天下，使彼有是明德而不

---

① 朱熹：《经筵讲义》，《晦庵先生朱文公文集》卷十五，第698页。

能自明者，亦皆有以自明，而去其旧染之污焉，是则所谓新民者，而亦非有所付畀增益之也。然德之在己而当明，与其在民而当新者，则又皆非人力之所为，而吾之所以明而新之者，又非可以私意苟且而为也。"（《四书或问》卷一，第4—5页）正因为"上下虽殊而心则一"（《语类》卷十六，第360页），所以"新民"对于"上之人"来说是义务，而对于不能通过自己的努力"明明德"的"下之人"来说，接受"上之人"的帮助（对于主体来说就是新民）也是一项义务。"明明德"与"亲民"组成了一个二元的双向结构，任何割裂它们内在关系的学派与行为都不为朱熹所认同。"新民必本于在我之自新也"，故而主体（上之人）的良好修身是新民的前提，然后可以影响民。"鼓之舞之之谓作。如击鼓然，自然使人跳舞踊跃。然民之所以感动者，由其本有此理。上之人既有以自明其明德，时时提撕警策，则下之人观瞻感发，各有以兴起其同然之善心，而不能已耳。"（《语类》卷十六，第319页）这段话讲的就是新民的内在机制问题，其实也就是"为政"的政治问题。孔子早就指出："为政以德，譬如北辰，居其所而众星共之。"（《论语·为政》）"上之人""为政以德"，于是"下之人"自然团结在周围而后"作新民"。这种说法强调德化的意义，强调建立在明明德基础之上的新民是一种自然而然的结果。

其实，"推己及物"的说法不是什么新观念，它就是孔子所提出的"恕"。朱熹解释道，"推己及物之谓恕"（《语类》卷十六，第358页）。根据戴震的看法，"之谓"与"谓之"的作用不同。"之谓"意味着"以上所称解下"，而"谓之"则意味着"以下所称之名辩上之实"。① 据此，"推己及物之谓恕"可以改变形式为"恕也者，推己及物之谓也"。因此，可以把"新民"的原则简单归结为"恕"。由于"新民"处理的是人与人间的关系，或者说是我—他关系，因而可以把"推己及物"的观念调整为"推己及人"。"推己及人"具有消极与积极两个互补层面。第一，"己所不欲、勿施于人"。这只是"推己及人"的消极面。但是，它过于消极，无法确立积极的"新民"原则。第二，"己立立人、己达达人"。

---

① 戴震：《孟子字义疏证》，中华书局1982年版，第22页。

这是"己所欲、施于人"的积极原则，也就是朱熹所说的"絜矩"。"所谓絜矩者，矩者，心也，我心之所欲，即他人之所欲也。我欲孝弟而慈，必欲他人皆如我之孝弟而慈。"（《语类》卷十六，第361页）正是通过这个原则，新民才具有了可能性。就第二个原则而言，如果自上而下地实施，那么就构成了"上行下效"原则。这个次一级的原则体现了儒家一贯的信念。

4. 新民的心理基础："兴"

所谓"絜矩"主要是针对上位者的角度而言，而从下位者的角度来看，引起共鸣的是"兴"。那么，"兴"又是何意呢？"兴，谓有所感发而兴起也。"（《四书章句集注·大学章句》，第10页）再具体而言就是，"下之人观瞻感发，各有以兴起其同然之善心，而不能已耳。"（《语类》卷十六，第319页）可见，"兴"是"上行下效"的心理基础，也是民接受"新民"的心理基础。但是，民的组成是复杂的。一部分愚顽的民无法依靠自己的力量做到"兴"并进而"自新"与"作新民"，这就需要强制性力量。"'齐之以礼'，是以礼新民，也是'修道之谓教'。有礼乐、法度、政刑，使之去旧污也。"（《语类》卷十四，第267页）其中，"法度"与"政刑"就是另类"新民"的手段，但却是必要的方法。

5. 新民的落实："遂"

但是，即便民"兴起其善心"，但如果上之人倒行逆施，破坏民的生存与发展基础的话，那么新民也就会成为一句空话。"若不絜矩，则虽躬行于上，使彼有是兴起之善心，而不可得遂，亦徒然也。"（《语类》卷十六，第360页）"若但兴起其善心，而不有以使之得遂其心，则虽能兴起，终亦徒然。如政烦赋重，不得以养其父母，又安得以遂其善心！须是推己之心以及于彼，使之'仰足以事父母，俯足以育妻子'，方得。"（《语类》卷十六，第361—362页）因此，继"兴"之后，"遂"成为了一项极为关键的新民原则。"能使人兴起者，圣人之心也；能遂其人之兴起者，圣人之政事也。"正是通过"遂"所蕴含的事物，新民终于突破了比较狭隘的道德领域，从而进入社会政治层面，使内外成为可能。此前，新民主要是一个道德教化概念，使人实现德性的自我完善。而"遂"这个概念则把人们的注意力引导到道德的物质条件之上，回到了孔子"富之教之"的传统。朱熹主要从物质财富的角度来阐发如何"遂"民之心。第一,"制民之产"则生祸乱。"盖财者,人之所同好也,而我欲专其利,则民有不得其所好者矣。大抵有国有家所以生起祸乱,皆是从这里来。"第二,与民众分享财富。"财者,人之所好,自是不可独占,须推与民共之。"这是对第一点的反动,内容就包括积极层面的"制民之产",消极层面的"宽其赋敛,无征诛之扰",无"科敷之扰"等。朱熹特别反对"与民争利"的专利垄断制度,而提倡依靠市场的力量。"如今官司皆不是絜矩。自家要卖酒,便教人不得卖酒;自家要榷盐,便教人不得卖盐。但事势相迫,行之已久,人不为怪,其实理不如此。"(《语类》卷十六,第 368 页)可以发现,这里所提到的措施,其实质与民本主义相同。因此,朱熹的新民学说便具有民本主义的内涵。

至此,可以从政治哲学角度对朱熹的新民思想进行总结与概括。简单地说,朱熹的新民思想是以性善论的"明德"为中心,以大人的"明明德"为前提,以"明明德于天下国家"为动机,以民的消极、被动与可塑性为条件,以"推己及人"为中介原则,以"兴"为沟通上下的心理基础,以"遂"为"推己及人"在社会政治层面的落实。新民对治者的要求是"为政以德",就此点而言,它是儒家"德治"传统的朱子版本。而从君民关系的角度来看,新民又可以涵盖儒家的民本主义。因而,可以说"德治"与"民本主义"是新民政治哲学的两翼。以"新民"范畴为中心,朱熹实现了儒家政治哲学的一次理论重构。

三 比较视野下的朱熹新民思想

这是对朱熹新民思想的拓展性研究,通过与中西思想家的相关学说进行对比,从而勘定其特质、意义以及可能的不足之处。这种比较主要是围绕政治与德性的关系问题而展开的。

1. "内圣外王"视野下的新民及其竞争对手

儒学是明体达用之学,从本文的角度来看,就是要"明明德"与"新民"。在两者的张力中,就表现出了朱熹的新民学说区别于对手思想的一些地方。"于是乃有不务明其明德,而徒以政教法度为足以新民者;

又有爱身独善，自谓足以明其明德，而不屑乎新民者。"① 这是割裂"明明德"与"新民"关系而各执一端的情况，佛老与法家的管仲就是典型例子。在朱熹看来，"自谓能明其德而不屑乎新民者，如佛、老便是；不务明其明德，而以政教法度为足以新民者，如管仲之徒便是"。（《语类》卷十七，第 379 页）佛老是出世主义的，对于社会政治层面的新民不感兴趣。宋明理学的主要学术对手是佛老，从新民角度来攻击对手有体无用是一种颇有力的论证。战国以来，儒家的主要政治对手是法家，而从"明明德"的角度来攻击对手有用无体则是一个比较明智的选择。但是，儒家内部也具有明确的分化，这就涉及"三纲领"之中的"止于至善"了。"又有略知二者之当务，顾乃安于小成，狃于近利，而不求止于至善之所在者"。也就是说，这是一种既能"明明德"，也能"新民"，但是却不追求"止于至善"的情形。朱熹认为王通便是"略知明德新民，而不求止于至善者"（《四书或问》卷一，第 5 页）的代表人物。根据朱熹的道统理论，汉唐时代道学不传，从孟子到二程的千余年间道统中断（《语类》卷十七，第 379 页）。在这种情况下，王通等大儒就难以把儒家的"内圣外王"之学发挥到"至善"，而是在两个方面都有所欠缺。② 一个正统的确立很大程度上要通过其对手辨认出来，这对朱熹来说也不例外。通过深度解读《大学》"三纲领"中的"新民"，朱熹重释了儒家正统的"内圣外王"政治哲学。

2. 与郑玄、孔颖达和王阳明的比较

除了朱熹所认定的上述三种类型之外，在思想史上还存在着其他一些对于《大学》"亲民"的解释，这些应当引起人们的关注。

对《大学》的篇意与"三纲领"，郑玄作了扼要规定。在他看来，所谓"《大学》"者，以其记博学，可以为政也"。③ 很明显，他认为《大学》是从事政治的指导书。孔颖达对"在明明德"的解释是，"大学之道在于章明己之光明之德"；他对"在亲民"的解释是，"言大学之道，在于亲

---

① 朱熹：《四书或问》卷一，上海古籍出版社、安徽教育出版社 2002 年版，第 5 页。

② 关于朱熹对"至善"的三重规定性，可以参阅谢晓东《"幸福"与"内圣外王"——亚里士多德与朱熹至善思想比较》，《中国哲学史》2009 年第 1 期。

③ 《礼记正义》，《十三经注疏》整理本，北京大学出版社 2000 年版，第 1859 页。

爱于民"。(《礼记正义》，第 1861 页）他对"明明德于天下"的看法是
"章明己之明德，使遍于天下"。可见，郑、孔二人都把《大学》定位为
儒家的外王之学，而"亲民"则是君上对民众的仁慈治理。可以说，他
们关于"亲民"的规定主要是从政治角度而言的，而把政治看作是"章
明己之光明之德"的行为。对于民众是否也要"章明己之光明之德"，他
们则阙如也。这与汉唐时代占主导地位的"性三品"学说分不开。该学
说认为民众愚昧无知，故而是被教化与关爱的客体。但是，教化不可能
使得民众真正觉悟，而只是造就一些好的、易于统治的良民而已。① 于
是，上之人与下之人之间就出现了巨大的鸿沟。这是"性三品"学说从
根本上确立人的不平等本性的逻辑结论。

　　相对于郑、孔等经学家，朱熹则从根本上赋予了人以一种平等的本
性，即"明德"为一切人所具有。在这种情况下，大学之道就确立了修
己治人的内圣外王格局。其中，新民学说沟通了内与外、道德与政治，
从而形成一套完整严密的政治哲学。王阳明同意朱熹《大学》是"大人
之学"的观点，不过，他对"大人"一词给予了独特的诠释。"大人者，
以天地万物为一体者也。其视天下犹一家，中国犹一人焉。"② 因而，"大
人"成为一个体现"仁"德性的境界概念，这比朱熹对"大人"的规定
性要狭窄一些。他反对朱熹把"亲民"改成"新民"，强调要恢复《大
学》古本的"亲民"之义，从而在形式上回归到汉唐时的"亲民"学
说。在王阳明看来，"亲民"的语义比较圆融，既包括了"教"，也涵盖
了"养"，而"新民"则只包括了"教"。"说'亲民'便是兼教养意。
说'新民'便觉偏了。"(《王阳明全集》卷一，第 2 页）根据本文的研
究，朱熹大力阐发了"遂"的意义，从而涵盖了"养"的内容。故而，
对于朱熹的观点，王阳明有所误解。王阳明更加明确了"明明德"与
"亲民"之间的体用关系，他说道："明明德者，立其天地万物一体之体
也，亲民者，达其天地万物一体之用也。故明明德必在于亲民，而亲民

---

　　① 郭晓东：《从"亲民"到"新民"：也谈宋明儒学中的"现代性"精神》，《江汉论坛》
2005 年第 10 期。
　　② （明）王守仁：《大学问》，收入《王阳明全集》卷二十六，上海古籍出版社 1992 年版，
第 968 页。

乃所以明其明德也。"(《王阳明全集》卷二十六，第968页）这可以视为对朱熹观点的进一步明晰化，从而凸显了德性与政治之间的密切联系。

3. 新民与哲学王

朱熹提供了一种圣王通过政治的方式实现道德理想的蓝图，即"尧舜其民"。就此而言，他的新民学说与柏拉图《理想国》中"哲学王"的思想颇有相近之处。

柏拉图认为，哲学王需要改变人的本性从而造就一个"理想国"。在他看来，这样的"理想国"在人类历史上曾经存在，而现存的政体就是它的逐次堕落。柏拉图的政治历史退步观反映了他崇尚完满原型，贬低变化的理念论立场。① 他推荐的"新民"方法有：第一，在哲学王与武士阶层实行共产制度，废除家庭与私有财产；第二，由国家从事儿童的教育活动，以避免传统的习惯与谬误的污染，从而逐渐造就新人；第三，移风易俗，实行思想控制，从而建立一个以绝对知识（真理）的名义对艺术、科学与一切批判精神进行控制的专制国家。可以发现，朱熹与柏拉图具有一些比较明显的异同点。就相同点而言，比如他们都持一种历史退步观；都建立在关于人的形上学的基础之上，柏拉图把灵魂三分，并认为理性是人的本性，而朱熹则认为"明德"是人的本性，从而是真实的"自我"；都提出了一些新民的类似措施；都支持一种政教合一的专制统治，从而在很大程度上不是宽容的，而涉及了或多或少的强制。就最后一点而言，"新民"可能会造成戴震所说的"以理杀人"，而柏拉图的理论所蕴含的极权主义更是为西方思想家所诟病。② 从政治哲学角度来看，柏拉图与朱熹③都支持至善论而反对国家中立，他们认为人的道德完善（德性）与政治之间存在密切关系。

由于古希腊与古代中国的思维方式与关注重点等方面的差异，柏拉图与朱熹的相关思想也具有明显不同。第一，朱熹的新民是以道德为基础的，而柏拉图则是以理智（智慧）为基础。这与双方所在的文化具有

---

①　赵敦华：《西方哲学通史》第一卷，北京大学出版社1996年版，第160页。

②　［英］伯特兰·罗素：《西方哲学史》（上），商务印书馆1963年版；［英］卡尔·波普：《开放社会及其敌人》，中国社会科学出版社1999年版。

③　谢晓东：《朱熹的国家哲学探微》，《福建论坛》（人文社会科学版）2008年第4期。

的道德主义与理智主义背景有着内在联系。与此相关，柏拉图的《理想国》中造就新民的行为，很大程度上是打破现有社会结构与制度的行为，比如家庭与私有制等，从而具有激进的理性主义乌托邦色彩。而朱熹则是在利用现有社会结构与制度的前提下，从事新民活动。可以说，柏拉图既从事"硬件"革命，也从事"软件"革命，而朱熹则仅仅从事"软件"层面的改革，因而显得比较温和。理性主义容易走向绝对主义与一元论，因而柏拉图的主体只能是一个哲学王，而朱熹的新民主体则要广泛得多，包括君师、有德者、有齿者等。故而，哲学王的统治是一种全面的理性计划，而朱熹的新民则是一种长期的、多层面的、松散的道德政治活动。就对象而言，柏拉图认为人天生就有知识，而朱熹则认为人性善。

4. 新民的适用范围与界限：在"君子的责任"与"个人自主"之间

朱熹的新民思想与柏拉图有较多相互诠释之处，而与洛克为代表的古典自由主义却差异颇大。因而，通过引入古典自由主义这个"他者"的视域，可以更为有效地确立朱熹新民思想的一些基本特点。在洛克看来，自我保存是人的基本本性，在自我保存的前提下，人们"就应该尽其所能保存其余的人类"。[①] 这种对人性的低调的看法明显不同于朱熹把仁爱看作人的本性的高调观点。基于对人的个体主义的预设，洛克认为人是自由、平等与有理性的，因而是一个自治的主体。基于个体的同意，政府建立了起来。政府的权限仅仅在于消极地保卫公民的生命、自由与财产，而公民的道德问题则属于自治的私域，与公域的政治权力无关。换言之，朱熹意义上的新民不应当成为政治以及政治哲学所关心的问题。之所以有这么一个基本差别，一个非常重要的原因在于西方确立了自由主义与基督教的二元互补结构，而这样的互补功能在中国则是由儒学一力承担的。基督教负责私域的道德问题，而自由主义则解决公域的社会政治问题，基督教与自由主义的这么一个互补结构很大程度上保证了私域与公域的二元分离。而儒学则既关注道德问题，也处理社会政治问题。

---

① ［英］约翰·洛克：《政府论》（下），瞿菊农、叶启芳译，商务印书馆1964年版，第7页。

由于缺乏分界观念，就出现了道德问题政治化与政治问题道德化的状况，从而把道德与政治纠缠在一起。

在我看来，朱熹和儒家的新民需要在君子的责任与个人自主之间取得平衡。一般认为，康德是个人自主观念的提出者。[①] 其实，儒家与洛克都承认人的自主性，但是儒家的自主性是在关系网络中实现的。显然，绝大部分人难以做到"明明德"而达到"自新"，因而需要先觉者的帮助，而先觉者也在自我实现的名义下认为有责任帮助他人完成自我。民没有拒绝"被新"的权利，只有接受的义务。因为"明德"是真正的自我，别人帮助自己实现"明德"是可以辩护的行为。不过，根据伯林的观点，自我二重化之后可能会导致以实现真实的自我为名而走向对个人的奴役。[②] 对此问题，朱熹并没有意识到。在这种情况下，"新民"就会与现代的"强迫你自由"具有同样的后果。在朱熹时代，新民是全盘性的，其含义就是政治国家对民众的经济与道德生活领域的安排与照顾。就此而言，新民的政体适用范围可以包括古代专制主义、现代极权主义与威权主义等。儒学的新民漫无边际，缺乏一个界限观念，尤其是对与"公域"相区别的"个人自主"的"私域"观念的不足，而"自治的私域"正是现代社会的一个基本特征。虽然儒学也承认个人自主，但主要体现在道德层面，而对于社会政治层面则非是。我想，在教育不普及，民众文化素质很低的社会背景下，儒家很难设想社会政治层面的个人自主。作为补救措施，孔孟与朱熹等人就把希望寄托在具有德性与知识的社会精英身上，从而赋予了他们一种特殊责任。也就是说，君子们在"修己"的基础之上也需要承担起"治人"的新民重任，从而弥补普通民众在个人自主能力方面的不足。这就是"君子的责任"。在现代教育普及的条件之下，我想，儒家会承认民众在社会政治领域的个人自主的能力，因而也就会收缩新民的领域，从而为"君子的责任"划出一条界限。或许，该界限可以确立为一个命题：对他人的责任止于个体自由。当然了，儒家造就理想的人的信念也仍然会坚持下来，从而在一定程度上也会对

---

① ［德］康德：《实践理性批判》，韩水法译，商务印书馆 1999 年版，第 34—60 页。

② ［英］以赛亚·伯林：《自由论》，胡传胜译，译林出版社 2003 年版，第 186—246 页。

于古典自由主义难以造就理想的人具有相当的矫正作用。①

第三节　走出王道：对儒家理想政治的批判性考察

王道政治是以孟子为代表的古代儒家的理想政治（或优良政府）形态，而民主政治则是现代社会的理想政治形态。由于民主具有崇高声望，有一些当代学者便提出了关于儒家民主的一些构想或理论，比如丹尼尔·贝尔（Daniel A. Bell）、陈素芬（Sor - Hoon Tan）和白彤东等人。② 从理想政治的角度来看，他们都直接跳过了儒家的王道理念，也似乎没有想过要重构这个理念。而笔者则试图在他们所做工作的基础之上，先对其忽略掉的一个理念，即王道，予以分析，然后再考察儒家何以能够走出王道走向民主。遗憾的是，"王道"虽然自古以来就是一个常用术语，但也是一个尚未得到充分澄清的概念。因而，首先需要从事这一前提性的工作，并以之为基础指出对于现代儒学来说，王道是一个应当抛弃的概念。也就是说，对于儒家的理想政治形态来讲，应当发生一个由王道到民主的转向，从而扭转儒家政治哲学的基本方向。需要指出的是，本文是以早期儒家代表人物孟子为中心展开论述的。理由有二，一是为了论证的便利，二则是因为孟子政治哲学的理论基点（阿基米德点）乃超越了王道，从而指向了民主。

一　何谓王道？

有一种观点认为，王道"是最适合作为儒家政治理念的总名的"③。

---

① 相关观点可以参阅谢晓东《现代新儒学与自由主义》，东方出版社 2008 年版，第 106—107、282 页。

② Daniel A. Bell, *Beyond Liberal Democracy*, Princeton University Press, 2006. 需要指出的是，中译本把书名译为《超越自由民主》，是不符合该书的内容和主旨的。作者是要超越自由主义民主，而不是超越一切民主，他是为儒家民主作辩护和论证的；Sor-Hoon Tan, *Confucian Democracy: A Deweyan Reconstruction*, State University of New York Press, 2004；白彤东，《一个儒家版本的有限民主：一个更现实的乌托邦》，收入其《旧邦新命：古今中西参照下的古典儒家政治哲学》一书，北京大学出版社 2009 年版。他/她们比之前杜维明和刘述先等人的相关论述较为深入和系统，故而以之为代表。

③ 干春松：《重回王道——儒家与世界秩序》，华东师范大学出版社 2012 年版，第 7 页。

既然王道观念这么重要，它似乎就应该是一个得到严格界定的概念。不过遗憾的是，事实并非如此。对于"何谓王道"的问题，人们多言之不详。高举政治儒学大旗的当代儒家蒋庆或许也不例外。他认为，王道政治是"儒教治国平天下的外王理想"，其基本含义是："所谓王道政治，是指依王者之道所从事的政治，故王道是指古圣王之道；具体说来，是指禹、汤、文、武、周公、孔子一脉相承的治国平天下之道"。① 但是，这个定义依然比较模糊，他并没有指出"王道"本质性的东西，也不曾道明其外延。不过，蒋庆随后以"政治权力的三重合法性"作为王道政治的核心内涵②，并认为其是"最好的政治"③ 和"最完善的政治"。④ 很明显，依蒋庆的思路，王道政治是一个纯粹规范性的概念，至于在这个规范性概念的指导下的历史实际的表现，也就是描述意义的王道政治概念，则是不重要的。这正是笔者区别于蒋庆的地方。从经验主义的实效主义的视角来看，描述意义的概念如果不是更加重要的话，至少也和规范概念同等重要。因而，一个具有实践基础的王道政治概念，乃是本文的主要分析对象。而那种没有什么实践基础或无法现实化的王道理念，则属于一个不折不扣的乌托邦。就此而言，有人认为，儒家和蒋庆的王道政治理念两三千年都无法实现，故而只不过是"一个虚无缥缈的空想而已"。⑤ 因而，一个关于"王道"或"王道政治"的合适定义是问题得以讨论的基础。

对于王道政治的定义，笔者曾经不揣浅陋给出过两种，一种是以孟子为中心的儒家视野下的，另外一种是全球视野下的。之所以可以以孟子为中心来对王道政治下定义，这是因为孟子之后，儒家的王道政治理念没有根本的发展和突破。从类型分析的角度来看，孟子可以作为儒家

---

① 蒋庆：《政治儒学》，生活·读书·新知三联书店 2003 年版，第 202 页。

② 蒋庆：《再论政治儒学》，华东师范大学出版社 2011 年版，第 9—10 页。

③ 蒋庆：《再论政治儒学》，第 22 页。

④ 蒋庆：《再论政治儒学》，第 94 页。

⑤ 王绍光：《"王道政治"是个好东西——评蒋庆的"儒教宪政"》，《开放时代》2010 年第 9 期。其实，早在宋代，朱熹就曾痛心地指出过，三代之后几千年来王道不曾一日行于天地之间。不过，他相信王道曾经实现过以及在将来也可能会实现。就此而言，朱熹不同于王道的怀疑派。

王道政治理论的主要代表人物。于是，孟子的王道政治可以定义为，"王道政治是以仁政为中心，以德治和民本为两翼的一种非民主的政治形态。"而一种更为抽象也更为普遍的定义可以这么表述，"王道政治是一种以统治者为立论中心、以民众为受益对象、以和谐为导向的理想政治。"①

根据第一种关于王道政治的定义，可以发现其基本要素是：第一，仁政是王道政治的核心。孔子提出了"仁"的概念，而孟子创造性地把它扩展到政治层面，从而提出了仁政的主张。在孟子哲学中，仁政是一个比王道政治要低一级的范畴。第二，德治是王道政治的治理方式。德治强调要以德治国，这种治理方式的要点是统治者以身作则，确立良好的德性，从而影响臣民的行为。第三，民本是王道政治的施政原则。它强调的是人民在政治中的主体地位，以及政治的目标是"民有"和"民享"。② 第四，王道政治不是民主政治。不管仁政也罢，德治和民本也罢，都是从统治者的角度出发来论证问题的，这和以"人民的统治"为基本义的民主政治形成了两种不同的政治形态。③

那么，是否可以有一个一般性的对王道政治的定义？在破除掉一些基于时代印记而具有的特殊性之外，其普遍要素何在？其实，这两个问题是一而二，二而一的问题。这就需要分析孟子王道政治学说中哪些是特殊主义的，而哪些又是普遍主义的？区别特殊与普遍的标准在于，普遍的因素是可以适用于所有的时间与空间的，因而具有普世性。

根据上述第二种关于王道政治的定义，可以发现其具有如下几个基本要素：存心政治是王道政治的第一个原则。这种政治最关注的是统治者动机的纯正，而不是统治者行为的后果。马克斯·韦伯区别了"意图伦理"与"责任伦理"④，其实，这种理论应用到政治上就是存心政治与

① 关于上述两种定义，具体内容可以参阅谢晓东《理想政治的四种类型——兼论孟子政治哲学的理论归宿》，《武汉大学学报》（人文科学版）2012 年第 6 期，第 44—49 页。

② 萧公权：《中国政治思想史》（一），辽宁教育出版社 1998 年版，第 87 页。

③ 徐复观：《儒家思想与民主自由人权》，台北：八十年代出版社 1979 年版；《学术与政治之间》，台北：学生书局 1985 年版。

④ 台湾学者翻译为存心伦理与责任伦理。我觉得，此处用存心伦理这个概念或许会更好一些。

责任政治。这个原则涵盖了王道政治的德治观念。其次,积极的国家观。在强调完动机之后,王道政治最关注的就是造就一个强势的政府以实现统治者的良好动机了。政府应该介入经济与社会领域,从而确保道义原则可以落实。这个原则涵盖了王道政治的仁政与民本观念。复次,政教合一是王道政治的一个基本内容。王道政治把政治与教化看作是一体的,从而否定了消极国家的中立性原则。这个原则是对第二个原则的限制,从而有效区别了王道政治与新自由主义的民主政治。第四,民治的观念不占支配地位,相反,统治者"善治"的理想却占主导地位。一切王道政治的中心都落在统治者的行为上,在国家层面,王道政治是不会支持民治的;而在地方政府层面,则是可以民治的。也就是说,在现代社会,一个国家有可能在中央政府层面推行王道政治,而地方政府层面则是自治的民主政治。这个意义上的王道政治颇类似于联邦制国家中的开明专制理论,比如普鲁士的腓特烈大帝。第五,家长制(patriarchy)的。王道政治假定了民众理性的不成熟状态,同时也假定了统治者可以排除自身的利益而完全以被统治者的利益为行动法则。这两个假定就意味着民众是消极的民众,而统治者则是积极替民众作主的服务者。这当然是典型的家长制。最后,王道政治可以是世界主义的。这是从国家关系的角度出发而论的。因为王道政治的视野可以不限一国,而是可以施行于一定地区(比如东亚)和世界。就此而言,王道政治观念和天下观念是结合在一起的。当然,这里的天下和世界在空间上不一定是重合的。[①] 不难发现,对一般意义的王道政治的分析,同时也就是对王道政治是"何种政治"这个问题的分析。

二 谁之王道?

自孟子以来,王道政治就是儒家理想的政治形态。在当代,一些儒

---

① 虽然王道政治具有一个世界维度,可以用来分析世界秩序问题,但是本文处理该概念主要是在国家层面。因为我认为,王道政治的国家层面是国际层面(世界秩序)的基础和出发点,在有限的篇幅中先论证从逻辑层面而言更为基础和根本的部分,有利于集中主题和深入分析。笔者将会另外撰文探讨世界秩序意义上的王道政治。对于"天下"一词的分析,可以参阅赵汀阳《天下体系——世界制度哲学导论》,江苏教育出版社 2005 年版,第 123—127 页。

家也高举王道政治的旗帜，蒋庆就是这些人里的一个典型。蒋庆以王道政治为中心，试图建立自己的政治儒学体系。笔者以为，必须在古代儒家和当代儒家之间进行区分。古代儒家处于一个比较封闭的体系中，因而王道政治是他们所能够构想出来的理想政治。但是，当代儒家则生活在一个全球化的时代，他们有着关于人类政治各式各样的知识，尤其是可以从经验上了解优良政府的理论与实践。在这种情况下，继续守着王道政治的观念或许有不合时宜之处。当然，对于一种政治理论来说，不合时宜也不是什么致命的缺陷。不过，在笔者看来，儒家的王道政治理论，还存在着一些需要澄清的重大理论问题。至少表现在以下两个方面：一是王道政治的主体是谁？二是王道政治是一种什么类型的政治？可以概括为两个问题：谁之王道？哪种政治？关于后者，上文已经简单提到，这里主要处理前者。因而，下文要分析的问题就是，作为一种理想政治的王道政治理念，究竟可以适用于什么政体？或者说，王道的适用范围是什么？

首先，王道政治不是无政府主义。很明显，即便是王道政治也需要有统治，也就是服从。根据孟子的经典阐述，王道是以德服人，而霸道是以力服人。王道和霸道，其指向都是"服人"，区别仅在于如何服人。"服人"的基本含义就是服从，而服从明显是统治的核心，是政治秩序的体现。或许，庄子是支持无政府主义的，王道政治便在其视野之外。[①] 其次，王道政治不是民主政治。根据本文的定义可以得出这个结论，但是，这还不够。从字面分析，"王"不是一个虚词，而是一个实词。从汉字构词法的角度来讲，"王"是个象形字。其甲骨文为斧钺之形，斧钺为礼器，象征王者之权威。许慎对"王"的解释是："天下所归往也。董仲舒曰：'古之造文者，三画而连其中谓之王。'三者，天、地、人也，而参通之者，王也。孔子曰：'一贯三为王'。凡王之属皆从王。"[②] 在许慎看来，作为王，就应当使天下归附于己。他引用董仲舒在《春秋繁露·王道通三》中的观点，从而视"王"为贯通天地人三才的枢纽。同时，他

---

① 陈鼓应：《老庄新论》，商务印书馆 2008 年版，第 259—265 页。
② （汉）许慎撰，（宋）徐铉校订：《说文解字》，中华书局 1963 年版，第 9 页。

还使用了汉代纬书中孔子的话语，因而认为"王"字具有"以一贯三"的涵义。《释名》中也说："王，天子也。"这个解释只是指出了一个事实，而并未深究其含义。故而，还是许慎的看法更值得重视。该看法同意《诗经》中的普遍王权观点，也就是，"普天之下，莫非王土；率土之滨，莫非之臣。"至此，可以对"王"的基本含义予以概括，那便是"天子或君主"。于是，可以得出结论，王道政治的适用政体是君主制。[①] 而我们知道，君主制共有四种类型：第一、绝对君主专制；第二、等级君主制；第三、二元君主制；第四、君主立宪制。对于第四种来说，王权虚置，民治的原则占主导，故而可以说拥有王室的英国是一个民主国家。因而，王道政治可以适用的国家类型是：非君主立宪制的君主政体。

此外，现代的威权主义（authoritarianism）政体，虽然没有名义上的王或君主，但是也不存在民治，故而相当程度上也是王道政治概念可以适用的对象。[②]

三 王道政治的理论与实践困境

战国时代的孟子所提出的王道政治是一种非常高贵的理想。其理想固然崇高，但是，却也面临理论和实践层面的多重挑战。

第一，孟子的王道政治必须在一个封闭的环境里方能实施。孟子宣布，实施王道的结果就是"莫之能御也"，"仁者无敌"。但是现实是残酷的，如果某国单方面实施王道，从而导致"近者悦，远者来"，其他国家就会感觉到威胁，从而先发制人发动战争。[③] 其结局不难想象，很可能在

---

① 或许有人认为可以把"王"虚化，于是王道政治就可以是一种普遍的政治形式，因而可以适用于一切政体。如果这么做的话，那么"王道"概念在很大程度上就失去其边界了，它和民主政治等的界限就模糊了。这对于学术研究，应该是不会有好处的。根据思维经济原则，如果没有必要，不要引入新的概念。对于现代来说，此种含义的"王道政治"是否属于这类概念呢？

② 威权主义可以视为介于民主和极权主义（totalitarianism）之间的一种类型。本文关于"威权主义"的看法，吸收的是 Giovanni Sartori 在 *The Theory of Democracy Riviseted* 一书中的观点。具体参阅［美］乔·萨托利《民主新论》，冯克利、阎克文译，上海人民出版社 2009 年版，第 207—230 页。

③ 韩非曾经提到徐偃王实行仁政，实力迅速壮大，楚文王觉得是威胁，于是出兵消灭了徐国。参见《韩非子·五蠹》。

实施孟子王道政治的最开始（"王道之始"）时就会夭折。

第二，即便是在一个封闭的环境中实施王道政治，也会存在一个是否能可持续发展的问题。用政治哲学的术语来说，就是稳定性问题。在王道政治的理念中，王（广义的）居于一个中心地位，为了保证王道政治的持续性就必须确保前后相续的最高统治者都是圣王。圣王（sage - king）是一个高强度的概念。而事实上，对强度的要求与时间的绵延呈反比。[1] 也就是说，要求越高，其可持续性就越差。在家天下的格局下，圣王形成连续的链条，在理论上和实践上都是不可能的。[2] 为了保证圣王能够代代相传，于是"禅让"思潮就在战国应运而生。但是，发生在燕国的悲剧表明，"禅让"也是靠不住的。其实，牟宗三和徐复观等人早就指出，"圣君贤相"是可遇不可求的，即便在某个时间段具有这样的格局，也是难以持续的。换句话说，儒家和孟子在理论上承诺了王道政治，但是他们的方法，也就是基本制度，是无法兑现其理论上的承诺的。其实，孟子本人也是看透了这点的。所以他认为，历史的发展不会终结在王道政治，而是会发生王道政治的衰败（decay）现象。解决衰败的方法就是革命。[3] 这种过程就是"五百年必有王者兴"的治乱循环。所以，孟子政治哲学的基本矛盾便是：理论承诺与制度之间存在着无法跨越的鸿沟。

第三，即便是王道政治能够解决稳定性问题，它也是不可欲的。因为这种政治是以道德自律与道德他律在人群里的分裂为前提的。这种分裂又是以不平等为基础的，其结果是破坏人的自尊；而伤害人的自尊和自律的定义又是相互矛盾的。因而，从这个意义上来说，不具有平等性

---

① ［美］乔·萨托利：《民主新论》，第 80 页。

② 不光是圣王的连续性无法得到保障，就是圣王的对立面，"'坏皇帝'的问题"（The "Bad Emperor" Problem），中国人也从未能得到解决。关于"'坏皇帝'的问题"的论述，请参阅 Francis Fukuyama, *The Origins of Political Order: From Prehuman Times to the French Revolution*, Volume 1, Farrar, Straus and Giroux, New York, 2012, pp. 312 – 315.

③ 梁启超认为，中国政治思想中"最大的缺点"是，对于"违法民意"因而遭到民众反对的最高统治者，除了革命之外，平时竟然没有管用的制衡方法。具体论述参阅氏著《先秦政治思想史》，天津古籍出版社 2003 年版，第 40—41 页。对此问题，牟宗三认为，只有西方所发明的民主政治才解决了政权的和平交接问题（政道），从而解开了儒家政治哲学的死结。具体论述参阅氏著《政道与治道》，广西师范大学出版社 2006 年版。可见，革命是没有办法的办法，只具有工具价值。在更好的工具面前，革命不得不居于"第二义"的地位。

的自律是自我反驳（self-refute）的。在现代条件下，平等具有根本的价值。[1] 在这种情况下，接受本文所定义的两种关于王道政治的观念都是不合理性的。下文便以孟子为例来证明这个观点。孟子认为道德的本质就是自律。但是，他对自律的适用范围作出了限制。先看孟子的一段话，"人之所以异于禽兽者几希，庶民去之，君子存之。舜明于庶物，察于人伦，由仁义行，非行仁义也。"（《孟子·离娄下》）君子和庶民的差别就在于，君子的意志动机来自于纯粹的道德法则本身，从而是自律的；而庶民则抛弃了内在的道德法则，使自己的行动的意志动机受到感性因素的支配，从而是他律的。从理论上来讲，人都应当是自律的，但从现实实践来看，就具有了明显的分化。我们知道，君子永远只是一小部分人，而庶民则总是占据大多数。这种自律与他律的不同状况决定了在社会政治层面也必须要有相应的原理来对应。既然君子是自律的，那么他们在社会政治领域中也会一以贯之。也就是说，君子的自律使得王道政治成为可能，而庶民则是他律的，受感性的幸福原则支配。庶民走向了义务论伦理学的反面，即功利主义。因此，对于君子来说，首先就要满足庶民在幸福领域的物质追求，故而需要施行制民之产等经济社会措施。然后，再对庶民进行道德教化，使得他们尽可能向上提升，从道德他律者转化为道德自律者。故而，庶民的道德他律就使得王道政治成为必要。

第四，王道并不是和平主义。假设某国（大国）极其幸运地实现了王道，从而既可以有能力抵抗外来的入侵，又可以推动其他国家王道的实现。在这种情况下，其推行王道政治的基础依然是它所抨击的实力政治——权力。换句话说，王道的存在和推行，不得不以霸道为基础，[2] 这是一种悖论。

第五，不管是王道的孟子版本还是蒋庆版本，"天命"或"天道"观念都是不可或缺的。根据韦伯的现代化理论，现代之所以为现代，其核

---

[1]　Will Kymlicka 认为，现代政治哲学中形成了"egalitarian plateau"，各种政治哲学的分歧仅在于如何处理"each person matters equally"的问题。具体论述参阅氏著 *Contemporary Political Philosophy*, Second Edition, Oxford University Press, 2002, pp. 3 - 4.

[2]　具体论述也可以参阅彭永捷主持的《王道政治与天下主义》，《现代哲学》2013 年第 2 期，其中赵汀阳、温海明和张志强均指出了这一点。

心就是理性化、世俗化，现代就意味着"去魅"。王道理论中的天命论拖着一条神学的尾巴（在孟子那里），或充斥着形而上学的味道（在蒋庆的所谓"天道的合法性"那里）。在这些情况里，儒家王道理念的说服力就大大降低了。因而，一切可行的王道理论都必须能够经受住理性的严格审查。或许，可以使用"奥康的剃刀"，剔除天及天命观念在当代儒家政治哲学中的显性或隐性的存在。启蒙以来的理性观念，固然存在着不少问题，但是在启蒙尚未完成的中国，我们还是需要大力提倡理性观念。

以王道政治理念为重要关切的孟子和儒家政治哲学虽然面临着上述挑战，但是并不意味着就无法实现现代转换。在遭到挑战的同时，孟子和儒家的政治哲学也有一些很好的机遇，比如教育的普遍化、① 经济的现代化和全球化，以及民主政治在全球的主导等等。这些新的因素的出现为儒家政治哲学的现代重构提供了前所未有的机会，从而有助于儒学走出王道的困境。

四 走出王道的阿基米德点：自律（autonomy）

在笔者看来，上述挑战是任何一种理性的、足以区别民主政治的、具有自己自性的王道政治理念自身无法克服的。或许有人说可以部分修正王道理论，从而克服这些危机，不过笔者怀疑这样的可能性。或许，王道不是儒家政治理念的必要因素，因而可以放弃。如果这样的话，儒家政治理念就可以走出王道，进而走向儒家民主。也许有人会问，民主的观念与制度都是古典儒家所陌生的，你如何证明可以走出王道走向民主这个观点呢？笔者以为，自律（autonomy）观念是以孟子为代表的儒家政治哲学走出王道的阿基米德点。

一般认为，道德哲学意义上的自律观念是由康德提出的。② 在康德哲学中，自律和自由其实是一回事。他指出，自由具有两重意义。其消极

---

① 教育的普及化对于个体的自立、自主等（均为自律一词所涵盖）具有根本性的价值，具体论述参阅谢晓东《朱熹的"新民"理念——基于政治哲学视角的考察》，《厦门大学学报》（哲学社会版）2011 年第 4 期。

② ［美］J. B. 施尼温德：《自律的发明：近代道德哲学史》，张志平译，上海三联书店 2012 年版，第 598 页。

义指，自由是具有理性的生命体之意志所固有的性质，这就意味着意志"不受外来原因的限制，而独立地起作用"。其积极义指，意志所固有的性质就是它自身的规律。换言之，人的行动法则来自意志自身，而这样的法则又是可以普遍化的定言命令。① 对于康德而言，上述自由的两重含义其实也就是自律。人是理性存在者，自发地为生活于其中的世界立法，由此创造出基本秩序。康德的伦理学严格区分了感觉世界与理智世界，人同时是这两个世界的成员，起着沟通两个世界的作用。作为感觉世界的成员，服从自然规律，人是他律的；作为理智世界的成员，仅仅服从理性规律，而不受自然与经验的影响。② 而道德世界是仅仅属于理性的世界，道德的本质就是自律。在伦理学领域，作为主体意志的动机受两种原则的支配。其一是感性的，比如幸福和快乐等，这就是他律（heterono-my）；其二是理性的，比如纯粹的道德法则，这就是自律。在康德看来，伦理学只有自律与他律两种类型。③ 后来，马克斯·舍勒批评了康德的自律观念，指出其具有形式主义的特点，故而以具有实质内容（质料）的价值伦理学取而代之。英国的威廉姆斯（Bernard Williams）也批评了康德以自律为核心的义务论，不过却走向了无理论。

前辈学者如牟宗三、李明辉和郭齐勇等人早就发现孟子伦理学与康德哲学之间的一致性。比如，李明辉就认为孟子所提出的"仁义内在"思想包含了康德的"自律"概念的全部含义。④ 他们认为，孟子无疑属于自律伦理学的范畴。对此，笔者是赞成的。需要指出的是，孟子为自律（自主性原则）⑤ 划清了范围，那就是道德实践领域。这个领域属于"求在我者也"，而其他则属于"求在外者也"的领域。在孟子看来，在道德

① 康德：《道德形而上学原理》，苗力田译，上海人民出版社2002年版，第69—70页。

② 康德：《道德形而上学原理》，第76—77页。

③ 前辈学者牟宗三、李明辉和郭齐勇等人都集中论述了此点。具体内容可以参阅牟宗三《圆善论》，台湾学生书局1985年版；李明辉《儒家与康德》、《孟子重探》（联经出版事业公司2001年版）等；郭齐勇《牟宗三先生以"自律道德"的理论诠释儒学之蠡测》，《哲学研究》2005年第12期。

④ 李明辉：《儒家与康德》，联经出版事业公司1990年版，"序言"第iii页。

⑤ 关于autonomy的相关分析，请参阅丛杭青、王晓梅《何谓Autonomy》，《哲学研究》2013年第1期。

实践领域，通过主体的积极努力是可以获得德性的；而在非道德领域中，主体活动的结果则取决于外在的条件限制，可能成功也可能失败（《孟子·尽心上》）。这不由得使我们想到了康德在"自然的因果性"与"自由的因果性"之间所作的区分。"求在我者也"这个领域属于"自由的因果性"，而"求在外者也"的领域则属于"自然的因果性"。[①] 看来，孟子与康德都认为人的本来意义的自由存在于道德实践领域。

可以认为，孟子确立了强调意志自由的自律原则，而这个原则的实质其实就是伯林所说的积极自由（positive liberty）。[②] 积极自由和自律一定程度上是同一的。于是，孟子的自由观就属于"积极自由概念"一脉。意志自由理念属于道德层面，但也指向了社会政治领域。之所以如此，是因为如诺奇克（Nozick）等人所指出的那样，政治哲学不过是道德哲学的应用而已。首先分析康德的观点。正如个人的道德不能建立在感性幸福原则的基础上一样，国家也是如此，必须建立在纯粹理性的基础之上。公民国家建立的先天原则是人的自由、平等和独立。康德认为确立了上述原则的共同体的宪法原则可以这么表述，"没有人能强制我按照他的方式（按照他设想的别人的福祉）而可以幸福，而是每一个人都可以按照自己所认为是美好的途径去追求自己的幸福，只要他不伤害别人也根据可能的普遍法则而能与每个人的自由相共处的那种追逐类似目的的自由（也就是别人的权利）"。[③] 据此，国家的目的不在于维护和促进公民的福利和幸福，而在于维护那些能够使其宪法最充分地符合权利原则的条件。[④] 作为自律的自由（freedom as autonomy）是自由主义政治哲学的核心，而康德则为自由主义予以了最深刻的论证。

根据伯林的观点，积极自由的问题是对"谁应该统治我"问题的回答，其答案是，每个人作为人民的一分子统治自己。于是，积极自由与民主就相互沟通了起来。不过，伯林担心积极自由可能蕴含极权主义后果。在我们看来，伯林对卢梭的积极自由观念的批评和担心是非常有道

---

① 李明辉：《儒家与康德》，第 36 页。
② 以赛亚·伯林：《自由论》，胡传胜译，译林出版社 2003 年版，第 200—246 页。
③ 康德：《历史理性批判文集》，何兆武译，商务印书馆 1990 年版，第 182 页。
④ 徐向东：《自由主义、社会契约与政治辩护》，北京大学出版社 2005 年版，第 241 页。

理的，其公意概念确实可能会通向奴役之路，但是对康德自律观念的批评却是值得检讨的。这是因为，康德是典型的个体主义者，他把每一个个体看作是不可还原、不可化约的最后实体，把个体看作是目的自身（人是目的），从而能够制约积极自由的潜在风险，可以从根本上排除伯林所担心的自我二重化之后基于一个强大的实体（比如阶级、民族和国家）对个体的支配和奴役。基于伯林对积极自由的警惕态度，或许有人会对孟子和儒家的积极自由（自律）心怀疑虑，我们认为孟子等儒家可以克服伯林所担心的问题。笔者以为，可以依靠儒家的第一原则，即仁——来处理。仁的核心含义就是爱人，其蕴含着人是目的的康德式的含义，故而可以对治自我异化对个体自由的伤害。

康德把自律观念贯通伦理学和政治学两个领域，于是就有了自律与自由民主制度之间的内在一致性。而孟子则没有把自律原则贯穿到底，因而只是半截子自律。我们认为，可以摒弃儒家民主关于外部引导的思路，而主要依靠自身的资源走出王道走向民主。不同于牟宗三的内圣开出新外王的曲通理路，本文认为自律本身就蕴含着政治民主，就像康德一样。就此而言，道德自律与政治民主便是同一的。对于本文来说，孟子哲学中的自律观念是儒家政治哲学的拱心石、理论原点或阿基米德点。这种学说本身就超越了王道政治，指向了民主政治。正是从这个意义上，可以认为孟子的自律伦理学是中国从王道到民主的开端。以康德为典范，把这种理论予以扩充，其逻辑归宿就是民主政治。①

从儒家的角度来看，自律观念是儒家走出王道的阿基米德点。无须讳言，孟子的自律观念自身也存在一些问题，笔者曾经检讨过为何当时孟子只能成就一种不完全的（或者通俗地说，就是半截子）自律。② 在本文中，笔者的基本思路其实和新儒家有相近之处，即同样采纳了"返本

---

① 需要指出的是，即使以孟子为代表的儒家支持民主，也不大可能选择大众（参与主义）民主，而更可能选择精英主义民主。精英主义民主当然具有贤能政治的向度。就此而言，笔者不同意一些学者把儒家的贤能政治和民主对立起来的做法。实际上，民主本身可以区分为精英主义民主和大众民主两种类型，而前者是可以和儒家传统的贤能政治相互诠释的。民主视野和专制视野下的贤能政治不是一回事，前者相对后者而言是实质的转向。

② 谢晓东：《理想政治的四种类型——兼论孟子政治哲学的理论归宿》，《武汉大学学报》（人文科学版）2012 年第 6 期。

开新"的理路。不过，这种思路不是传统的，而是具有明显的现代世界眼光。从儒家哲学自身来看，本文可以视为儒家政治哲学的现代重构；而从现代世界政治哲学，尤其是其主流自由主义政治哲学来看，则是以西方自由理论整合中国本土丰厚的知识和价值传统，从而发育出一种新知识体系的起点。①

---

① 　林毓生：《中国传统的创造性转化》，三联书店 1988 年版，第 160—204 页，也可参阅该书第 236 页。还可以参阅谢晓东《现代新儒学与自由主义——徐复观殷海光政治哲学比较研究》，东方出版社 2008 年版。该书的主旨就是自由主义中国化以及儒家政治哲学的现代重构。

第 三 章

正　义

　　正义（justice）一向是非常重要的政治价值，罗尔斯甚至把正义视为政治制度的首要美德。[1] 正因为如此，本章就以正义为中心来展开对政治价值的探讨。当然了，这种探讨也是需要围绕本书的主题而展开的。关于人性与政治制度层面关系的论文比比皆是，比如人性与法治、人性与德治、人性与优良政府等，但是，关于人性与正义关系的问题，人们的思考却相对较少。因而，本章主要分析人性与正义的关系，从而推进全书对人性、优良政府与正义的三角动态关系的思考。

第一节　人性与正义：休谟

　　在古典自由主义中，休谟（David Hume）对人性问题与正义问题都有比较独特的论述，因而，本节就分析休谟对人性与正义关系问题的看法。

一　人性

　　休谟对人性问题非常重视，在他看来，对人性的探讨实际上就是对哲学的研究，故而其最为主要的哲学著作名为《人性论》，也就不奇怪了。

---

[1]　John Rawls, A Theory of Justice, p. 1.

1. 普遍人性论

休谟是一个普遍人性论者，他想仿效牛顿力学，试图发展出一种人性科学。他认为，"人们普遍承认，在各国各代人类的行动都有很大的一律性，而且人性的原则和作用乃是没有变化的。同样的动机产生出同样的行为来；同样的事情常跟着同一的原因而来。野心、贪心、自爱、虚荣、友谊、慷慨、为公的精神，这些情感从世界开辟以来，就是，而且现在仍是，我们所见到的人类一切行为和企图的泉源；这些情感混合的程度虽有不同，却都是遍布于社会中的。"① 也就是说，人性中具有永恒而普遍的法则。"人类在一起时间和地方都是十分相仿的，所以历史在这个特殊的方面并不能告诉我们以什么新奇的事情。历史的主要功用只在于给我发现出人性中恒常的普遍的原则来，它指示出人类在各种环境和情节下是什么样的，并且供给我们以材料，使我们从事观察，并且使我们熟悉人类动作和行为的有规则的动机。战争、密谋、党羽和革命的种种记载，在政治家和道德哲学学者手里，只是一大堆实验，他们正可借此来确定他们那种科学的原则。"② 当然了，休谟所谓的人性科学不是黑格尔和马克思意义上的历史规律，而是认为不变的人性是蕴含在变化着的历史过程当中的。而且，这种法则性是统计学意义上的，可能会有例外。"不过我们也不能设想，人类行为的这种一律性是不容例外的，我们并不能说，一切人类在同一环境下总会精确地照同样方式来行事，我们必须承认性格、偏见和意见，在各人都有差异的地方。这种在各方面都很一律的性质，是不能在自然任何一部分找得出的。正相反，我们在观察了各个人的不同的行为以后，还可以由此来构成较多时的通则。不过这些通则仍然以前设某种程度的一律性和规则性为其条件。"③ 要言之，休谟持有的是一种普遍人性论的观点。

2. 人性的构成

问题在于，人性都有哪些内容呢？在休谟看来，"人性由两个主要的

---

① ［英］大卫·休谟：《人类理解研究》，关文运译，商务印书馆 1957 年版，第 75 页。

② 同上书，第 76 页。

③ 同上书，第 77—78 页。

部分组成,这两个部分是它的一切活动所必需的,那就是感情和知性;的确,感情的盲目活动,如果没有知性的指导,就会使人类不适合社会的生活;但由于心灵的这两个组成部分的分别活动所产生的结果,却也可以允许我们分别加以考察。"① 知性主要是一种理性计算能力,而感情则是各种心理倾向。相比较而言,感情扮演着更为重要的角色。人类大体上在体力方面颇为接近,而智力方面在未开发之前也都差不多。② 就此而言,休谟对人性的看法和霍布斯比较相似。故而,休谟认同霍布斯所说的"一切人反对一切人的不断战争,是人类自私和野蛮的本性未受约束的必然后果"。③ 可见,自私是人类的本性之一。休谟在很多处的表述都指向了这一点,比如,"考虑到自私之心在人类天性中根深蒂固。"④ 再比如,"自爱是人类本性中的一条具有如此广泛效能的原则,每一单个人的利益与社会的利益一般地说如此紧密地联系在一起,以致那些幻想对公共的所有关怀都可以分解成对我们自身幸福和自我保存的关怀的哲学家,都是可以原谅的。"⑤ 再还有,"在自然性情方面,我们应当认为自私是其中最重大的。"⑥ 因而,自私是休谟对人性的一个基本规定,在休谟政治哲学中起着重要作用。具有自私特性的人在政治中意味着什么呢?在休谟看来,"必须把每个人都设想为无赖之徒确实是条正确的政治格言。"其具体内容是,"许多政论家已将下述主张定为一条格言:在设计任何政府体制和确定该体制中的若干制约、监控机构时,必须把每个成员都设想为无赖之徒,并设想他的一切作为都是为了谋求私利,别无其他目标。我们必须利用这种个人利害来控制他,并使他与公益合作,尽管他本来贪得无厌,野心很大。"⑦ 自私或自爱是休谟人性论的第一法则,具有极为重要的作用。

当然,人不仅仅是自私的,人也有仁爱(利他)这么一个向度。"但

---

① 休谟:《人性论》(下),关文运译,郑之骧校,商务印书馆1980年版,第533—534页。
② 休谟:《休谟政治论文选》,张若衡译,商务印书馆2010年版,第120页。
③ 同上书,第180页。
④ 同上书,第41页。
⑤ 休谟:《道德原则研究》,曾晓平译,商务印书馆2001年版,第69页。
⑥ 休谟:《人性论》(下),第527页。
⑦ 休谟:《休谟政治论文选》,第27页。

是我们虽然必须承认人性中具有慷慨这样一种美德。"① 仁爱具有一定的正面价值。"仁爱的来自效用和促进人类利益的趋向的价值已经得到了解释，而且毫无疑问，这份价值是对仁爱表示如此普遍的敬重的相当大一部分源泉。"② 不过，人类虽然同时具有自私和仁爱的心理倾向，但相比较而言，自私却扮演着更为重要的角色，起着更为重要的作用。尤其在处理人性与正义这一对关系的时候更是如此。我们都知道，罗尔斯在处理正义的环境这一课题时，就更加强调属于自私这个向度人与人之间的相互冷淡，而不是仁爱。③

二　正义

在古典自由主义的众多正义观中，休谟对正义的理解是颇为独特的，主要在于他把正义与财产权不可分割地联系起来考察。休谟把正义提高到一种极为突出的地位，在他看来，政治的目的就是为了实现正义。"人类这种生物，在其进一步发展时，又从事于建立政治社团，这是为了实施正义。没有这种执行机构，人类社会中不可能有和平，不可能有安全，也不可能进行相互交流。因此我们认为，我们整个的庞大的政府机构，其最终目的无非施行正义。"④ 既然如此，那么正义的条件是什么呢？

1. 正义的条件

休谟认为，正义只有在合计四种主客观条件下才会出现，这也就是罗尔斯所说的正义的环境。⑤ "因此，公平或公正的规则完全决定于人们所处的特定状况和环境，严格正常地遵守这些规则对公众所产生的实际效益是它们能够产生和存在的根源。反之，在特殊情况下，当产品很丰富或者很贫乏时，人们的心情很温和、富有人道感情，或者很贪婪、怀有恶意，这时公正全无效用，因而你们就可以完全破坏它的精华，并停

---

① 休谟：《人性论》（下），第 527 页。
② 休谟：《道德原则研究》，第 109 页。
③ ［美］约翰·罗尔斯：《正义论》，何怀宏、何包钢、廖申白译，中国社会科学出版社 1988 年版，第 129 页。
④ 休谟：《休谟政治论文选》，第 23 页。
⑤ 罗尔斯：《正义论》，第 126—129 页。

止它对人类的约束。社会通常情况是处于这一切极端情况之中……从此在一切文明社会中财产观念成为必要，公正对于公众变得有益，这是它的价值和道义约束产生的唯一根源。"① 换言之，正义的条件就是，主观方面的自爱（自私）和适度利他，以及客观方面的资源适度稀缺。只有在上述条件下，正义的产生才是可能的。我们来看一下休谟本人是如何总结的。"正义起源于人类协议；这些协议是用以补救由人类心灵的某些性质和外界对象的情况结合起来所产生的某种不便。心灵的这些性质就是自私和有限的慷慨；至于外物的情况，就是它们的容易转移，而与此结合着的是他们比起人类的需要和欲望来显得稀少……把人类的慈善或自然的恩赐增加到足够的程度，你就可以把更高尚的德和更有价值的幸福来代替正义，因而使正义归于无用。"② 或换言之，"正义只是起源于人的自私和有限的慷慨，以及自然为满足人类需要所准备的稀少的供应。"③因而，正义只有在具备上述条件的情况下才会发生作用，这就严格限定了正义的适用范围。需要指出的是，在休谟看来正义处理的是公共生活，用荀子的话来说就是明分止争是正义的目标，而私人领域的成就德性不是其关注的对象。

2. 正义的特性：人为的

在西方历史上，有一种源远流长的自然正义观念。而休谟则认为，正义不是自然的，而是人为的德性。他指出，"我们对于每一种德的感觉并不都是自然的；有些德之所以引起快乐和赞许，乃是由于应付人类是环境和需要所采用的人为措施或设计。我肯定正义就属于这一种。"④ 休谟继续指出，"正义和非正义的感觉不是由自然得来的，而是人为地（虽然是必然地）由教育和人类的协议发生的。"⑤ 休谟极为注重分析，他对自己所否定了的自然正义中的"自然"一词提供了明确的说明。"当我否认正义是自然的德时，我所用自然的一词，是与人为的一词对立的。在

---

① 休谟：《休谟政治论文选》，第 179 页。
② 休谟：《人性论》（下），第 534 页。
③ 同上书，第 536 页。
④ 同上书，第 517 页。
⑤ 同上书，第 523 页。

这个词的另一个意义下来说，人类心灵中任何原则既然没有比道德感更为自然的，所以也没有一种德比正义更为自然的。人类是善于发明的；在一种发明是显著的和绝对必要的时候，那么它也可以恰当地说是自然的，正如不经思想或反省的媒介而直接发生于原始的原则的任何事物一样。正义的规则虽然是人为的，但并不是任意的。称这些规则为自然法则，用语也并非不当，如果我们所谓‘自然的’一词是指任何一个物类所共有的东西而言，或者甚至如果我们把这个词限于专指与那个物类所不能分离的事物而言。"① 至此，不禁想到荀子关于性、伪的著名区分。可以说，性乃自然，而伪乃人为。最后，休谟得出来结论，"因此，补救的方法不是由自然得来，而是由人为措施得来的，或者，更恰当地说，自然拿判断和知性作为一种补救来抵消感情中的不规则和不利的条件。"② 因而，正义这种人为措施就是以理性能力来克制情感中的非理性的成分。就此而言，休谟的道德哲学具有理性主义的某种特征，虽然其主要倾向还是情感主义的。正义所具有的"人为的"这种特性非常重要，以至于有人就认为人为正义是休谟整个思想的基石。③

3. 正义的执行机构

休谟认为，正义不是自动实现的，而是需要一定的机构来执行。他指出，"人们观察到，正义规则虽然足以维持任何社会，可是他们并不能在广大的文明社会中自动遵守那些规则：于是他们就建立政府，作为达到他们目的的一个新的发明，并借更严格的执行正义来保存旧有的利益或求得新的利益……政府的主要目的也是在于强制人们遵守自然法则。"④ 可见，政府的作用就在于确保正义，除此之外，皆与政府的职能无关。休谟的这个看法，是古典自由主义守夜人式国家的一种体现，从而体现了一种消极的国家观。后来，诺奇克（Nozich）所阐发的最小国家（min-istate），也是这种古典自由主义国家理念的体现。休谟进一步指出，正义极为重要，但是人内在的缺陷导致他们常常违背正义。"人们全都意识到

---

① 休谟：《人性论》（下），第 524 页。
② 同上书，第 529 页。
③ 高全喜：《休谟的政治哲学》，北京大学出版社 2004 年版，第 169 页。
④ 休谟：《人性论》（下），第 584 页。

正义是维护安宁和秩序所必需的，人们也都意识到安宁和秩序是维护社会生存所必需的。可是，尽管这种需要强烈而又明显，我们的天性却很脆弱或邪恶！要人们始终忠实、无误地走在正义之路上是不可能的事。可能会发生一些特殊的情况，有些人会从而发现欺骗和劫掠更能增进他们个人的利益，而其不义行为造成的社会损害对他们本人却无多大影响。更经常发生的是，人们会由于目前的诱惑（常常不过是非常微不足道的诱惑）而偏离自己巨大而重要的，然而又是长远的利益。这是人心中难于医治的一大弱点。"① 在这种情况下，就需要独立的第三方来实施正义。"因此，人们必须设法减缓自己所不能根治的痼疾的发展。他们必须授予一些人以长官的称号，这些人的特定职责就是指明公正的法律、处罚违犯者、纠正欺诈和暴掠，并且迫使人们考虑自己真正的长远的利益。一句话，必须创立'服从'这样一种新的责任，用以支持'正义'这种责任；而公正的维系必须要由对社会效忠的服从来加以巩固。"② 休谟并不认为正义就是最终的目的，他认为正义是为促进幸福、促进社会利益而服务的。"如果我们考察一下公正赖以实施、财产赖以确定的法则，我们仍将得到同一结论。人类的幸福乃是这一切法则和规章的唯一目的。为了社会的安定和利益，不仅必须划分人们的财物，而且划分财物时我们所遵循的一切法则还应制定得尽可能完善，从而进一步促进社会利益。"③因而，在这种情况下，"我们可以做出结论：为了制定调整财产的法律，我们必须熟悉人性和世情，必须扬弃似是而非的虚假的表象，必须探求那些总的说来最为有用和有益的规则。只要通常的理性和稍许的经验就足以解决这个问题，人们就不会过分自私贪婪，或者过分恣意狂热。"④

4. 正义的作用

正义的地位既然如此重要，那么其作用何在呢？首先，休谟认为，正义对社会是有益的。"正义甚有益于社会，因而它的价值至少部分来自此种考虑，这是无须加以证明的。公共效益是公正的唯一根源，而人们

---

① 休谟：《休谟政治论文选》，第 23 页。
② 同上书，第 24 页。
③ 同上书，第 183 页。
④ 同上书，第 185 页。

对这种道德的有益效果的思考乃是其价值的唯一基础。"① 其次，正义是社会得以存在的前提。休谟认为，"如果没有正义，社会必然立即解体，而每一个人必然会陷于野蛮和孤立的状态。"② 最后，正义还是社会的黏合剂。休谟进一步指出，"不过人类虽然可以维持一个没有政府的小规模的不开化的社会，可是他们如果没有正义，如果不遵守关于财物稳定占有、根据同意转让所有物和履行许诺的那三条基本法则，他们便不可能维持任何一种社会。"③ 既然正义具有如此举足轻重的作用，那么人们必定会采取措施保护它。其中的一个措施就是荣誉观念，"正像公众的称赞和责备增加我们对于正义的尊重，私人的教育和教导也有助于同样的效果……当主张正义有功和非义有过的这个意见一经在人类中间确立以后，人们对名誉就发生了关切，这就使荣誉感更进一步巩固了起来。"④ 或者人们就"把德的观念附于正义，把恶的观念附于非义"。⑤ 正义即意味着善，非正义则意味着恶，人们行动的法则应当是趋善避恶。对于社会合作来说，正义是具有决定性的条件。"没有人能够怀疑，划定财产、稳定财产占有的协议，是确立人类社会的一切条件中最必要的条件，而且在确定和遵守这个规则的合同成立之后，对于建立一种完善的和谐与协作来说，便没有多少事情是要做的了。"⑥

5. 正义的客体：财产及所有权

休谟的正义观之所以独树一帜，这和他把正义与财产联系起来考察是分不开的。他明确指出："财产权即公正的对象"。⑦ 因而，接下来考察什么是财产就是自然而然的事情了。"所谓人的财产就是指可供使用合法的、归他独自所有的任何东西。"⑧ 从法律的角度来看，就需要说明什么是财产权。"财产权可下定义为：在不违反正义的法则和道德上的公平的

① 休谟：《休谟政治论文选》，第 175 页。
② 休谟：《人性论》（下），第 538 页。
③ 同上书，第 581 页。
④ 同上书，第 541 页。
⑤ 同上书，第 539 页。
⑥ 同上书，第 532 页。
⑦ 休谟：《休谟政治论文选》，第 190 页。
⑧ 同上。

范围以内，允许一个人自由使用并占有一个物品、并禁止其他任何人这样使用和占有这个物品的那样一种人与物的关系。"① 财产权或所有权容不下随意性，"在一切文明化的民族，人们一直在不断努力将一切任意的和偏私的事物从关于所有权的决定中清除出去。"② 财产权具有复杂的规定性，其中之一就是，"我们必须找寻着社会一旦建立起来以后仍然可以产生财产权的其他一些条件：属于这一类条件的，我发现最主要的有四种，即占领、时效、添附和继承。"③ 上述四种形式是继原始占有之外的产生财产权的形式，主要是从民法的角度阐发的。正义观念和财产权观念是相互为用的，"在人们缔结了戒取他人所有物的协议，并且每个人都获得了所有物的稳定以后，这时立刻就发生了正义和非正义的观念，也发生了财产权、权利和义务的观念。不先理解前者，就无法理解后者……一个人的财产是与他有关系的某种物品。这种关系不是自然的，而是道德的，是建立在正义上面的……正义的起源说明了财产的起源。同一人为措施产生了这两者。"④ 正义就意味着尊重他人的财产，于是就成为社会的主要道德。"人们承认，私有的合法性，或不侵占他人财产，乃是最主要的道德。"⑤ 可见，休谟所说的财产权是私有财产权，故而为资本主义提供了前提条件，同时也为市民社会做出了深刻的说明。

6. 正义的基本规则

在弄清正义的作用之后，接下来廓清正义的具体内容就是极为必要之举了。其实，正义的具体内容就是正义的基本规则。那么，正义的基本规则是什么呢？在休谟看来，存在着"三条基本自然法则，即稳定财物占有的法则，根据同意转移所有物的法则，履行许诺的法则。"⑥ 或许我们可以用别的词语来表述它们，即持有的正义、交换的正义和履约的

---

① 休谟：《人性论》（下），第 345 页。
② 休谟：《道德原则研究》，第 159 页。
③ 休谟：《人性论》（下），第 545 页。
④ 同上书，第 530 页。
⑤ 休谟：《休谟政治论文选》，第 133 页。
⑥ 休谟：《人性论》（下），第 566 页。

正义。就此而言，休谟似乎是诺奇克（Nozich）正义三原则之先声。① 正义规则的可贵在于其有条件的灵活性，即，"正义的规则就要在僵硬的稳定性和这种变化不定的调整办法之间、找寻一种中介。但是最合适的中介就是那个明显的方法，即：除了所有主同意将所有物和财产给予另外一个人之外，财物和财产永远应当是稳定的。"② 产权的稳定性具有重大的经济学意义，后来的产权经济学就深刻地指出了产权与经济增长之间的内在关系。财产权问题是正义规则论的中心问题，就此而言，休谟有明确的论述。"没有人能够怀疑，划定财产、稳定财物占有的协议，是确立人类社会的一切条件中最必要的条件。"③ 后来的研究者也明确指出，"大体上讲，这些规则所维护的乃是一种稳定的与人之习性和利益相一致的社会生活。休谟把这类约定主要分成下述两大类：一类是调整财产权的约定，他称之为正义规则（the rules of justice）；另一类则是与政治权力的合法性有关。所谓正义（justice），一般说来指财产的占有是稳定的，财产可以经由同意而加以转让，而且协议书有约束力的。因此，规则仅仅因为下述事实就可以被视为正当，即它们能把财产权变成一种稳定的制度，并能满足那些创造财产利益的需要。"④ 对于市场经济和市民社会而言，休谟所提出的正义的三条基本规则不能不起着基础性的作用。对于当代中国的社会政治转型也具有重要的启发作用。

三　人性与正义

上文已经涉及人性与正义的关系，本文将继续来探讨这个问题。

休谟先从一般性的人性与习惯的关系着手，他指出，"人性因素未能尽善建立者，习惯迅即加以巩固；而人们一旦习惯于顺从，就绝不想再离开这条道路；他们和其祖先一直在这条路上行走，许多迫切、明显的

---

① 关于 Robert Nozick 的关于持有的正义、交换的正义和矫正的正义三原则，可以参阅 Anarchy, State, and Utopian, 1974。

② 休谟：《人性论》（下），第 554 页。

③ 同上书，第 532 页。

④ ［美］乔治·萨拜因著，托马斯·索尔森修订：《政治学说史》（第四版）［下卷］，邓正来译，上海人民出版社 2010 年版，第 295 页。

原因使他们固着在这条道路上。"① 也就是说，习惯是对人性因素的一个补充。我们都知道休谟的"习惯是人生的伟大指南"的名言，看来习惯在政治哲学中也扮演着重要的角色。除了习惯之外，休谟也注意到了忠诚与人性的关系，"虽然人类事务的这种进程看来是肯定的和不可避免的，虽然忠诚给予正义的支持是建立在显而易见的人性原则上的，但不能期待人们事先就能发现它们或者遇见到它们的作用。"② 当然了，忠诚支持着正义，但是如何支持休谟则语焉不详。与此相关的是，"正义和忠实这两种社会性的德性的情形则不尽相同。正义和忠实是对人类的福利非常有用的，或者说其实是绝对必需的；但是它们的益处不在于单个人的每一单个行动的后果，而起源于社会整体或其大部分一致赞同的整个体制或体系。全面的和平和秩序是正义的伴生物，亦即全面禁绝侵犯他人财产的伴生物。"③ 我们跳过此点，开始正式探讨人性与正义之间的关系。

休谟假设，如果正义对于每一个个体来说都是必然的话，那么它就是缺乏人性基础的。"假若所有的人都坚持正义，完全不愿沾手别人的财产，他们就可以永远处于绝对自由的状态，不需服从任何行政长官或隶属于任何政治社团。不过，这种完美境界，我们完全有道理认为，不是人性所能企及的。又若所有的人都洞明世事，始终了解自己的利益，那么，除了他们自己同意并经每一社会成员讨论通过的政府之外，他们绝不会付出任何别种形式的政府。但这种完美境界也远远超乎人性之上。"④ 而事实是，自私是建立正义的最为根本的动机，"由此可见，自私是建立正义的原始动机；而对于公益的同情是那种德性所引起的道德赞许的来源。"⑤ 自私也可以称作自爱，休谟指出，"正如在社会中各种相互冲突以及利益和自爱上的各种对立强制人类确立了正义的法则，以便保持相互

① 休谟：《休谟政治论文选》，第 25 页。
② 同上。
③ 休谟：《道德原则研究》，第 156 页。
④ 休谟：《休谟政治论文选》，第 126 页。
⑤ 休谟：《人性论》（下），第 540 页。

援助和保护所带来的好处。"① 休谟强调，自私也就是利己心。"利己心才是正义法则的真正根源；而一个人的利己心和其他人的利己心既是自然地相反的，所以这些各自的计较利害的情感就不得不调整得符合于某种行为体系。"② 休谟对人性的这些看法和霍布斯以来的英国传统是一致的，即都强调人是利己的动物，从而体现了个体主义的取向。

休谟是现实主义者，他认为重要的不是改变人性，而是顺应人性。这就意味着，现存的人性无法改变，但是可以改变外在条件和状况。诚如休谟所言："因此，惟一的困难就在于找寻出这个方案来，好使人们借以克制他们的自然的弱点，使自己处于不得不遵守正义和公道法则的必然形势之下，虽然他们原来有舍远求近的一种猛烈倾向。显而易见，这个补救方法如果改正不了这个倾向，它便永远不能是有效的；我们既然不能改变或改正我们天性中任何重要的性质，所以我们所能做到的最大限度只是改变我们的外在条件和状况，使遵守正义法则成为我们的最切近的利益，而破坏正义法则则成为我们的最辽远的利益。"③ 也就是说，需要采取有力和可靠的措施在利己心与遵守正义法则之间画等号，从而寻求人性与正义的一致性。人性的规定性就意味着正义规则的实施需要政府的存在。"人们观察到，正义规则虽然足以维持任何社会，可是他们并不能在广大的文明社会中自动遵守那些规则：于是他们就建立政府，作为达到他们目的的一个新的发明，并借更严格的执行正义来保存旧有的利益或求得新的利益……政府的主要目的也是在于强制人们遵守自然法则。"④ 政府的职责非常明确，那就是强制人们遵守正义法则。因而，政府的职能是有限和明确的，因而政府是有限政府。与此同时，有限政府是法治政府。休谟说道："立法者不应将一个国家未来的政体完全寄托于机会，而应提供一种控制公共事务管理机构的法律体系，传之子孙万代。"⑤ 休谟告诉我们，在诸多政治体制中，"探索哪一种政治体制最为完

---

① 休谟：《道德原则研究》，第 114 页。
② 休谟：《人性论》（下），第 569 页。
③ 同上书，第 577 页。
④ 同上书，第 584 页。
⑤ 休谟：《休谟政治论文选》，第 13 页。

美，这是人类理智所能设想的课题中最值得探讨的了。"① 与此同时，一个优良的政府必须能够"提供反对弊政的补救办法"。② 也就是说，必须要有纠错机制的存在。就此而言，这是早期儒家政治哲学的根本缺陷所在。当然，休谟并不认为人类可以一开始就建立完美的制度，而是逐渐演化出好的制度。"每一种人类的制度必须进行一些革新，如果这些革新是由先觉的哲人指引，沿着理性、自由和正义的方向变革，则为莫大幸事。"③ 理性、自由与正义是变革的方向，尤其是正义，既体现了人性，也是对人性的驯服。

休谟重视正义，而儒家则强调仁爱。考察一下休谟对这两个德目的看法，我想会是相当有趣的。在休谟看来，对于正义和仁爱这两种差异极大的社会性德性来说，它们与人类的幸福具有不同的关系。"人类的幸福和繁荣起源于仁爱这一社会性的德性及其分支，就好比城墙铸成于众人之手……增加的高度与各位工匠的勤奋与关怀呈正比。人类的幸福建立于正义这一社会性的德性及其分支，就好比拱顶的建造……整体的结构唯有通过各个相应部分的相互援助和联合才支撑起来。"④ 因而，有时就会存在一些情况，即单个行为遵守正义反而导致恶果的出现。在休谟看来这是无法避免的。正义就意味着整体的善，它和局部的恶是可以相容的。需要指出的是，休谟还反驳了古典正义的定义。该定义的表述为，让每一个人得到其应得的东西。⑤ 如果用中国哲学的术语来表述就是"物各付物"。在休谟看来，这种观点是错误的，其症结在于承认"独立于正义之外并在正义之前，已有权利和财产权那一类的事情"。⑥ 根据休谟的思想，这是本末倒置。

---

① 休谟：《休谟政治论文选》，第 161 页。
② 同上书，第 17 页。
③ 同上书，第 129 页。
④ 休谟：《道德原则研究》，第 156 页。
⑤ 休谟：《人性论》（下），第 567 页。"使每个人各得其应有物的一种恒常和永久的意志。"
⑥ 同上。

第二节　在休谟与康德之间：论徐复观政治哲学的基本
走向——以其对先秦儒家政治哲学的研究为例①

笔者曾经从政治哲学的角度把徐复观定位为埃德蒙·伯克（Edmund Burke）式的自由—保守主义者。② 目前，笔者依然坚持这种基本定位，并在此基础上进一步认为，徐复观政治哲学的基本走向是介于英国的休谟和德国的康德之间。下面，我们就以徐复观对先秦儒家政治哲学的研究为例具体来分析这种走向。需要指出的是，本文的分析是围绕自律（autonomy）、优良政府（good government）和正义（justice）的基本关系来展开论述的。

一　徐复观对先秦儒家政治哲学的基本诠释

徐复观指出，孔子和儒家的政治哲学一以贯之的核心观念是德治。③ 而德治可以用无为而治来诠释。④ 无为显然不是什么事都不做，而是"不以自己的私意治人民，不以强制的手段治人民，而是要在自己良好的影响之下，鼓励人民自为"。⑤ 对这句话可以分析如下：第一，无为的主体是统治者，当然最主要的是人君；第二，从动机的角度而言，无为对人君的要求是在统治人民时要没有私意；第三，从手段的角度而言，无为对人君的要求是在统治人民时不要使用强制力；第四，人君须具有良好的行为。如果说第二和第三两点是从消极的方面要求人君，那么第四点则从积极的方面要求人君应当有良好的行为；第五，人君良好的行为可

---

① 探讨先秦儒家对正义的思考，可以采取直接的方式，如孔子的正义观、孟子的正义观、荀子的正义观，或《大学》的正义观；也可以采取间接的方式，比如通过分析某位哲学家对早期儒学之正义思想的研究，从而得出一些关于早期儒学正义思想的结论。本节拟采用间接的方式，即通过论述徐复观对先秦儒家政治哲学的研究，来考察早期儒学的正义观。

② 谢晓东：《现代新儒学与自由主义——徐复观殷海光政治哲学比较研究》，东方出版社2008年版，第32—34页。

③ 徐复观：《孔子德治思想发微》，载《中国思想史论集》，上海书店出版社2004年版，第185页。

④ 同上书，第182页。

⑤ 同上。

以影响人民；第六，民众自己作为。可以发现，德治观念是针对统治者而言的。统治者也是自然人，也有七情六欲，要做到上述的二、三、四点是非常困难的。如果人君是机器人，这三点要求或许可以做到。但是，儒学又必须从理论上做到这一点。他们认为，圣人可以满足这些条件。因而，问题的关键就在于如何使人君成为圣人或圣人成为人君。后者是势的问题，而前者是理的问题。儒家重点谈论的是理。满足要求的圣王是如何炼成的呢？孔子和儒家推荐的方式是修身。通过修身的方法，便可以实现统治者自己限制自己的权力了。[1] 因而，徐复观对孔子思想的这种诠释不由得使我们想到了古典自由主义的守夜人式的国家观念。但这只是统治者的一方面，而被统治者的方面则是接受教育，如此方能既接受统治者的影响，又能够自为。"孔子的德治思想，与'教'的观念，是一而非二，所以后来便有'德教'的名词。""由教育的发达，而可使政治的强制力归于无用。因此，不妨这样说，孔子在政治上的无为思想，究其极，乃是要以教育代替政治，以教育解消政治的思想。这是德治最主要的内容。"[2]不过，上述的第二、三、四和第六点之间存在断裂，作为弥补这种断裂的第五点颇为一厢情愿，不足以保障第六点的实现。或许徐复观也考虑到这点，从而引入了教育这个观念。但是，这种教育明显不是政教分离式样的古典自由主义的教育，而是政教合一式样的儒家教育。即便是这样，"以教育代替政治"的德治也只是一个不现实的乌托邦。徐先生高度评价了孔子的德治思想，"在中国尔后两千多年的历史中，尽到了通于思想所能尽的影响，因而在专制政治的历史中，也尽到了补偏救弊的责任。德治思想实通于民主政治，也要在彻底的民主政治中才能实现。"[3] 不过遗憾的是，徐复观没有指出这种"通于"是如何通于，是直通还是曲通？这些哲学层面的工作，是由牟宗三来完成的。

徐复观对孟子评价很高。他指出，"现在看来，民治的制度实为孟子

① 徐复观：《孔子德治思想发微》，载《中国思想史论集》，上海书店出版社2004年版，第188页。

② 同上书，第192页。

③ 同上书，第195页。

所未闻，但民治的原则，在孟子中已可看出其端绪。"① 这个观点，明显不同于萧公权所认为的孟子的政治思想含有"民有"和"民享"的原则，却没有"民治"的原则和制度。② 徐复观一方面替儒家以修身的方法来控制权力的路径予以辩护，"用宪法来控制人君或其他形态的政治权力，乃到了近代才出现之事。在中国古代，便只有靠人君的德性来控制人君自己。"另一方面，则无奈地指出，"在两千年前，儒家不特别重视人治，不特别重视负政治责任者的良心理性，还有何办法？"③ 孟子认为政治应当以人民为出发点和归结点，因而应由人民来决定政权的转移。要言之，儒家和中国人不重视对政体的探讨，而侧重于考察君主政体下动态的权力更替。孟子重政治的动机，故而重视尧舜；荀子特重视政治上的敷设，故而重视周道。从外在方面而言，则为礼治。到了汉代，为给控制统治者加上一道保险，由人君的德性推上一层，便抬出天来。关于孔孟的差别和孟子思想的特色，徐复观指出，"《论语》上'兼摄人我'的'仁'的概念，到了孟子便分节化而成为仁与义的两个平行概念。于是孟子之所谓仁。主要是以爱人为言；孟子之所谓义，主要是以自律为言。孟子之并言'仁义'，实系《论语》上仁的概念的分化。因此，就个人的修持实践上来说，《论语》上主要的是'为仁'，而孟子则为主的是'集义'。仁则多说为政治方面的'仁兄'、'仁政'、'不忍人之政'，这是董仲舒'以仁安人，以义正我。故仁之为言人也，义之言我也'（《春秋繁露·仁义法》）之所本，亦即是汉儒专从'爱人'方面来解释仁之所本。"④ 可以说，徐复观一定程度上注意到了孟子的自律伦理学，遗憾的是并未深入考察。

徐复观对于荀子的态度比较辩证。他一方面指出了荀子依然属于儒家的阵营，另一方面也指出了荀子思想的最大问题，也就是性恶问题。

---

① 徐复观：《孟子政治思想的基本结构及人治与法治问题》，载《中国思想史论集》，第112—113 页。

② 萧公权：《中国政治思想史》（一），辽宁教育出版社1998 版，第87 页。

③ 徐复观：《孟子政治思想的基本结构及人治与法治问题》，载《中国思想史论集》，第114 页。

④ 徐复观：《释〈论语〉的"仁"》，载《中国思想史论集续篇》，上海书店出版社2004 年版，第246 页。

荀子属于儒家阵营，故而和孔孟分享同样的德治观念。德治最基本的含义是人君以身作则的身教，故而修身是德治的真正内容。① 由于荀子鼓吹性恶，故而"含着走向独裁政治的因素"。② 荀子在政治思想上和孔孟的主要差异在于其礼治思想。"在孔子主要是寻常生活中的礼，到荀子便完全成为政治化的礼，礼完全政治化以后，人对于礼，既失掉其自发性，复失掉其自主性，礼只成为一种外铄的、带有强制性的一套组织的机括。在此机括中，虽然有尚德、尚贤以为其标准，亦只操之于政治上的人君，结果也只会变成人君御用的一种口实。"③ 徐复观对荀子的性恶观念颇有微词，认为其不合孔孟的正统观念。但从张灏到何信全等研究者，都对儒家和徐复观坚持性善论、反对性恶论的做法予以了检讨。④ 通过对荀子的礼治思想的关注，徐复观一定程度上也注意到了其中所蕴含的关于优良政府和正义的思想。比如，有关优良政府的思考，多是从行政的层面而非政治的层面，再比如，对荀子礼的功能的分析中发现了经济和政治正义方面的思考。

最后，徐复观对先秦儒家的政治哲学予以了总结。"先秦诸子百家，几乎都是要求人君无为而治。'无为'即是不自有其好恶，这是统治者的修己。以无为去成就人民的好恶，使人民能遂其好恶以保障其基本权利，这是统治者的治人。惟修己以超越于自己的自然生命的好恶之上，才能达到成就人民好恶的治人的目的，在这种地方，修己与治人尤其必然关联。这种修己与治人的关联及其区分，几乎可以说是儒家精神的全部构造。"⑤ 从修己的角度而言，孟子的思想最为纯粹和详细，其

---

① 徐复观：《荀子政治思想的解析》，载《中国思想史论集续篇》，第293页。
② 同上书，第302页。
③ 同上书，第303页。
④ 张灏：《幽暗意识与民主传统》，载《张灏自选集》，上海教育出版社2002年版；何信全：《儒学与现代民主》，中国社会科学出版社2001年版，第113—130页。
⑤ 徐复观：《儒家在修己与治人上的区别及其意义》，载《中国思想史论集续篇》，第274—275页。

实质就是康德所说的"autonomy"。① 从治人的角度而言，同样是孟子的仁政王道思想乃儒家精义。在孟子看来，实施王道的政府便是优良政府。同样，优良政府便是正义的政府，自律的人便是正义的人。当然，徐复观也指出了儒家政治哲学中的基本矛盾：二重主体性的问题。② 要解决这个问题，必须要形成人民的政治主体性。③ 此前，就文化全体而言，缺少了个体自觉的阶段，具体到政治思想上而言，则缺少了治于人者的自觉这一阶段。④ 毕竟，社会上有道德自觉者是少数，若大多数人缺乏个体权利的政治自觉，就无法形成政治的主体性。"总之，要将儒家的政治思想，由以统治者为起点的迎接到下面来，变为以被治者为起点，并补进我国历史中所略去的个体之自觉的阶段，则民主政治可因儒家精神的复活而得其更高的依据，而儒家思想亦可因民主政治的建立而得以完成其真正客观的构造。"⑤ 换言之，重构后的儒家思想和民主政治之间是一种合则两美的关系。其具体展开，就呈现为人性、优良政府和正义这一结构。

二　介于休谟与康德之间的孔孟荀政治哲学

徐复观对先秦儒家政治哲学的分析与诠释，把人们引领到儒家政治哲学的源头——先秦。那么，先秦儒家政治哲学到底是怎样的呢？对此，古今中西提出了不少观点。就本文而言，则试图通过以凸显先秦儒家政治哲学的主题的方式来阐释这一点。

---

① 前辈学者牟宗三、李明辉和郭齐勇等人，都集中论述了此点。具体可以参阅牟宗三《圆善论》，学生书局 1985 年版；李明辉：《儒家与康德》（联经出版事业公司 1990 年版），《孟子重探》（联经出版事业公司 1990 年版）；郭齐勇：《牟宗三先生以"自律道德"的理论诠释儒学之蠡测》，《哲学研究》2005 年第 12 期。

② 徐复观：《中国的治道——读陆宣公传集书后》，载《中国思想史论集续篇》，第 308 页。

③ 诚如黄俊杰所言，"徐复观对儒家思想所作的新诠释，对儒家最大的贡献乃在于重新开发两千年来郁而不彰的古典儒家政治思想中的人民主体性，使其与现代中国所需的民主政治相接榫，从而在 20 世纪为儒学创造新生的契机。"载氏著《儒学与现代台湾》，中国社会科学出版社 2001 年版，第 179 页。

④ 徐复观：《中国思想史论集续篇》，第 250 页。

⑤ 徐复观：《中国思想史论集续篇》，第 251—252 页。

在我看来，先秦儒家政治哲学的主题是：人性、优良政府和正义。孔孟荀均为这一主题的呈现和深化做出了独特的贡献。孔子初步涉及这一主题，他更多地凸显了道德自律和优良政府的关系、而对优良政府与正义、自律与正义之间的关系则较少正面建构。孟子深化了这一主题，他更多地凸显了道德自律与正义的关系。荀子则以否定道德自律的形式，较多地凸显了优良政府与正义的关系。可以说，荀子高扬了正义的大旗，从而把关于优良政府的论证大大深化了。最后，在《大学》那里，道德自律、优良政府和正义之间的关系建构成功，使之成为了完整严密的政治哲学结构。

对于自律或他律和优良政府观念，对儒家的适用性，人们比较容易接受。而对于正义观念是否适用于儒家，则存在一定的争议。在我看来，正义观念确实是适用于儒家的。比如，以孔子批评子路为例，说明正义观念对儒家是必需的。故事好像是这样的，鲁国规定，任何人从国外赎回被卖为奴隶的鲁国人，都可以从国库获得相当的奖励。有一次子路赎回了，却拒绝领取奖金。孔子批评了子路。理由就是：你这么做，从个人道德上来说，是很崇高。而那些领取了奖金的人，则会相形见绌，被人斥为唯利是图的小人。后来者将会丧失继续解救同胞的动机，从而导致落难的同胞无人解救。子路觉得有理，就去领取了奖金。这个例子说明，正义属于休谟意义上的人为德性，是支配公共领域的普遍法则；而仁爱则属于自然德性，是支配私域的。公私领域之间界限分明，不能相互逾越。

一般认为，内圣外王是儒家思想的基本结构。用徐复观的话来说，就是修己治人。但是，不管是修己治人也好，还是内圣外王也罢，几乎都是一个形式化的架构。就从政治哲学这一特殊视角观察先秦儒学，需要把这个架构具有针对性地细化。就内圣而言，属于道德的自我修养层面，或者说是修己。对于先秦儒家的主流孔孟来说，自律是一个合适的词语来彰显内圣的精神实质。就外王而言，属于社会政治层面，或者说是治人。对于先秦儒家来说，他们在社会政治层面所追求的莫非就是一个优良政府。那么，优良政府最为重要的特征是什么呢？根据罗尔斯的观点，正义是制度的最大美德。① 其实也可以说，正义是优良政府最大的美德。诚如休谟所言，"我们整个庞大的政府机构，其最终目的无非施行正义。"② 其实，正义不仅仅是作为基本制度层面优良政府的德性，也是个体的德性。就此而言，正义也是道德自律的美德。自律表现为个体的行为，而个体行为必然需要一个评价标准，而正义就是这么一个标准。孟子的所谓"集义"，就是一个针对自我行为的一种描述，也是自律的一种体现。于是，道德自律、优良政府和正义就形成了一种相互作用的机制，从而更好地表现了内圣外王的结构。这一主题所形成的三角态势，一方面打破了原有的内圣外王的一体平铺，同时也具有了更加明确的指向。

现代的中国哲学研究本质上是比较哲学。先秦儒家政治哲学的这一主题在古典自由主义那里发现了历史的回响。比如，康德的政治哲学其实也体现了这一主题，而洛克和休谟则通过否定自律的形式彰显了这一主题。就此而言，荀子比较接近于洛克（John Locke）和休谟的理路，尤其是后者。或者说，荀子接近休谟，孔子接近洛克，③ 而孟子则接近康德。或许有人会问，为何不说荀子近于霍布斯（Hobbes）而是休谟呢？这是因为，霍布斯虽然和休谟一样都对人性持负面看法（前者认为人与人的关系是狼和狼的关系，而后者则提出了一种关于人性的无赖假说），但是，休谟对道德情感高度重视，并认为情感是道德的起源，④ 这又和孟子有一定的相似性。从这点来看，可以认为休谟其实既可以连接荀子，又可以连接孟子。江河的走向是由两岸的地势决定的，同理，思想的走向也是如此。根据这个模拟，休谟和康德或许就类似于河流的两岸。那么，先秦儒家孔孟荀的政治哲学，就世界范围而言大体上就介于康德与休谟之间。而集先秦儒学大成的《大学》一书，或许和现代的罗尔斯比

　　① 罗尔斯：《正义论》，第 3 页。根据英文版，把中文版的德性（virtue）改译为美德（virtue）。

　　② 休谟：《休谟政治论文选》，张若衡译，商务印书馆 2010 年版，第 23 页。

　　③ 谢晓东：《"天命"与"契约"：孔子与洛克的正当性观念比较》，载武汉大学哲学学院编《比较哲学与比较文化论丛》（第二辑），武汉大学出版社 2010 年版，第 50—65 页。

　　④ ［美］J. B. 施尼温德：《自律的发明：近代道德哲学史》，张志平译，上海三联书店 2012 年版，第 444 页。

较类似。我们知道，洛克、休谟和康德是古典自由主义的三个基本代表。通过这一主题，就把先秦儒学和古典自由主义放置在同一平台上予以衡定。

现在，就来对这一主题对先秦儒学和古典自由主义的适用性予以简略论证。可以这么说，在自律、优良政府与正义这一基本结构中，优良政府不得不是这一结构的重心。西方的政体划分理论源远流长，而霍布斯的看法具有一定的代表性。他认为，国家的种类（三种主权）是：君主国、民主国和贵族国。① 不过，他否认政体本身具有好坏之分，"其实一切政府形式中的权力，只要完整到足以保障臣民，便全都是一样的。人类的事情决不可能没有一点毛病，而任何政府形式都可能对全体人民普遍发生的最大不利跟伴随内战而来的惨状和可怕的灾难相比起来或者跟那种无人统治，没有服从法律与强制力量以约束其人民的掠夺与复仇之手的紊乱状态比起来，简直就是小巫见大巫了。"② 对此，休谟是不赞成的。休谟认为政体本身有好坏之分，"安宁与安全只能够来自于好的政体"，③ 而一种政体之所以好仅仅在于它能够提供反对弊政的补救办法。④ 休谟对优良政府的真正看法是立宪君主制。康德则认为实现了宪政和法治的自由共和国方是理想的政体。⑤ 对此，洛克的观点近于休谟。他们三人的最大公约数是立宪民主制度。

就孔孟荀而言，没有对君主制提出异议，而是试图改良该制度。他们的方法是修身，提升德性。于是，关于优良政府便有两种论证理路：第一，儒家型，强调德治，属于内部挖掘潜力型；第二，古典自由主义型，强调宪政与法治，属于外部制度制约型。从道德哲学的角度来看，自律的义务伦理学和他律的目的论的功利主义双峰并置。洛克和休谟支持他律，而康德则提出了自律⑥。对于儒家而言，荀子是他律论者，而孔

---

① 霍布斯：《利维坦》，黎思复、黎庭弼译，杨昌裕校，商务印书馆 1985 年版，第 142 页。
② 同上书，第 141 页。
③ 休谟：《休谟政治论文选》，第 38 页。
④ 休谟：《休谟政治论文选》，第 17 页。
⑤ 康德：《历史理性批判文集》，何兆武译，商务印书馆 1990 年版，第 8—9、105—110 页。
⑥ J. B. 施尼温德：《自律的发明：近代道德哲学史》，第 635—638 页。

孟则是自律论者。笔者曾经论证，自律和立宪民主制度之间具有更加一致的逻辑。[①] 康德和孟子具有相当的代表性。遗憾的是孟子的自律观念没有贯穿到政治层面，从而只是完成了一半的任务。从逻辑的彻底性的角度出发，孟子自律伦理学的理论归宿应当是民主，从而超越了王道。[②]

休谟在三个层面上确定了先秦儒家政治哲学的边界：第一，经验主义的人性论；第二，情感主义的伦理学；第三，由正义的环境所决定的自由政体。而康德也在三个层面上确定了儒家政治哲学的边界：第一，先验主义的论证；第二，自律的义务论；第三，由自由政体所导向的永久和平。先秦儒家的一翼是荀子的经验主义，中间是孔子温和的经验主义，另外一翼则是孟子的理性主义。所以从古典自由主义的角度来看，孔孟荀正好位于休谟和康德之间。

三 徐复观政治哲学的基本走向：依违于休谟与康德之间

本文之所以会注意到孔孟荀和休谟康德之间的联系，一定程度上是在研究徐复观的政治哲学时，发现徐先生本人的政治哲学基本走向其实就是介于休谟和康德之间的。而从先秦儒家的角度来看，徐复观从基本方向上是整合了孔孟荀的基本思路的。因此，本文就得出了上述结论。此外，韦政通曾经用"以传统主义卫道、以自由主义论政"来概括徐复观一生努力的事业。[③] 这个提法对我也有一定的启发。卫道的思想资源主要来自于儒家，而论政的思想资源主要来自于自由主义。那么，这两种思想资源的古典形态，即先秦儒学和古典自由主义，是否具有某种内在的一致性呢？基于此，就出现了本文第二部分——试图把先秦儒学和古典自由主义放在同一论域予以分析。

徐复观对形而上学有相当的拒斥，他提出要消解形而上学，其实，这和休谟的做法如出一辙。"从宋儒周敦颐的《太极图说》起到熊师十力

---

① 谢晓东：《理想政治的四种类型——兼论孟子哲学的理论归宿》，《武汉大学学报》（人文科学版）2012 年第 6 期。

② 谢晓东：《超越王道——孟子政治哲学的再诠释》，未刊稿。

③ 韦政通：《以传统主义卫道以自由主义论政——徐复观先生的志业》，载罗义俊编《评新儒家》，上海人民出版社 1989 年版。

的《新唯识论》止，凡是以阴阳的架构所讲的一套形而上学，有学术史
的意义，但与孔子的思想性格无关。"① 中国文化其本质是心的文化，心
的文化乃是"具体的存在，这与信仰或由思辨所建立的某种形而上的东
西，完全属于不同的性格"。② 此外，徐复观还比较注重经验与历史，这
些都和休谟是比较接近的。他也比较关注正义，这也同于休谟。"正义对
于维持社会的必需性是正义这一德性的惟一基础；既然没有什么道德优
点是受更高敬重的，因此我们可以推断，一般而言，有用性这个因素具
有最强大的效能，最完全地控制着我们的情感。"③ 休谟认为道德源于情
感而不是理性。另一方面，徐复观又注重道德自律，鼓吹民主政治，这
又比较接近于康德。比如，徐复观认为，心是道德主体，是价值的根
源。④ 这与康德的作为实践理性的善良意志是道德主体的观点是一致的。
意志自我立法，也就是说，道德法则来自于主体自身，这就是自律。徐
先生也赞同孟子"仁义理智根于心"的基本观点，⑤ 而孟子的该论点就是
康德所说的自律。康德认为自律就是要排除感性的干扰，意志本身只受
理性的道德法则支配。而徐复观也认为，"本心之显现，先要'克
己'……即是通过一种工夫，把主观性的束缚克除。"⑥ 本心就是道德主
体，"克己"就是排除感性的、主观性的因素对意志的影响。同于康德对
立宪民主制度的支持，徐复观是极为认同民主的⑦。正如他自己所言：
"我的政治思想，是要把儒家精神，与民主政体，融合为一的"。⑧ 综合本
段的简单论证，可以发现，徐复观的政治哲学从大方向上看可以视为对
孔孟荀的综合，对洛克、休谟和康德的因革损益。但是，休谟和康德之
间又是具有明显鸿沟的，依照徐复观的理路，他又会怎样处理二者之间

① 徐复观：《向孔子的思想性格回归》，载《中国思想史论集续篇》，第282页。
② 徐复观：《心的文化》，载《中国思想史论集》，第212页。
③ 休谟：《道德原则研究》，曾晓平译，商务印书馆2001年版，第55页。
④ 徐复观：《心的文化》，载《中国思想史论集》，第216页。
⑤ 同上书，第214页。
⑥ 同上书，第216页。
⑦ 谢晓东：《现代新儒学与自由主义——徐复观殷海光政治哲学比较研究》，第147页。
⑧ 徐复观：《保持这颗"不容自已之心"》，载《儒家思想与民主自由人权》，台北：八十
年代出版社1979年版，第345页。

的分歧呢? 这个问题比较复杂, 留待他文另行探讨。

通过上文的简略分析, 可以认为, 从世界政治哲学的视域来看, 介于休谟和康德之间的徐复观的政治哲学具有很强的理论张力。这就为儒家政治哲学的现代重构指出了较为明确的方向, 提出了可资借鉴的理论资源。此外, 对于自由主义的中国化也具有相当的启示。

第三节 政治哲学视域下荀子的礼——以人性、优良政府和正义为中心的考察

目前, 关于儒家的政治哲学阐释是学术界非常关注的热点问题。而在对儒家政治哲学的研究里, 先秦儒学不得不占据基础的地位。与此同时, 西方政治哲学作为参照系, 也起到了不可或缺的他者作用。笔者曾经不揣浅陋, 结合中西方关于理想政治的思考, 提出过一个关于理想政治的模型, 即自律型民主、自律型王道、他律型民主和他律型王道。[1] 在这个理论模型中, 荀子是他律型王道的典型代表。笔者已经对自律型民主的代表康德和自律型王道的代表孟子分别做过具体研究, 这里拟对他律型王道的代表荀子作一番探讨。而这种考察, 很大程度上是以作为荀子思想核心的礼为焦点的。此前, 人们从多个角度探讨过荀子礼的观念, 本文则试图从政治哲学的视域考察荀子的礼, 从而推进相关研究。需要指出的是, 笔者的分析是围绕他律[2]、优良政府和正义来展开论述的。

一 先秦儒家政治哲学的主题

荀子的政治哲学不是孤立存在的, 它是更为广阔的先秦儒家政治哲学的重要组成部分。因而首先从整体上去把握荀子的思想, 似乎是一种较为合理的做法。以孔、孟、荀为代表的先秦儒家政治哲学到底是怎样的呢? 对此, 古今中外的研究者提出了不少观点, 而本文则试图通过以

---

[1] 谢晓东:《理想政治的四种类型》,《武汉大学学报》(人文科学版) 2012 年第 6 期。

[2] 在笔者看来, 自律、他律均为人性哲学的组成部分。故而, 笔者往往根据上下文内容选择使用自律、他律或人性这些词语。

凸显先秦儒家政治哲学主题的方式来阐释这一点。在笔者看来，先秦儒家政治哲学的主题是：人性、优良政府和正义。孔、孟、荀均为这一主题的呈现和深化作出了独特的贡献。孔子仅初步涉及这一主题，他更多地凸显了道德自律和优良政府的关系，而对优良政府与正义、自律与正义之间的关系则较缺少正面建构。孟子深化了这一主题，他更多地凸显了道德自律与正义的关系。荀子则以否定道德自律的形式，较多地凸显了优良政府与正义的关系。可以说，荀子高扬了正义的大旗，从而把关于优良政府的论证大大深化了。最后，在《大学》里，道德自律、优良政府和正义之间的内在关系建构成功，使之成为一个完整的政治哲学结构。

对于自律或他律以及优良政府观念对儒家的适用性，人们比较容易接受。而对于正义观念是否适用于儒家，则存在一定争议。在笔者看来，正义观念确实是适用于儒家的。以孔子批评子路为例就可以说明正义观念对儒家是必需的。故事是这样的，鲁国规定，任何人从国外赎回被卖为奴隶的鲁国人，都可以从国库获得相当的奖励。有一次子路赎回却拒绝领取奖金。孔子批评了子路，理由就是：你这么做，从个人道德上来说，是很崇高的，但那些领取了奖金的人则会相形见绌，被人斥为唯利是图的小人。后来者将会丧失继续解救同胞的动机，从而导致落难的同胞无人解救。子路觉得有理，就去领取了奖金。这个例子说明，正义属于休谟意义上的人为德性，是支配公共领域的普遍法则；而仁爱和谦让则属于自然德性，是支配私域的。公私领域之间界限分明，不能相互逾越。

一般认为，内圣外王或修己治人是儒家思想的基本结构。但是，内圣外王也好，修己治人也罢，都几乎是一个形式化架构。就从政治哲学这一特殊视角观察先秦儒学而言，需要把这个架构细化。就内圣而言，属于道德的自我修养层面，或者说是修己。对于先秦儒家的主流孔孟来说，自律是一个彰显内圣精神实质的合适词语。就外王而言，属于社会政治层面，或者说是治人。对于先秦儒家来说，他们在社会政治层面所追求的就是一个优良政府。那么，优良政府最为重要的特征是什么呢？

根据罗尔斯的观点，正义是制度的最大美德。[1] 其实，也可以说，正义是优良政府的最大美德。诚如休谟所言，"我们整个庞大的政府机构，其最终目的无非施行正义。"[2] 正义不仅仅是作为基本制度层面的优良政府的德性，也是个体的德性。就此而言，正义也是道德自律的美德。自律表现为个体的行为，而个体行为必然需要一个评价标准，而正义就是这么一个标准。孟子所谓的"集义"，就是一种针对自我行为的描述，也是自律的一种体现。于是，道德自律、优良政府和正义就形成了一种相互作用的机制，从而更好地表现了内圣外王的结构。同时，这一主题所形成的三角态势，一方面打破了原有的内圣外王的一体平铺，同时也可以具有更加明确的指向。

在人性、优良政府与正义这一基本结构中，优良政府不得不是这一结构的重心。西方的政体划分理论源远流长，而霍布斯的看法具有一定代表性。他认为，国家的种类（三种主权）是：君主国、民主国和贵族国。[3] 不过，他否认政体本身具有好坏之分。[4] 对此，休谟是不赞成的。休谟认为政体本身有好坏之分，"安宁与安全只能够来自于好的政体"，[5] 而一种政体之所以好仅仅在于它能够提供反对弊政的补救办法。[6] 休谟对优良政府的真正看法是立宪君主制。康德则认为实现了宪政和法治的自由共和国方是理想的政体。[7] 对此，洛克的观点近于休谟。他们三人的最大公约数是立宪民主制度。就孔孟荀而言，没有对君主制提出异议，而是试图改良该制度。他们的方法是修身，提升德性。于是，关于优良政府便至少有两种论证理路：第一，儒家型，强调德治，属于内部挖掘潜力型；第二，古典自由主义型，强调宪政与法治，属于外部制度制约型。

---

[1] John Rawls, *A Theory of Justice*, Harvard University Press, Cambridge, Massachusetts, 1971, p. 3.

[2] 休谟：《休谟政治论文选》，张若衡译，商务印书馆 2010 年版，第 23 页。

[3] Thomas Hobbes, *Leviathan*, edited with an introduction by C. B. Macpherson, Penguin Books, 1968, p. 239.

[4] Ibid., p. 238.

[5] 休谟：《休谟政治论文选》，第 38 页。

[6] 休谟：《休谟政治论文选》，第 17 页。

[7] 康德：《历史理性批判文集》，何兆武译，商务印书馆 1990 年版，第 8—9、105—110 页。

从道德哲学的角度来看，自律的义务论伦理学和他律的目的论的功利主义双峰并置。洛克和休谟支持他律，而康德则提出了自律①。对于儒家出发，荀子是他律论者（此点留待后文分析），而孔孟则是自律论者。笔者曾经证明，自律和立宪民主制度之间具有更加一致的逻辑。康德和孟子是自律论者。不过遗憾的是，孟子的自律观念没有贯穿到政治层面，从而只是完成了一半的任务。从逻辑彻底性的角度而言，孟子自律伦理学的理论归宿应当是民主，从而超越了王道。②

二　人性与他律

笔者曾经证明，荀子人性论的实质是性危说。③ 那么，从道德哲学来看，荀子的性危论和自律/他律的模式具有何种关系？对此，本文的观点是，其人性学说相当程度上导致了自律/他律的断裂。在展开对荀子思想的分析之前，先交代几个基本概念。

1. 自律与他律的区分

自康德以来，伦理学就存在一项基本区分：自律与他律。何谓自律？何谓他律？康德指出，自由具有两重含义。其消极意义是具有理性的生命体的意志所固有的性质，这就意味着意志"不受外来原因的限制，而独立地起作用"。其积极意义是意志所固有的性质就是它自身的规律。换言之，人行动的法则来自于意志自身，而这样的法则又是可以普遍化的定言命令。④ 对于康德而言，上述自由的两重含义其实也就是自律。当然，康德更多的是在自由的积极意义上使用"自律"这个词语的。故而，在康德哲学中，自律与自由其实就是一回事。基于此，康德阐发了道德哲学中的"人为道德立法"的原理。康德伦理学严格区分了感觉世界与理智世界，人同时是这两个世界的成

---

① J. B. 施尼温德：《自律的发明：近代道德哲学史》，张志平译，上海三联书店 2012 年版，第 635—638 页。

② 谢晓东：《走出王道——对儒家理想政治的批判性考察》，《哲学动态》2014 年第 8 期。

③ 具体论证可以参阅拙文《性危说：荀子人性论新探》，《哲学研究》2015 年第 4 期。

④ 康德：《道德形而上学原理》，苗力田译，上海人民出版社 2002 年版，第 69—70 页。

员，起着沟通两个世界的作用。作为感觉世界的成员，服从自然规律，人是他律的；作为理智世界的成员，仅仅服从理性规律，而不受自然与经验的影响。① 而道德世界是仅仅属于理性的世界，道德的本质就是自律。从康德哲学的角度来看，在伦理学领域，作为主体的意志的动机受两种原则的支配。其一是感性的，比如幸福和快乐等，这就是他律；其二是理性的，比如纯粹的道德法则，这就是自律。伦理学只有自律伦理学与他律伦理学两种类型。其实，这种区分对于中国传统伦理学来说，也是适用的。②

2. 性与礼

荀子哲学中的性之内涵是指人与生俱来的自然倾向，其外延既包括知情意三种能力（faculties），也指由之生发的情感与欲望（emotions and desires）。首先，荀子认为礼义外在于性。此处的"义"是虚指，其实质还是指礼。"今人之性，固无礼义，故强学而求有之也；性不知礼义，故思虑而求知之也。然则性而已，则人无礼义，不知礼义。人无礼义则乱，不知礼义则悖。然则性而已，则悖乱在己。"③ 这和孟子的"仁义理智根于心，我固有之也，非外铄也"的观点是明显对立的。"人无师法，则隆性矣；有师法，则隆积矣。而师法者，所得乎积，非所受乎性。性不足以独立而治。性也者，吾所不能为也，然而可化也。积也者，非吾所有也，然而可为也。注错习俗，所以化性也；并一而不二，所以成积也。习俗移志，安久移质。"这些论述充分表明，荀子认为性之中本来是没有礼义的，因而，对于性来说，礼义是外在的。就此而言，荀子不但和孟子的差别很大，和朱熹的"性即理"的立场差别也很大。其次，对善的起源的阐释。荀子否定了"性即理"，那么，他是否认为"心即理"呢？答案是否定的。对于荀子来说，性本身也是不知道礼义的。其实，准确

---

① 康德：《道德形而上学原理》，第76页。

② 前辈学者牟宗三、李明辉和郭齐勇等人，都集中论述了此点。参阅牟宗三《圆善论》，台北：学生书局1985年版；李明辉：《儒家与康德》，台北：联经出版事业公司1990年版；《孟子重探》，联经出版事业公司2001年版；郭齐勇：《牟宗三先生以"自律道德"的理论诠释儒学之蠡测》，《哲学研究》2005年第12期。

③ 《荀子·性恶》。后文所引用的《荀子》的材料，均随文引。

的说法应该是心不知道礼义，即作为自然而然存在的心自身是不知道礼义的。心性（人）无礼义，不知礼义。既然人原本不知道礼义，那么人怎么会追求自己所不知道的东西呢？从知识论而言，这种经验主义的思路会导致无法解决知识的普遍必然性问题，故而柏拉图试图通过回忆说来解决知识的起源问题。荀子提供的证明似乎是人自身会追求自己所不足或缺乏的东西，不足或缺乏会导致某种洼地，而心则会追求这种洼地。"夫薄愿厚，恶愿美，狭愿广，贫愿富，贱愿贵，苟无之中者，必求于外。故富而不愿财，贵而不愿执，苟有之中者，必不及于外。"（《荀子·性恶》）为了增强自己的论证力量，荀子也从反面论证道，对于人自身充足的东西，人是不会再追求的。这种说法的理由不够充分，因为不少人对财富和权力的追求是永无止境的。即使这样，这个论证也有一定力量。通过这种类比论证，荀子的结论是，"用此观之，人之欲为善者①，为性恶也。"也就是说，性恶（危）是欲为善的动力。这种观点是不同于康德和黑格尔所理解的恶推动了历史的进步，从而实现了善的这种"理性的狡计"。因为性危，故而人性本身缺乏善，于是心就会去追求善。而心只是纯粹理性的认知之心。看来，心所具有的理性（能知）才是心去追求善的根本原因。而荀子认为，善是"伪"的结果。"凡礼义者，是生于圣人之伪，非故生于人之性也……圣人积思虑、习伪故，以生礼义而起法度。然则礼义法度者，是生于圣人之伪，非故生于人之性也。"（《荀子·性恶》）最后，假设人性善，会怎么样呢？"今诚以人之性固正理平治邪，则有恶用圣王，恶用礼义哉？虽有圣王礼义，将曷加于正理平治也哉？"（《荀子·性恶》）因而荀子的结论是，"故性善则去圣王、息礼义矣；性恶则与圣王、贵礼义矣。"而且，性善的假设将会弱化甚至消灭掉人的责任感。"今将以礼义积伪为人之性邪？然则有曷贵尧、禹，曷贵君子矣哉？凡所贵尧、禹、君子者，能化性，能起伪，伪起而生礼义。然则圣人之于礼义积伪也，亦犹陶埏而为之也。"

---

① 唐君毅认为，可以就此接上孟子而谈性善。具体参阅氏著《中国哲学原论》（《原性篇》），台北：学生书局1989年版，第71—76页。

3. 他律①

那么，礼（涵盖了道德法则）是否是心的自我立法呢？对此，荀子的哲学是二元的。也就是说，他把自律/他律二重化了。"故圣人化性而起伪，伪起而生礼义，礼义生而制法度；然则礼义法度者，是圣人之所生也。故圣人之所以同于众，其不异于众者，性也；所以异而过众者，伪也。"对于圣人来说，礼义乃自身所积，故而可以视为自我立法。对于礼义，圣人也是严格遵守的。所谓"圣也者，尽伦者也"（《荀子·解蔽》）。也就是说，圣人既自我立法，又有能力履行道德法则，故而（初始）圣人是自律的。② 对于一般人来说，礼义的首要作用是"正身"（《荀子·修身》），因而是一种外在规范。通过礼的控制，就可以实现荀子的核心目标：治而远离乱。那么，礼是人的自我立法吗？荀子的回答显然是否定的。"故古者圣人以人之性恶，以为偏险而不正，悖乱而不治，故为之立君上之执以临之，明礼义以化之，起法正以治之，重刑罚以禁之，使天下皆出于治、合于善也。是圣王之治而礼义之化也。"（《荀子·性恶》）对于普通人来说，礼是古圣人颁布而必须遵守的，因此，礼义就沦为一种社会控制工具，掌握工具的先王（君王）则依靠礼法的强制性来"伪"，从而造就臣民善的行为。这就是典型的他律。因此可以说，在荀子哲学中，圣人与普通人之间存在巨大的鸿沟，以至于表现为自律/他律的二元分裂。对于现实的人来说，只需要遵循先王所制定的礼义即可。因而，荀子在终极的意义上认为人还是他律的。荀子认为人具有趋利避害的本能，因此支配人行动的法则是感性的，故而符合康德所说的他律。康德所说的他律最为主要的特征就是支配意志（实践理性）

---

① 或许，有人会反对使用他律这个概念来指称荀子哲学。其主要担心是，他律是一个污名，会影响人们接受对于荀子的判断。其实，这种担心是多余的。他律并不意味着就不好，它不是价值判断，而仅仅是道德哲学的一种路径（approach）而已。笔者曾经就把洛克的道德哲学定位为他律，但是，这并无损于洛克道德哲学的价值，也无损于洛克奠基于其上的政治哲学的价值。我们知道，洛克是自由主义之父，在世界上享有巨大声望。因而，担心他律是污名是不必要的。

② 李明辉：《孟子重探》，第 119 页。他认为，康德所说的自律的含义是自我立法和自我守法。

不再是纯粹的道德法则，而是感性的经验的客体。① 对于荀子来说，礼义等道德法则明显具有经验的起源，是圣人的产物，是圣人用来控制与支配人的行为的。在这种情况下，人的行为就仅仅具有合法性，而不具有意向的道德性。显然，礼义不是人的意志为自己立法的产物，而是和人性相冲突的。不过，荀子经验主义的相关思考中还存在一个严重问题："伪"善（制礼义）的先王是单数还是复数？如果是复数，那么是不同时间段的吗？由于荀子持有的是一种自然主义的天道观，因而他所理解的先王就不具备神性，他也是学习和积累而成的。那么，作为启蒙者（制礼义者）的第一先王，谁来启蒙他？②

三 优良政府

既然可以初步判断荀子的道德哲学属于他律伦理学，那么，他又是如何将其道德哲学主张应用到政治哲学层面的呢？这就涉及荀子关于优良政府的思考了。为何需要政府？需要什么样的政府？优良政府的性质是什么？下文便围绕这几个问题展开论证。

1. 为何需要政府？

他律就意味着政府是必需的，因而就排除了无政府主义这个选项。③荀子认为，建立政府的目的是避免祸患。"无君以制臣，无上以制下，天下害生纵欲。欲恶同物，欲多而物寡，寡则必争矣……离居不相待则穷，群居而无分则争；穷者患也，争者祸也，救患除祸，则莫若明分使群矣……故知者为之分也。"（《荀子·富国》）也就是说，人类不管是离群独居还是群居，都会产生难以克服的弊端，所以才需要政府（其代表是君）来控制冲突，确立秩序。其实，荀子关于礼的起源的经典表述也表达了同样的意思（《荀子·礼论》）。秩序是建立政府最低限度的目标，也

---

① Immanuel Kant, *Critique of Practical Reason*, Translated by Thomas Kingsmill Abbott, Dover Publications, Inc. Mineola, New York, pp. 124 – 126.

② D. C. Lau（刘殿爵）: Theory of Human Nature in Mencius and Xunzi, ed. T. C. Kline and Philip J. Ivanhoe, *Virtue*, *Nature*, *and Moral Agency in the Xunzi*, Hackett Publishing Company, Inc. Indianapolis/Cambridge, 2000, p. 218.

③ 具体论述参阅［美］罗伯特·沃尔夫《为无政府主义申辩》，毛兴贵译，甘会斌校，江苏人民出版社 2006 年版。

是其存在的价值和理由。

2. 需要什么样的政府？

荀子认为，人是群居动物，从而构成了社会。那么，社会的组织原则是什么呢？"君者，何以？曰：能群也。"（《荀子·君道》）似乎可以认为，"君"是能群，而民众是所群。换句话说，君具有善于群的特性。"君者，善群也。群道当，则万物皆得其宜，六畜皆得其长，群生皆得其命。"（《荀子·王制》）问题在于，君是单数还是复数？荀子的答案是单数。"君者、国之隆也，父者、家之隆也。隆一而治，二而乱。自古及今，未有二隆争重，而能长久者。"（《荀子·王制》）也就是说，单一的国君治理着国家，他是秩序的根源。该选择或许就意味着排除了贵族制和民主制这两种政体类型。那么，君赖以"群君和一之道"（《荀子·荣辱》）的是什么呢？或者说，君据以确立秩序的原则是什么呢？简单地说就是分。"人之生不能无群，群而无分则争，争则乱，乱则穷矣。故无分者，人之大害也；有分者，天下之本利也；而人君者，所以管分之枢要也。"（《荀子·富国》）那该怎样分呢？靠礼。"国无礼则不正。礼之所以正国也，譬之：犹衡之于轻重也，犹绳墨之于曲直也，犹规矩之于方圆也，既错之而人莫之能诬也。"（《荀子·王霸》）对于社会治理来说，"礼义者，治之始也"（《荀子·王制》）而礼义则来自于圣王（君），所谓"君子者，礼义之始也"。至此，可以得出结论，荀子假设的政府是君主制。而问题在于，这种君主制政府是等级君主制、绝对君主制还是君主立宪制呢？

3. 优良政府的性质是什么？

由于荀子强调，如果"无君以治臣"便会导致祸患，因而荀子所欣赏的君主制政府不会是君主立宪制。那么，荀子会支持剩余两种类型中的哪一种呢？在荀子眼中，君王的作用是举足轻重的。"圣王在上，分义行乎下，则士大夫无流淫之行，百吏官人无怠慢之事，众庶百姓无奸怪之俗，无盗贼之罪，莫敢犯上之禁。"（《荀子·君子》）他依据先王之道来统治国家，其内容是，"故尚贤使能，等贵贱，分亲疏，序长幼，此先王之道也。"至此，也只能得出君王权势很大的结论，依然无法知道荀子心仪的到底是哪种君主制类型。根据劳思光的研究，"荀子不能见心性之真，故立说终失败，而被迫归于权威主义。"① 故而，可以较有把握地认为荀子支持君主专制政体。其实，荀子版本的社会起源论也论证了人类要在君主专制与无政府状态之间二选一。荀子认为，人的欲求如果没有规则的调节，那么人与人之间必然发生持续的争斗，从而类似于霍布斯所说的"一切人对一切人的战争"。为了告别这种状态并给予人类社会以秩序，霍布斯诉诸于自然法的理性。理性教导人们应该通过社会契约的形式建立一个国家来维持和平与秩序。霍布斯的选择是建立一个专制国家来控制社会冲突。荀子的思路近于霍布斯，他选择的"先王（圣王）"起到了类似的作用。只不过儒家的圣王是集自然法的理性与专制政权于一身而已。

4. 优良政府的形态

孟子首先提出了王道与霸道这对概念。在他看来，霸道的特质是"以力假仁"，而王道的特质则是"以德行仁"。霸道"以力服人者，非心服也，力不赡也"。而王道"以德服人者，中心悦而诚服也"。② 孟子是反对霸道的，他说道："五霸者，三王之罪人也。"（《孟子·告子下》）孟子鄙视霸道，他声称，孔子的门徒都以提到齐桓公和晋文公这两个霸道的代表人物而感到羞耻（《孟子·梁惠王上》）。如果说孟子政治哲学的一个基本特点是尊崇王道而贬斥霸道，那么，荀子的相关理论就与孟子颇为不同。和孟子一样，荀子从价值选择上还是比较倾向于王道的。"仲尼之门，五尺竖子言羞称五霸。"（《荀子·仲尼》）在荀子看来，王道与霸道的区别在于，"粹而王，驳而霸。"（《荀子·强国》）荀子把霸看作驳杂，霸作为政治行为在道德上并不完全合乎儒家的伦理价值。不过，荀子很多时候都把王和霸视为君主的两种选择，比如，"故用国者，义立而王，信立而霸。"（《荀子·王霸》）"故尊圣者王，尊贤者霸。"（《荀子·君子》）"人君者，隆礼尊贤而王，重法爱民而霸。"（《荀子·强国》）"上可以王，下可以霸。"（《荀子·君道》）这些就似乎同时肯定了王道与霸道。简单地说，荀子是王霸并重，但是以王道政治为理想，而

---

① 劳思光：《中国哲学史》（一卷），广西师范大学出版社 2005 年版，第 261 页。
② 《孟子·公孙丑上》。后文所引用的《孟子》的材料，均随文引。

以霸道政治为第二等的政治。这种尊王而不黜霸的做法和孟子有距离，但和宋代的陈亮却有不少共同点。结合本文引言的提法，可以认为，荀子的理想政治是他律型王道。

四 正义

优良政府必定是一个正义的政府。那么，荀子是如何从礼的角度处理优良政府与正义的关系的呢？需要交代的是，荀子哲学中的"义"，大致相当于英文中的"justice"，"righteousness"或"rightness"等，因而确实具有正义这么一个向度。

1. 礼义、君子执政与优良政府

荀子认为，如果没有义则几同于禽兽。而（礼）义是外在的，乃生于圣人之伪，故而人是他律的。就此而言，荀子确实是"义外"。对于人来说，礼非常重要。"礼者，人之所履也，失所履，必颠蹶陷溺。"（《荀子·大略》）对于政治来说，无礼则寸步难行。"礼者，政之挽也。为政不以礼，政不行矣。"可见，对于个体、社会和政府，礼的功能都是异常重要的。①"故人无礼不生，事无礼不成，国家无礼不宁。"礼虽然极其重要，但是它只是客观的、静态而被动的建制而已。也就是说，它只是秩序与和平的必要条件而已，并不能保证秩序与和平的必然性。在荀子看来，君子作为政治主体的存在要更为重要一些。"故有良法而乱者，有之矣。有君子而乱者，自古及今，未尝闻也。"（《荀子·王制》）"法不能独立，类不能自行；得其人则存，失其人则亡。法者治之端也，君子者法之原也。故有君子，则法虽省，足以遍矣；无君子，则法虽具，失先后之施，不能应事之变，足以乱矣。"（《荀子·君道》）在荀子哲学中，礼法很多时候是同义的，故而论述法的话语对于礼来说也是适用的。而君子，则是由学习与积礼义而成。可以说，在荀子看来，君子执政是优良政府的前提条件和基础。君子是民众的楷模和导师，由其执政，民众

① 在徐复观看来，荀子在政治思想上和孔孟的根本差异在于其礼治思想。具体论述参阅氏著《荀子政治思想的解析》，载《中国思想史论集续篇》，上海书店出版社2004年版，第295页。

必能得到教化，从而为善。"君者仪也，民者景也，仪正而景正。……君者，民之原也；原清则流清，原浊则流浊。"(《荀子·君道》)荀子这种强调人在政治中决定性作用的做法，是儒家一贯的人治或德治思想的表现。

2. 释"义"

在荀子那里，礼属于客观层面的制度、规范和礼仪。问题在于，其评价标准是什么？荀子的回答是"义"。其实，这个标准也是比较客观的，因为它所关注的主要是行为层面。"唯仁之为守，唯义之为行。"(《荀子·不苟》)也就是说，仁是在内的爱心，而义是表现在外的行为。这里的义关注的是个人行为，其实，制度行为也应该是义的适用范围。所谓义者，宜也。① 但是，"宜"还是不够清晰。"义者，正也。"② 也就是说，是正而不是邪才是义的内涵。关于用正来描述义，在古典文献里分布很广，比如，"义，人之正路也。"(《孟子·离娄上》)故而，正至少是义的重要含义，所以荀子曾经四次把二者连用。比如"正义而为谓之行。"(《荀子·正名》)"不学问，无正义，以富利为隆：是俗人者也。"(《荀子·儒效》)"故正义之臣设，则朝廷不颇。"(《荀子·臣道》)因而，有人认为是荀子最早把"义"表达为"正义"就不奇怪了。③ 上面是从"正"的角度来看的，也可以从反面来阐述此点，即从消极角度来说，就是不作错误的事情。"夫义者，所以限禁人之为恶与奸者也。"(《荀子·强国》)荀子的这一句话是对"禁民为非曰义"④ 的解释与扩充。在笔者看来，"义"只有在荀子那里才取得自性，并真正获得独立地位。就此而言，荀子阐发了儒家的义道原则，从而区别于孔孟的仁道原则。

"义"的主要功能是"分"，用现代术语来表述就是，正义的基本内涵就是分配资源。当然，这里的资源指的是广义的资源，相当于英文中的 good。荀子说道："人何以能群？曰：分。分何以能行？曰：义。故义

---

① 《礼记·中庸》。

② 《墨子·天志下》。

③ 黄玉顺：《荀子的社会正义理论》，《社会科学研究》2012 年第 3 期。

④ 《周易·系辞下》。

以分则和，和则一，一则多力，多力则强，强则胜物；故宫室可得而居也。故序四时，裁万物，兼利天下，无它故焉，得之分义也。"（《荀子·王制》）也就是说，"义"是"分"的原则。那么，这个意义上"义"的基本含义是什么呢？一言以蔽之，可谓精英主义的等级分配也。"分均则不偏，执齐则不壹，众齐则不使。有天有地，而上下有差；明王始立，而处国有制。夫两贵之不能相事，两贱之不能相使，是天数也。执位齐，而欲恶同，物不能澹则必争；争则必乱，乱则穷矣。先王恶其乱也，故制礼义以分之，使有贫富贵贱之等，足以相兼临者，是养天下之本也。"（《荀子·王制》）故而，有人用罗尔斯的差异原则来阐释此处的分义，认为不平均分配，而是给予每一个人所应得的，方是正义的。①

"义"还有一个基本特性，那就是"公"。荀子颇为重视"公"，文本中论述甚多。"怒不过夺，喜不过予，是法胜私也……此言君子之能以公义胜私欲也。"（《荀子·修身》）"明分职，序事业，材技官能，莫不治理，则公道达而私门塞矣，公义明而私事息矣。"（《荀子·君道》）荀子是在公与私的语境中论述公义的，在他看来，公义应该是支配公共领域的行为规则。荀子提到一个关于楚国将军子发辞赏的故事。子发率军攻灭蔡国，归国后，他认为功劳都是领导和大家的，自己拒绝领赏。对此，荀子批评了子发，认为他的行为非常固陋浅薄，破坏了先王赏善罚恶之道，对于同僚、下属和子孙后代都是一种沉重打击（《荀子·强国》）。这个例子和前文所引用的孔子批评子贡几乎如出一辙。由于荀子颇为重视义的"公"这一基本特性，所以他除了公义并称之外，还把公和义的内涵之一的"正"合用，就形成了"公正"一词。荀子是比较喜欢使用"公正"以及与其比较接近的"公平"这些词语的。无独有偶，西方语境里的正义（justice）概念也是常常和公平（fairness）以及公正（impartiality）观念联系在一起的。②在荀子的文本里，义和政治的关系似乎比礼和政治的关系要更密切一些。比如，"礼及身而行修，义及国而政

---

①　颜炳罡：《正义何以保证？——从孔子、墨子、孟子和荀子谈起》，《孔子研究》2011 年第 1 期。

②　D. D. Raphael, *Concepts of Justice*, Clarendon Press, Oxford, 2001, pp. 235 – 237.

明。"（《荀子·致士》）可见，一国正义则政治清明。"故用国者，义立而王。"（《荀子·王霸》）而且，以义立国则可以王天下。"然则凡为天下之要，义为本，而信次之。古者禹汤本义务信而天下治，桀纣弃义倍信而天下乱……此君人者之大本也。"（《荀子·强国》）可见，义同时规范个体和外物（当然包括国家）。对于治理天下而言，义是首要原则。这也呼应了前文所说的，荀子提出了义道原则。

3. 正义政府之属性

先来看正义政府的要件。"选贤良，举笃敬，兴孝弟，收孤寡，补贫穷。"（《荀子·王霸》）简单地说，就是建立在机会均等原则之上的选贤与能、诛恶扬善、救济社会弱势群体等。其次，正义政府是一个天下归之的政府，这是从效果的角度而言的。"天下归之之谓王，天下去之之谓亡。"荀子以汤武为例，说明怎样才能做到天下归之。"汤武者，修其道，行其义，兴天下同利，除天下同害，天下归之。"（《荀子·王霸》）天下归之是优良政府具有足够正义性的风向标，也就说，义要公、要平、要正，方才能行。不过，这些都是正义的硬件，是客观可见、可比较的。那么，正义是否还存在软件层面？一个正义的制度要想持续生存下去就必须造就正义的人。一个正义的人必定是有正义感的人。所谓正义感就是指，一是要去维护正义的制度，二则是在代价不太大的情况下去建立正义的制度。① 对于破坏正义的行为，他从情感上将会非常厌恶。"义者循理，循理故恶人之乱之也。"《荀子·义兵》只有同时造就正义的制度和正义的人，才会是一个可持续的优良政府，或者说，才是一个解决了稳定性问题，从而实现长治久安的优良政府。② 此外，乐也是正义的一种软件。如果说礼建立在人与人之间差异的基础之上，那么乐则试图整合不同的人为一体，从而确立对秩序的认同。"乐合同，礼别异，礼乐之统，管乎人心矣。"（《荀子·乐论》）从小的方面来讲，乐使人向善，美化风俗，和睦民众。

---

① John Rawls, *A Theory of Justice*, p. 474.

② 稳定性问题是罗尔斯晚年的主要研究课题，具体论述参阅氏著《政治自由主义》一书。译林出版社 2000 年出版了万俊人翻译的中文本。

荀子性论的实质是性危说，该说是对性恶论的弱化，从而具有了更强的解释力。这种性论认为，人性本身需要警惕，因而是靠不住的。但是心的理性能力告诉人们，需要客观的礼来引导和控制人的本性。就此而言，礼是外在于心的社会控制工具，并不是人的意志为自己立法的产物，同时守法（广义的）也是被迫的。这就是典型的他律学说，从而区别于孟子的自律论述。从理想政治的角度来看，荀子属于他律型王道的类型，因而区别于孟子的自律型王道。基于此，本文从政治哲学的视域、他律观念出发，经论证后得出了一个结论：荀子所理解的优良政府是以开明专制为特征的君主制。基于荀子的自然人性论以及自然主义的天道观，必须预设作为第一推动力的圣王（他是自律的，自我立法自我守法）观念，从而引出礼的观念。这就为精英在荀子的思想中占据主导地位奠定了最初的基础。而这既体现在荀子的政府理论中，也构成了其正义观的核心：精英主义的等级分配正义。

第 四 章

正当性与革命

一个正义的政府必然是具有正当性的政府，反之亦然。正当性观念是政治哲学的重要概念，因而在本书的研究中居于不可或缺的地位。那么，早期儒学与古典自由主义是如何看待正当性观念的呢？当正当性遭遇危机的时候，革命观念又会扮演什么角色呢？

第一节　天命与契约：孔子与洛克的
政治正当性观念之比较

政治正当性（legitimacy）指的是政治秩序、政治权力、政治统治与政治制度的道德证成基础问题，在政治哲学中处于一种非常关键的地位。合法性（legality）则是指政策或行为的合法律性，法规与法律的合宪法性，因而是一个体现法律实证主义的概念。就政治正当性问题而言，中国与西方思想家都非常关注。孔子（公元前551—公元前479）是中国古典儒学的奠基者，对中国正当性观念影响甚巨。约翰·洛克（1632—1704）则是"哲学上的自由主义的始祖"①，即古典自由主义的创始人，他确立了近现代西方典型的正当性观念。当近代中西两种政治哲学遭遇之时，中国占据主导地位的是孔子的正当性观念，而西方主流的正当性观念则是由洛克等古典自由主义者所奠定的。孔子与洛克在近代中国的相遇在一定意义上可以视为中西两种政治正当性观念的一场对话。此外，

---

① 伯特兰·罗素：《西方哲学史》（下），马元德译，商务印书馆1976年版，第134页。

他们面临的背景也存在相似之处，对他们而言，原有的政治统治秩序都面临着正当性危机。基于以上两点理由，本文拟对孔子和洛克进行一番比较，从而凸显中西正当性观念的基本异同，最后指出重构儒家正当性观念的方向。

一　形上学依据：道与自然法

孔子与洛克的政治正当性观念的形上学依据分别是"道"与"自然法"。早在启蒙时代，这两个观念之间的相似性就引起了人们的注意。"莱布尼茨与沃尔夫都认识到，在欧洲相当重要的自然法的概念，非常类似于儒家的'道'的概念。"① 进一步的考察可以发现，这两个概念之间也存在明显差异，尤其是从正当性的角度来看。

孔子对"道"的规定性比较复杂。他曾经说过："朝闻道，夕死可矣。"（《论语·里仁》）先秦时代的中国并没有"灵魂不朽"的观念，人们视死亡为生命的完全终结。在这种情况下，听闻大道之后就死去也没什么可以遗憾的了。可见，道是人们所追求的终极真理，是人类社会客观的超越的依据。道不具备活动性，不能够自动自发地实现自身，而是需要由人来彰显它、实现它。所谓"人能弘道，非道弘人"（《论语·卫灵公》）。但是，人对道的弘扬必须受到外在条件的限制，这就是"命"的观念。"道之将行也与，命也；道之将废也与，命也。"（《论语·宪问》）上述引语体现了哲学中的"力命"问题。"道之行废"均取决于"命"，从这点来看，"命"似乎是一个比"道"更为高级的概念，而"道"则是一个反映"人道"的概念。就此而言，孔子的道明显不同于老子的道，后者具有宇宙论向度。因此，就需要把前面的观点修正为：道是支配人类社会的规范性真理。在《论语》中，其实是区别了反映人类社会的"（人）道"与作为人道依据的"天道（命）"的。根据孔子的终身弟子子贡的陈述，"夫子之文章，可得而闻也，夫子之言性与天道，不可得而闻也。"（《论语·卫灵公》）我想，子贡应该是常常听孔子讲"（人）道"的。相对于洛克对自然法消极性质的描述，孔子对于"道"

---

① ［美］顾立雅：《孔子与中国之道》，高专诚译，大象出版社2000年版，第322页。

的规定是比较积极的，在他看来，"道"具有一套实质性的内容。"吾说夏礼，杞不足征也；吾学殷礼，有宋存焉；吾学周礼，今用之，吾从周。"（《中庸》第二十八章）"周监于二代。郁郁乎文哉，吾从周。"（《论语·八佾》）可见，孔子视野中"道"的现实表现就是"周道"，他对于周初所确立的政治秩序是高度认同的。"周道"是由周公所奠定的，因而周公就成为一个符号，成为周道的代表。孔子念念不忘的就是实现周公之道，因此，他才会说道："甚矣，吾衰也！久矣，吾不复梦见周公。"（《论语·雍也》）而鲁国是周公的封国，是象征周道的一个诸侯国，所以孔子才会说"鲁一变，至于道"的话。在孔子时代，周代的政治统治面临正当性危机，从而出现了"天下无道"的局面。① 在他看来，周代的礼治秩序本身是好的，问题出在人身上。因此，是"人病"而不是"法病"。从正当性的角度来看，"（周）道"是政治统治具有正当性的一种表征。

　　洛克对自然法的规定比较简单，因而有人甚至抱怨："《政府论两篇》严重依赖自然法，可是正如我们所知，它从未对这个概念进行分析。"② 即便如此，还是可以在文本的基础上对洛克的自然法思想作些分析。洛克政治哲学的论证起点是自然状态学说，而自然状态是受自然法支配的一种人类生活状态，这就引出了自然法概念。"自然状态有一种为人人所应遵守的自然法对它起着支配作用；而理性，也就是自然法，教导着有意遵从理性的全人类。"③ 这里，洛克认为自然法是理性。"自然法、即上帝的意志，而自然法也就是上帝的意志的一种宣告。"此处，洛克又认定自然法是上帝的意志，是规范一切人行动的法则。那么，其存在状态又是如何的呢？洛克告诉我们："自然法是不成文的，除在人们的意识中之外无处可找。"④ 可见，自然法存在于人们的意识之中，是上帝把它"印

---

　　① 谢晓东：《孔子的合法性思想探析》，《江淮论坛》2007 年第 5 期。

　　② ［英］彼得·拉斯莱特：《洛克〈政府论〉导论》，冯克利译，生活·读书·新知三联书店 2007 年版，第 109 页。

　　③ ［英］约翰·洛克：《政府论》（下），瞿菊农、叶启芳译，商务印书馆 1964 年版，第 6 页。

　　④ 洛克：《政府论》（下），第 84 页。

在了所有人的心中"。因此可以认为，自然法就是上帝的意志、是理性，是人心中的道德法则。简言之，自然法与上帝存在密切关系。"洛克由前人接受下来的自然状态与自然法之说，脱不开它的神学根据。"① 洛克的神学观点是自然神论，这种观点与无神论具有明显不同。"无神论是不容许存在的，因为畏惧上帝是使人们遵守诺言和契约的一种必要动力，而这些反过来又为社会秩序所需要。"② 就此而言，洛克的自然法与上帝的关系类似于孔子的道与天（天命）的关系。

简而言之，孔子与洛克的道和自然法观念都是支配人类社会的普遍、永恒的法则，它们都具有更为深刻的根源。相比较而言，孔子重视道的道德层面，而洛克更关注自然法的理性层面，这和中西方不同的道德主义与理性主义的思维方式是分不开的。道与自然法不仅是超越的，也是内在的。它们内在于人自身便形成了人性，而人性学说起着沟通本文第一部分与第三部分的作用，从而成为政治正当性观念的人性依据，这就是下文所要展开的内容。

二　人性预设：仁爱与开明自利

孔子对人的本性的基本规定是"仁"，这种观点暗示人性是善的，故而孟子后来就直接提出了"性善"的观点。孔子的人是"焦点——区域式"自我，③ 是关系自我。对于人性的考察应着眼于人们之间的相互关系，就此而言，彼此仁爱应当是相互性的内容。孔子从经验的角度提出了"性相近也，习相远也"（《论语·阳货》）的命题，可见，他是注意到了人性的现实表现层面的多样性，其中不乏恶贯满盈之徒的存在。但是，在孔子看来，从教育的角度人是可以塑造的。也就是说，人性是可以提升的，仁爱应当是人的本性。道是真与善的合一，因而可以弘道的人也可以彰显此点于人自身。提升人性（经验层面）与恢复人的善性

---

① 罗素：《西方哲学史》（下），第156页。
② ［加拿大］詹姆斯·塔利：《语境中的洛克》，梅雪芹、石楠等译，华东师范大学出版社2005年版，第48页。
③ ［美］赫大维、安乐哲：《汉哲学思维的文化探源》，施忠连译，江苏人民出版社1999年版，第26—48页。

（理性层面）对于儒家人性学说是一枚硬币的两面。对于一般民众，其人性的提升具有伦理意义却不具备政治意义。具备政治意义的是统治阶层，尤其是最高统治者的人性提升，因而，孔子要求的是王侯要以仁爱之心来实施政治统治。只有这样才能获取政治秩序的正当性。可见，孔子与儒家认为政治哲学与正当性观念都应当建立在仁爱的基础之上。

　　对于人性的可塑性与可提升性，洛克也是赞成的。但是，他的着眼点却并不在此。他认为，对于政治而言，更加重要的是适应人性。洛克对人性政治意义的规定是在自然状态学说中阐发的。在洛克看来，自然法的目的"旨在维护和平和保卫全人类"。[①] 它的这个目的与从哲学意义所谈的人性具有内在联系，这就涉及了洛克的伦理学。"善"与"恶"是伦理学的基本概念，而洛克是从"快乐"与"痛苦"的角度来定义它们的。"所谓善或恶，只是快乐或痛苦自身。"[②] 人则是"恒常地要希望幸福"，因而人的行动法则就是"趋利避害"[③]。因而，洛克"肯定人性基本上是利己主义的，道德是开明的自利。"[④] 洛克认为人意志的动机来自于人的欲望，[⑤] 从康德哲学来看，洛克的伦理学是他律，是功利主义。"人类本性中最为强大的力量，因而也是对政治理解来说最有意义的东西就是自我保存的欲望。"[⑥] 对于人类而言，"自我保存的欲望决定了人们的行为方式。"[⑦] 自然法赋予了人以基本义务——保存自身。"自我保存"是一种比较抽象的说法，具体来说就是指要保护自己的生命、健康、自由和财产。洛克认为，"当他保存自身不成问题时，他就应该尽其所能保存其余的人类。"具体而言，自然法赋予人的基本义务有二：第一是保存小我（个体），第二是保存大我（人类）。从消极的角度来看，人们就具有不侵犯他人的权利、不互相伤害的义务。

------

① 洛克：《政府论》（下），第7页。

② 洛克：《人类理解研究》，关文运译，商务印书馆1959年版，第243页。

③ ［美］格瑞特·汤姆森：《洛克》，袁银传、蔡红艳译，中华书局2002年版，第93页。

④ 梯利：《西方哲学史》（增补修订版），商务印书馆1995年版，葛力译，第366页。

⑤ 洛克：《人类理解研究》，第253页。

⑥ ［美］列奥·斯特劳斯、约瑟夫·克罗波西主编：《政治哲学史》（下），李天然等译，河北人民出版社1993年版，第589页。

⑦ 列奥·斯特劳斯、约瑟夫·克罗波西主编：《政治哲学史》（下），第556页。

　　要言之，洛克持有的是独立个体的观念。知识论中的不可再分析的简单观念，物理学中的原子与伦理学中的个体，这就是洛克哲学中的个体观念。对单个个体的重视一以贯之，可以说，用原子式个体来描述洛克的本真状态的人是比较贴切的。而洛克的个体的最为本真的欲望是自我保存，在保存自我的前提下保护人类。因而，洛克的人是自利的人。洛克的政治哲学与正当性观念就是确立于该人性前提之下。对于洛克而言，人是可以仁爱的，不过这是第二义，不足以确立政治哲学的基础。洛克的利己的人是开明自利的，而孔子仁爱的人是利他的。对于正当性的走向而言，利己与利他的人性预设具有重要含义。

三　正当性的基础：天命与人民的同意

　　政治统治的正当性依据何在？这是正当性观念的核心问题。对此问题，孔子的回答是"天命"，而洛克的意见则是"人民的同意"。下面，我依次把他们的看法加以展示。

　　中国的社会政治环境决定了孔子与儒家关于正当性的思维。孔子不像古希腊的亚里士多德那样看见过许多不同的政体，更不用说和两千年之后的西人洛克比了。"孔子只了解中国的封建国家以及由于它的衰败所引起的政治现象。"[1] 政治正当性具有层次之分，这是从纵向而言的；正当性也具有结构之别，这是从横向而言的。从正当性的层次来看，孔子默认君主政体理所当然地是正当的，即君主统治权具有一般意义上的正当性。从王朝的正当性与某个王侯统治的两层正当性来看，孔子有比较明确的观点。所以，下文关于孔子正当性的观点就是针对后两个层次而言的。[2] "天"是孔子哲学中的最高范畴，具有颇为复杂的内涵。"获罪于天，无所祷也。"（《论语·八佾》）这句话说明"天"是有意志、有感情的存在，人们不能违背"天"的意志，否则就无药可救了。"天生德于予，桓魋其如予何？"（《论语·述而》）"天之将丧斯文也，后死者不得

---

　　① 顾立雅：《孔子与中国之道》，第 171 页。

　　② 关于政治正当性的三个层次的观点，可以参阅张星久的论文《论帝制时期中国政治正当性的基本层次》，《政治学研究》2006 年第 4 期。

与于斯文也；天之未丧斯文也，匡人其如予何！"（《论语·子罕》）这两段引文说明天赋予人以德性并控制着人的命运。颜渊死了，孔子痛苦地说："噫！天丧予！天丧予！"（《论语·先进》）这段话进一步说明"天"控制着人的生死存亡。上述材料表明，孔子继承了三代以来的"天"是人类社会最高主宰的观点，而类似的材料在《尚书》与《诗经》中比比皆是。"子罕言利，与命与仁。"（《论语·子罕》）这就说明"命"与"仁"是孔子教义的要点。而"天"与"命"的结合就是"天命"，或者说"命"是"天命"的简称。"君子有三畏：畏天命，畏大人，畏圣人之言。小人不知天命而不畏也，狎大人，侮圣人之言。"（《论语·季氏》）"天"的意志表现为"天命"，而"天命"则是孔子政治正当性观念的依据。后来，孟子就在孔子思想的基础之上提供了一个完整的关于正当性的天命论解释（《孟子·万章上》）。"天命论的论旨，就正当性的问题而言，最简单的说法就是，天命是统治者的正当性的基础。天命使得统治正当化，同样，正当性的丧失也是由于天命的终止或抛弃。"① 因而，在儒家看来，人间统治者所要争取的就是天命的支持，而天命降临则视统治者良好的德性与善政而定。这就是"以德配天"的观念。在儒家看来，一个具有良好德性的统治者必然可以实现善政，所谓内圣外王讲的就是这个道理。孔子接受并改造了传统的天命论，同时赋予其人本主义的因素（《论语·乡党》）。天命并非捉摸不定，而是具有一定的客观表现。周公和孔子都把民意视为天命的表现，可以把这种天命论看作是"民意论的天命观"。"殷商以前不可捉摸的皇天上帝的意志，被由人间社会投射去的人民意志所型塑，上天的意志不再是喜怒无常的，而被认为有了明确的伦理内涵，成了民意的终极支持者和最高代表。由于民众的意愿具有体现上天意志的强大道德基础和终极神学基础，所以在理论上民意比起皇天授命的君主更具优先性，因为皇天授命君主的目的是代天意来保护人民。"② 这就是天命论视野之下的民本主义。

---

① 石元康：《天命与正当性：从韦伯的分类看儒家的政道》，《开放时代》1999 年第 6 期。
② 陈来：《古代宗教与伦理——儒家思想的根源》，生活·读书·新知三联书店 1996 年版，第 184 页。

孔子对于天命的态度是"尽人事，听天命"。他更加关注的是怎样获得民众的支持从而获得正当性。儒家主要从统治阶层的角度出发来思考正当化政治统治，"儒家比较重视统治的规范性，即更多地从统治者的主观意愿出发衡量统治是否合法有道：是否施仁政？是否按照德性的原则统治？是否以民为本？"① 孔子实现政治秩序之正当化的根本命题是"为政以德"（《论语·为政》）。也就是说，要用德性来纯化政治、纯化权力，如果能够这样，民众就会团结在其周围、拥护其统治。这里的"政"不同于下文的"政"之处就在于"德（性）"的介入。"道之以政，齐之以刑，民免而无耻。道之以德，齐之以礼，有耻且格。"（《论语·为政》）此处的"政"可以解释为政治权力，其表现为强制力，"齐之以刑"的说法也说明这个解释是合理的。武力与刑法固然可以迫使人们服从，从而建立和维持政治统治，但是，这样的政治统治却不能使得人们自愿的服从，所谓"民免而无耻"是也。而"道之以德"和"为政以德"的说法则意味着把权力权威化，从而获得人们自愿地服从，所谓"有耻且格"是也。因而，统治者的良好德性（仁爱）灌注于政治就成了政治统治正当化的基本途径。这就是儒家著名的德治主张。孔子德治观念的基本预设是：民众是消极的，统治者的表率具有根本作用。这两项预设可以从下述三则引语中看出来：季康子问政于孔子。孔子对曰："政者正也，子帅以正，孰敢不正。"（《论语·颜渊》）"其身正，不令而行；其身不正，虽令不从"（《论语·子路》）；"君子之德风，小人之德草，草上之风，必偃。"（《论语·颜渊》）对于一种政治统治来说，其具有正当性较为客观的表现，即"近者说，远者来。"（《论语·子路》）

推导出洛克正当性观念的是社会契约论，而自然法与自然状态则是这种理论的两项基本内容。洛克非常清楚，正当性是针对政治权力而言的，因此，他首先就界定了什么是政治权力。"政治权力就是为了规定和保护财产而制定法律的权利，判处死刑和一切较轻处分的权利，以及使用共同体的力量来执行这些法律和保卫国家不受外来侵害的权利；而这

---

① 许纪霖：《近代中国政治正当性之历史转型》，《学海》2007 年第 5 期。

一切都只是为了公众福利。"① 为了理解政治权力的正当性，洛克引入了自然状态学说。自然状态是"一种完备无缺的自由状态"，也是"一种平等的状态"。② 因而，自然状态是一种人人自由和平等的状态，或者说人人享有平等的自由。这种学说背后就是个体独立的政治个人主义观念。自然状态为自然法所支配。洛克的自然状态是，"有德行的无政府主义者们组成的空想社会，这帮人是绝不需要警察和法院的。"③ 但是，自然状态存在着一些基本缺陷，会导致人们之间战争状态的存在。为了弥补这些缺陷，理性教导人们通过契约建立政治社会，从而进入公民社会。"公民政府是针对自然状态的种种不方便情况而设置的正当救济办法。"④

"整个 17 世纪的争论所围绕的理论问题，就是'统治权'问题，或如洛克更清楚地表述的那样："谁应当拥有它（政治权力）？'"⑤ 其实，这个问题就是政治权力的正当性问题，而《政府论》对此问题给出了迄今为止最为激进的回答：每一个个体都确实拥有并且应该拥有政治权力。在洛克看来，制度化的政府形式的权力来源于政治社会的每一个成员所拥有的自然权利。"任何人放弃其自然自由并受制于公民社会的种种限制的唯一的方法，是同其他人协议联合组成为一个共同体，以谋他们彼此间的舒适、安全和和平的生活，以便安稳地享受他们的财产并且有更大的保障来防止共同体以外任何人的侵犯。"⑥ "因此，当每个人和其他人同意建立一个由政府统辖的国家的时候，他使自己对这个社会的每一个成员负有服从大多数的决定和取决于大多数的义务；否则他和其他人为结合成一个社会而订立的那个原始契约便毫无意义。"⑦ 不像罗尔斯视社会契约为一种理论假设，洛克认为从历史与经验的角度来看，人民的同意都是政治统治和平起源的条件。最后，从正反两个角度来总结一下洛克的观点。正面观点是个体的同意是他服从于一种政治权力（统治）的依

① 洛克：《政府论》（下），第 4 页。
② 同上书，第 5 页。
③ 罗素：《西方哲学史》（下），157 页。
④ 洛克：《政府论》（下），第 10 页。
⑤ 塔利：《语境中的洛克》，第 5 页。
⑥ 洛克：《政府论》（下），第 59 页。
⑦ 同上书，第 60 页。

据。"人类天生都是自由、平等和独立的，如不得本人的同意，不能把任何人置于这种状态之外，使受制于另一个人的政治权力。"① 反面观点说明政府对于没有表达同意的人不具有统治权力，因而人民就可以不服从其统治。"任何政府都无权要求那些未曾自由地对它表示同意的人民服从。"② 重申一下洛克的观点：人民的同意是政府正当性的依据。

有学者认为儒家正当性具有天意与民意的二重来源。在我看来，这二重来源的地位是不平等的。天命更具有终极性，而民意（作为整体）则是对其一个补充，而且是天命论笼罩之下的补充。换言之，在天命与民意的二元结构中，民意的地位与分量是不足以与天命相抗衡的。因此，孔子政治正当性观念的终极依据是"天命"，它是一个客观的存在，而洛克的则是个体主观的同意（consent，也可以翻译为"认可"）。正如识者所云，从古代到现代的正当性观念经历了从强调客观面向到主观面向的转型。③ 这的确是一种趋势。

四　不服从与革命

人作为一种文明的成员，一个政治社会的公民，又是如何与政治正当性内在地勾连在一起的呢？换句话说，人们又是如何表达对一种政治统治（权力）的服从与不服从的呢？孔子与洛克对此有一些各具特色的理解，下文就对他们的政治正当性观念予以进一步分析。

孔子认为，一种政治统治如果能够对人们实行仁政，就会出现"近者说，远者来"的局面。所谓"近者说"是指直接受某种政治权力统治的人对于这种统治是满意的、认同的；而"远者来"则是受别种政治权力统治的人选择了"用脚投票"的方式来归化于这种善政。这样就构成了对该种政治统治予以认可的两种形态，它们都说明了统治的正当性。一旦人们对某种政治秩序的正当性表示怀疑或否定，那么会发生什么事呢？这就可以区分为消极的不服从和积极的反抗。前者可以分为两种情

---

① 洛克：《政府论》（下），第59页。
② 同上书，第117页。
③ 周濂：《政治正当性的四重根》，《学海》2007年第2期。

况，第一种是"隐"。"天下有道则见，无道则隐。"（《论语·泰伯》）第二种是移民至其他统治区域。这又可以分为两种情况。一是如前文所说，移居于天下具有统治正当性的地方，二就是离弃天下。"道不行，乘桴浮于海，从我者其由与！"（《论语·公冶长》）这句话表明孔子甚至有脱离华夏文明而远走海外的意思表达。要言之，孔子就是通过上述方式表达了自己对不具有政治统治正当性的消极不服从。

一般来说，孔子不提倡叛乱与革命。比如，"子不语：怪、力、乱、神"（《论语·述而》），其中就包括了"乱"。孔子还有"博学于文，约之以礼，亦可以弗畔矣夫"（《论语·颜渊》）的进一步观点。再比如，"子曰：'弑父与君，亦不从也。'"（《论语·先进》）"弑君"是叛乱的一种表现，而孔子教导他的弟子们不能干这类事。"其身正，不令而行；其身不正，虽令不从。"（《论语·子路》）可见，统治者的身正与被统治者的服从与否具有密切的关系。这也说明儒学的服从观念具有私人性，不重视客观规则。"不从"表明了至少是一种抗议，或许暗示了叛乱与革命的原则。① 后来，孟子就直接指出民众具有革命权。不过，孔子对于别人的叛乱则持有一种比较矛盾的态度，《论语》就曾两次记载了叛乱者召唤孔子去而孔子也试图去的情形。这也说明，孔子对于政治统治的正当性并不是完全按照宗法血缘的谱系，而是更为关注德性。例如，孔子就曾说过："雍也可使南面。"（《论语·雍也》德性是得享天命的必要条件而不是充分条件，所以只能说德性是得享天命的更为有力的因素。也就是说，德性与天命之间并不具有因果关系，也并不意味着天命是可以操纵的。"正名"是孔子用来克服正当性危机的一种主要方法，但这个主张有时会与德性原则发生冲突。

洛克把个体的同意进一步区分为明示同意与默示同意两种类型②。在他看来，生命、自由与财产是人们建立政治社会的目的，一旦现存的政治权力威胁到这些目标，就意味着政府与人民处于战争状态，人们就收

---

① 革命原则暗示在《子路十三》的"苟正其身"章、《宪问》"卫灵公之无道"章。参见顾立雅《孔子与中国之道》，第 323 页的注释［2］。

② 洛克：《政府论》（下），第 74—75 页。

回对政府的服从义务，而致力于清除这种现实威胁。如果一种政治权力丧失了正当性，那么人们就会诉诸革命权。可以说，洛克开创了叛乱学说中的哥白尼革命：叛乱者不是别人而是暴君。因此，革命是正当的，只有实际的革命实践才足以使人民免遭压迫。就此而言，"反抗压迫是正义的，这是《政府论》的主题。"① 在洛克看来，人民必须支配他们的统治者。当（如果）统治者违背契约时必须对其进行判决，必要时，可以通过一场革命确立新统治者，或建立一个新的政府来实行判决。

当然，未必凡是人民同意的就是正当的，也就是说，人民的同意赋予一种政治统治正当性的程度是有限的而不是绝对的。因为，人民的统治也可能会导致暴政，所谓"极权主义民主"和"多数人的暴政"就是如此。因此，人民的同意必须予以限制。洛克所推荐的方法是人的基本自由构成限制条款，所谓生命、自由与财产就是这样的基本自由。否则，就是越权，而"越权使用强力，常使使用强力的人处于战争状态而成为侵略者，因而必须把他当作侵略者来看待"。② 这些都说明，洛克是一个法治宪政论者，因而是一个反对权力绝对主义的哲学家。孔子是一个德治论者，对他而言，让有德性的人掌握权力比防止权力的滥用更加重要。这是由于孔子对人性的基本设定是仁爱，而具有仁爱精神的统治者不可能不做出符合人民的幸福与福利的事情。相对而言，孔子显然从未构想过任何由人民群众控制政府的方式，更不用说对人民统治的限制了。"孔子这个体系的弱点是显而易见的。从终极意义上讲，良好的政府依然要依赖君主，因为他们掌握着最高权力。而且，如果他们不愿意的话，并没有办法迫使他们选贤任能。"③

五　结论

通过上文的论述，可以得出如下基本结论：第一，从正当性的主观与客观向度来看，孔子颇为重视客观向度，而洛克更重视主观向度。第

---

① 塔利：《语境中的洛克》，第 38 页。
② 洛克：《政府论》（下），第 95 页。
③ 顾立雅：《孔子与中国之道》，第 193 页。

二，都重视天意（天命与上帝）设置的作用，认为这对于一个好政府来说是必不可少的。洛克的上帝是自然神意义上的，因而并不直接干预人间的政治，而孔子的天命则在一定程度上还是一个具有人格的存在，其对人类社会的事务具有最终的决定权。因此，洛克比孔子更加注重人在政治正当性中的决定性地位。第三，从人性哲学的角度来看，洛克的利己的人是开明自利的，而孔子仁爱的人是利他的。在利己与利他的基础上都可以构建出政治正当性观念，只不过孔子所导向的是德治，而洛克则走向了宪政与法治。第四，从克服正当性危机的角度来看，孔子选择了复古的"正名"策略，试图恢复周初的政治秩序。而洛克则试图建构出一套新的正当性理论，其核心观点就是通过契约所表达的"人民的同意"。第五，从正当性的获取来看，孔子从统治者的角度出发论证问题，而洛克则站在被统治者的立场来看问题。孔子的个体是消极的民，而洛克的个体是积极的民。在既定的政府框架之下，孔子所能做的就是诉诸统治者的良心，因此他提倡德治与民本。

近代以来，尤其是启蒙以来，目的论世界观解体，而机械论世界观逐步流行。在一个业已"祛魅"了的世界中，人的自由与理性占据了思想的制高点，天命观及其各种变形都失去了说服力。于是，在近代中国，就形成了"天命的没落"的局面。[①] 在这种情况下，孔子视天命为正当性终极依据的做法就面临着挑战。其实，这种挑战的根本冲击来自于现代性。现代性基本特性就是自由与理性，而自由与理性是指个体的自由与理性。换言之，个体主义（individualism）才是现代性最为根本的精神动力。洛克的政治哲学，尤其是政治正当性理论就是建立在个体主义基础之上。而个体主义，则是东方和中国思想中"最缺乏、最需启蒙的观念"[②]。故而，洛克式的经验主义就更加关注个体的意志表达，而孔子的理性主义则更为关注某种整体实在。洛克的个体主义的逻辑结论就是主动积极的个体公民，而孔子的个体则是

---

① 高瑞泉：《天命的没落：中国近代唯意志论思潮研究》，上海人民出版社 2007 年版。

② 陈嘉明：《现代性与后现代性十五讲》，北京大学出版社 2006 年版，第 17 页。

消极被动的臣民，而且是笼罩在整体天命之中的尚未凸显主体性的子民。不过，孔子的古典观念又具有向现代转变的因子，那就是他已经突破了单纯的天命观念，并出现了民意与天命的二元结构。在这种"民意论的天命观"里，民意与人民的同意有相近之处。针对这种二元结构，有两种解决问题的方式：一是强化民意而弱化甚至虚化天命，从而把两者的地位颠倒过来。其中，民意应处于一种基础性的地位。这就需要民由消极被动的臣民转化为积极主动的公民，从而成为正当性评价的唯一主体。在这一过程中，吸取古典自由主义的落实"人民的同意"的制度设计与理念，尤其是契约观念，从而赋予民意以现代精神。二是彻底清除天命观念，只保留纯粹经验意义的民众的同意。剔去天命这个理性主义的尾巴是比较彻底的方式，不过这样的话，或许就不再是儒家意义上的正当性了。

第二节 革命能否被证明为正当? ——以孟子、洛克、霍布斯和康德为中心的考察

目前，"革命"一词在世界范围内似乎代表着政治正确，从而具有天然的正当性。但是，从历史的角度来看，却有着颇为复杂的图景。一部分哲学家反对革命，比如韩非、庄子、霍布斯和康德等人；另一部分哲学家则支持革命，比如孟子、洛克、卢梭和马克思等人。从政治哲学的角度来看，哲学家们的分歧实际上可以概括为一个问题：革命是否能够被证明是正当的? 因此，本文就围绕这个中心问题，考察对革命辩护和反驳的理据（reasons or grounds），进而提出自己的观点。为了论证的便利，本文的论域主要集中在先秦儒学和古典自由主义，并在优良政府与革命的张力中展开分析和思考。

一 "革命"辨析

在进入本文的主题之前，有必要首先展开概念分析，考察"革命"和"revolution"词源学意义上的起源，其含义的大略发展过程，其邻近词汇的区别，以及本文所理解的该词的内涵与外延。或许，可以为进一

步的研究奠定相对牢固的基础。

1. "革命"一词的起源

革命一词是合成词，它由"革"与"命"这两个汉字组成的。根据许慎的解释，"革"的含义是"兽皮治去其毛……三十年为一世而道更"。① 换言之，"革"指的是隔段时间必定会发生的某种周期性的更替。"命"的含义是"使也，从口从出"。② 命令是"命"的基本义，可以引申为地上的秩序和天上的天命。"革命"一词首次出现于儒家经典《周易》。《周易·革卦·象传》写道："天地革而四时成，汤、武革命，顺乎天而应乎人，革之时大矣哉"。通过引入汤、武的历史案例，可以发现，"革命"的字面和基本含义便是变革天命、改朝易姓。而一般认为，天命（the Mandate of Heaven）是中国古代政治统治的正当性（legitimacy）基础。③ 通过把革命和四季循环作类比的论证中，可以发现革命除了具有周期性之外，还含有永不终结的意思，这就和现代不断革命的（permanent revolution）的理论有交叉之处。当然不断革命论对历史是持线性进步看法的，而中国的传统革命观则是循环的。关于"革命"一词在传统文化中的意义结构，可参阅金观涛和刘青峰的论文④。

2. 英文"revolution"一词的起源与含义

"Revolution"一词源自拉丁文"revolvere"。其最早的用法，意味着周而复始（cyclical change）。根据汉娜·阿伦特（Hannah Arendt）的研究，"Revolution"本来是一个天文学词汇，通过哥白尼（Copernicus）的著作而日益成为自然科学领域内的重要词汇。在这种科学的用法里，保留着其精确的拉丁文含义，即表征着星体的那种固定而有序的、有规律的、不受人类影响的不可抗拒的回归运动（revolving motion）。该运动是重复发生的自然的循环运动，因而既没有新奇性也没有暴力的特性。在

---

① （汉）许慎撰，（宋）徐铉校订：《说文解字》，中华书局1963年版，第60页。

② 同上书，第32页。

③ Francis Fukuyama, *The Origins of Political Order: From Prehuman Times to the French Revolution*, Volume 1, Farrar, Straus and Giroux, New York, 2012, pp. 298 – 302.

④ 金观涛、刘青峰：《革命观念在中国的起源和演变》，《观念史研究：中国现代重要政治术语的形成》，法律出版社2009年版，第366—369页。

17 世纪，"Revolution" 首次作为政治词汇出现时，其隐喻的内容与该词的本义（永恒的、不可抗拒的、重复发生的运动）非常接近。当时，一位英国伯爵爱德华·海德把 1660 年的斯图亚特（Stuart）王朝复辟（restoration）称之为 "Revolution"。同样地，在 1688 年的 "The Glorious Revolution"，指的是王权重新回到它先前的合宜和光荣的人那里。就此而言，1640 年爆发的由克伦威尔（Cromwell）领导的英国革命不是 "Revolution"。① 阿伦特认为革命的本质含义和自由观念是密切相关的，而且还意味着和一个新开端的实践携手同行。② 此外，新奇性（novelty）、新开端（beginning）、暴力（violence）、不可抗拒性（irresistibility），也和革命概念密切联系。不可抗拒性这层含义首次出现于 1789 年 7 月 14 日的法国大革命爆发之夜，不可抗拒（irresistible）的运动，在 19 世纪很快就概念化为历史必然性的观念（the idea of historical necessity）。③ 可以这么认为，我们对 "revolution" 的新理解（不走回头路的、决裂的、进步的和不可避免的运动）是在法国大革命时才得以确立的。自法国大革命以来，通常人们把所有暴力的剧变（every violent upheaval）都解释成革命或反革命。④

3. "革命" 与其他概念的区别

日本是最早用中文 "革命" 一词来翻译 "revolution" 的。中文 "革命" 一词早在公元八世纪就已经传到日本，但是日本具有和中国完全不同的政治结构，那就是天皇万世一系。无论政治权力如何交替变更，都不存在皇室易姓。故而近代之前日本儒者大多对革命持一种批判态度，甚至痛斥汤武为杀主大罪人。⑤ 随着西方思想的冲击，日本思想界剔除了中文 "革命" 一词中易姓和王朝更替的意义，而在社会秩序根本性变化以及进步这两个层面上应用该词语。于是，他们就把明治维新称为 "革命"。1890 年以前，"revolution" 一词被来华传教士译成中文

---

① Hannah Arendt, *On Revolution*, introduced by Jonathan Schell, Published by the Penguin Group, 2006, pp. 32 – 33.

② Ibid., p. 19.

③ Ibid., pp. 37 – 39.

④ Ibid., p. 41.

⑤ 王家骅：《儒家思想与日本文化》，浙江人民出版社 1990 年版，第 202 页。

"造反"。① 在 1900 年前后，革命的现代含义通过日本为中介进入了中国。确实，中文里"革命"的本义和"revolution"的原意非常接近，用"革命"译"revolution"可以说是比较合适的。经过中西日三方的观念交流与融合，到 1920 年，现代中国的革命观念已经吸收了西方"revolution"一词的诸多意义，比如整体的彻底激烈变革、进步等。

那么，这种现代的革命观念和其左邻右舍的区别在哪里呢？第一，"政变（coup）"。不管是传统的"宫廷政变"还是现代的"军事政变"，其目的不是为了改变社会政治结构，而是一小撮人攫取最高权力，从而实现一个统治集团代替另一个统治集团。"革命这一术语在 15 世纪末的意大利开始为人所用，专指用暴力突然推翻统治者一事，即现在已普遍称之为政变的事件。"② 这说明，革命一词在其发展过程中曾经具有政变的含义，而后又和这一含义分道扬镳了。第二，"rebellion"和"revolt"可译为"叛乱"、"暴动"、"暴乱"或"造反"等，代表着使用武力反抗政府的行为。和这些术语相比，革命具有带来政治制度本身的根本变化的含义，而不是仅仅对统治者取而代之或者是改变政策。③ 第三，"resistance"对应的中文是"起义"和"抵抗"等，其含义是民众对政府的抗拒行为。第四，"civil disobedience"可译为"公民不服从"或"非暴力反抗"。罗尔斯认为，公民不服从的问题仅仅出现在或多或少是正义的民主国家里，是针对那些承认并接受该宪法的合法性的公民而言的。④ 在上述假设下，他给出了定义。"I shall begin by defining civil disobedience as a public, nonviolent, conscientious yet political act contrary to law usually done with the aim of bringing about a change in the law or policies of the government."⑤ 第五，和改革（reformation）的区别。改革是自上而下和

① 陈建华：《"革命"的现代性：中国革命话语考论》，上海古籍出版社 2000 年版，第 109 页。

② ［英］戴维·米勒、韦农·波格丹诺主编：《布莱克维尔政治学百科全书》（修订版），邓正来（中译本主编），中国政法大学出版社 2002 年版。"革命和反革命（Revolution and counter-revolution）"词条，第 705 页。

③ Andrew Heywood, *Key Concepts in Politics*, Published by Palgrave, New York, 2010, p. 182.

④ John Rawls, *A Theory Of Justice*, Harvard University Press, 1999, p. 363.

⑤ Ibid. , p. 364.

平地改善社会的行为。

4. 本文关于革命的定义

自从"革命"成为流行词以来，就具有了众多的定义。"像民主一样，对革命一词也可以无止境地引申。"① 可以从哲学、社会学、政治学、心理学和文化等各个层面给革命下定义。比如阿伦特关于革命的看法就主要是哲学的。考虑到本文所处理的主题是关于民众是否具有革命的道德权利或暴力不服从政府的行为的正当性问题，以及为了论证的便利，我是倾向于从政治层面来界定革命一词的。也就是说，本文对革命的定义是中等强度的。这就要求"革命"的含义必须适中，不能过宽（比如文学革命、宗教革命和科技革命等），也不能过窄（比如突然而剧烈进步的暴力革命等）。过宽则导致过泛，则可能无法下定义或定义对本文的研究对象完全不适用；过窄则会导致概括不够，从而忽略掉一些重要的特征。那么，先考察几个具有代表性的从政治角度出发的革命定义。卡尔弗特（Calvert）把革命定义为："政府在某一特定时刻被武力或可信的威胁使用武力而改变。"② 他认为，所有的革命模型都具有如下特征：突发性、暴力性、变革性以及政治演替。③ 吉登斯（Giddens）的定义是："群众运动的领袖通过武力方式取得国家权力，并随之以其用来发动大规模社会变革。"④海伍德（Heywood）从政治角度对革命的定义是："revolution are popular uprisings involving extralegal mass actions；they are often，although not necessarily，violent in character."⑤ 乔瓦尼·萨托利（Giovanni Sartori）认为，"'革命'的特点在于它是群众支持下的暴力夺权，它导致从根本上重建政体。这当然是对革命行动的一个严格的政治学定义……使革命事先就区别于其他群众暴力现象的明确特征是信仰基础：革命之为革命，是因为它由信仰所动员，它肯定一套（同它所要推翻的

① ［美］乔·萨托利：《民主新论》，冯克利、阎克文译，世纪出版集团、上海人民出版社2009年版，第87页。

② ［英］彼得·卡尔佛特：《革命与反革命》，张长东等译，吉林人民出版社2005年版，第87页。

③ 同上书，第19页。

④ 同上书，第5页。

⑤ Andrew Heywood，*Key Concepts in Politics*，p. 182.

政体）相反的信仰。"① 再比如，被认为是权威的布莱克威尔政治学百科全书的看法是，"尽管就一般的用法而言，它们常常被用来特指政治革命，即通过使用暴力或令人信服的威胁使用暴力来推翻政府（或政治制度）。"② 在上述一些定义的基础上，本文暂时把革命定义为：革命是一种以暴力（violence）或威胁使用暴力的方式自下而上的推翻（overthrow）或试图推翻最高统治权（政府）的政治抵抗（resistance）行为。在这里，革命是最高级别的抵抗行为。

需要强调的是，在文中所涉及的各位哲学家关于革命的含义，是内在于他们的脉络之中。同时，由于革命一词的英文、法文和德文等相应的对应词的流行或许是在一些经典作家的论著之后，因而可能出现其他的词汇来表征本文所提到的革命的含义。此点随后就会看到。

二　拒斥革命的三种基本理路

在国家产生之后，"我为什么要服从"的问题就应运而生了。这个问题的实质就是政治义务的根据问题。那么，服从是绝对的吗？如果部分不服从（partial disobedience）③ 就意味着反抗（resistance），那么不服从是正当的吗？内在于本文来说，其实就是革命能否被证明为正当（justify）？对于是否可以抗拒国家来说，强调绝对服从（a duty of passive obedience）的是正题，而强调部分不服从的革命则是反题。有理由相信，拒斥革命的理路形形色色，但是基本的就三种。根据孔德的观点，神学是排在形而上学和实证科学之前的人类文明的第一阶段。因而我们首先应考察神学的相关证明。

（一）神学模式

拒斥革命的神学证明不是由古典自由主义者给出的。但是，为了逻辑的需要，本文也试图对这种类型予以简要分析。其实，日本的拒斥革命论，也是一种神学模式。日本神道教认为，天皇是宇宙的创世之神天

---

① 乔·萨托利：《民主新论》，第87页。

② 戴维·米勒、韦农·波格丹诺主编：《布莱克维尔政治学百科全书》（修订版），第705页。

③ "绝对不服从"是一个矛盾的术语，政治中是不存在的。

照大神的后裔，因而具有神性。有史以来，都是天皇一族在统治日本，号称万世一系。日本儒学强调忠君爱国，他们痛斥汤、武为弑君的大罪人。这和中国儒家的主流是相矛盾的，因而是一个很有趣的现象。

其实，早在基督教传播初期的圣保罗时代，就认为公民服从（civil obedience）是上帝告诫基督徒必须具备的美德。在中世纪晚期，政治哲学上最具争议的乃是这样一个问题，"臣民是否有权反抗他们的统治者，或者他们是否有一种消极服从的义务（a duty of passive obedience）因而反抗在任何情形中都是错误的。后一种观点成了现代的君权神授理论。"① 宗教改革者路德和加尔文都认为臣民对统治者负有消极服从的义务。比如，路德就明确反对骚乱和暴力引起的政治压力。"服从并侍奉所有作为我们上司的人，乃是最好的德行。因此，与谋杀、不贞、偷窃、不诚实和所有这些可能包含的一切恶行相比较，不服从是更大的恶。"② 从神学的角度来讲，世俗的权力只不过是外在的拯救手段，行政长官的等级是颇令人尊敬的。他是上帝的代理人，反抗他也就是反抗上帝。不光如此，坏的统治者乃是上帝对人民所犯罪恶的一种惩罚。因此，坏的统治者应当像好的统治者一样得到其臣民的无条件服从。这是因为服从并不是指向某个个体，而是指向这个职位，该职位享有不可侵犯的最高权威。对失职的行政官的惩罚属于上帝而不属于他的臣民。③ 罗伯特·菲尔麦把国王的权力追溯到了上帝，因而君王对于臣民的权威来自于上帝。他还认为王位是可以世袭的。在政治权力与父亲的"自然"权威之间进行类比论证，或在对国王的尊敬与孩子们对父母的尊重之间予以类比，进一步证明君王的权威是绝对的、不可更改的。菲尔麦的论证受到了洛克的严厉抨击。④ 这说明，试图理性地证明君权神授是很困难的。国王具有上帝赋予的权力，这从本质上讲是非常神奇的，因而不得不根据信仰而不是

---

① ［美］乔治·萨拜因著，托马斯·索尔森修订：《政治学说史》（下），邓正来译，世纪出版集团、上海人民出版社 2010 年版，第 31 页。

② "On Good Works,"（trans. by W. A. Lambert）；Werke, Vol. Ⅵ, p. 250. 转引自《政治学说史》（下），第 35 页注释［2］。

③ ［美］乔治·萨拜因著，托马斯·索尔森修订：《政治学说史》（下），第 40 页。

④ 参阅［英］洛克《政府论》（上），瞿菊农、叶启芳译，商务印书馆 1982 年版。

理性来予以接受。不难想象，当征引圣经文本不再成为政治论证的规范方法以后，这一理论也就难以继续存在下去了。

神学模式的两种论证是交织在一起的，一是神权，二是父权。菲尔麦的相关论证就体现了这一点，就本文而言，关于父权的论证是依附于神权的论证的，故而归根结底还是一种论证。需要强调的是，在神学占主导的时代还没有革命这一词汇，也没有革命现象。即便如此，我们也可以合乎逻辑地得出结论，即，少部分从神学视角出发的人，是支持绝对服从（消极服从）的，从而也就直接地否定了革命的正当性。

（二）经验主义模式

霍布斯①明确否定了弑君行为，他反对人民具有革命权。"任何人只要把君王事先称为暴君，他弑君的行为就被当成合法的和值得称道的行为。他们不说弑君（即杀害君王）是合法的，而说杀暴君（即除暴）是合法的。"② 在他看来，革命是不正当的，无法证明革命为正当。他的论证的基本结构是一个二选一的假言三段论：人们要么面临绝对主义国家的统治，要么抵抗国家从而导致国家解体并重新进入战争状态。他再三申明，在绝对统治和社会混乱之间没有任何抉择的余地。③ 根据他对自然状态的描述，那是一个一切人反对一切人的战争状态，人们随时可能会死于非命。因而，自然状态是不可欲的。也就是说，人们必须选择绝对主义国家的统治。我们需要进一步考察人性，以便理解上述证明。霍布斯认为存在两条对立的人性公理，它们构成了其政治哲学的基础和出发点。这两条公理是个体的虚荣自负和对暴力造成死亡的恐惧。前者是自然欲望的根源，而后者则是唤醒人理性的那个激情。④ 虚荣自负出自人的自然天性，是人性中的一种反社会的倾向，这种自私是人类冲突的根源，

---

① 本文并不认为霍布斯是一位自由主义者，虽然列奥·斯特劳斯就是这个观点。斯特劳斯的观点可以参阅 Lucien Jaume, Hobbes and the philosophical sources of liberalism, edited by Patricia Springborg, *The Cambridge Companion Hobbes's Leviathan*, Cambridge University Press, 2007, pp. 199–216。

② ［英］霍布斯：《利维坦》，黎思复、黎庭弼译，杨昌裕校，商务印书馆1985年版，第255页。

③ ［英］索利：《英国哲学史》，段德智译，山东人民出版社2007年版，第60页。

④ ［美］列奥·斯特劳斯：《霍布斯的政治哲学》，申彤译，译林出版社2001年版，第21页。

其结果是一群人反对一切人的战争的这种无政府状态。根据理性，人将会竭尽全力来保卫他的身体及其器官，使之免受死亡和不幸事件的伤害。由于人类在体力和智力方面都十分相等，因而个体几乎面临同等暴死的概率。对暴力造成死亡的恐惧则是道德的唯一原则，该激情倾向构成了人的合作倾向，是人们和谐共处的内在依据，也是一切道德和法律的根源。人们都有相互摧毁的能力和意愿，也有对暴死的共同恐惧，在这种情况下，继续保持原子化的个体生存就是非理性的了。根据理性自然法的指引，人们通过契约的形式形成国家，其目的在于确保社会秩序的稳定以约束和控制人的自然欲望，保护人民的安全。

　　问题在于，霍布斯是如何证明一个绝对主义的国家是人们契约的唯一选择对象呢？对该问题的考察，同时也就给出了霍布斯拒斥革命的相关证明。订立契约的主体是自由平等的人，他们一致同意"把大家所有的权力和力量托付给某一个人或一个能通过多数的意见把大家的意志化为一个意志的多人组成的集体，"并由后者来代表他们的人格。[①] 无论国家采取何种政权组织形式，其目的是走出自然状态时的约定。"主权者不论是君主还是一个会议，其职责都取决于人们赋予主权时所要达到的目的，那便是为人民求得安全……但这儿所谓的安全还不单纯是指保全性命，而且也包括每个人通过合法的劳动、在不危害国家的条件下可以获得的生活上的一切其他的满足。"[②] 霍布斯的契约论表示，人们把全部权力都委托给了国家，而国家的代表则是主权者。需要指出的是，主权者不是订立契约的一方当事人。霍布斯深受法国思想家让·博丹（Jean Bodin）主权学说（theory of sovereignty）的影响。霍布斯认为，权力绝对（至高无上）、不可分割[③]、不可转让和不可剥夺。主权者是立法者、执政者和法官，只享有权利而不承担义务。甚至，"主权者本身（也就是国家）所订立的法律，他自己却不会服从。"因为服从法律就意味着，"将法律置于主权者之上，便同时也将一个法官和惩办他的权力当局置于他之上，这样便会造成一个新的主权者；

　　① 霍布斯：《利维坦》，第 131 页。
　　② 同上书，第 260 页。
　　③ "主权可以分割的说法明显而直接地违反国家的本质。它会使国家解体，理由是被分割的主权会相互摧毁。"同上书，第 254 页。

由于同样理由，又可将第三个人置于第二者之上来惩罚第二者，像这样一直继续下去，永无止境，使国家陷于混乱和解体。"① 看来，权力相互制约的考虑是在霍布斯的视野范围之外的。而这正是洛克要解决的问题。主权绝对就意味着民众的服从义务是绝对的，即绝对服从。"臣民在一切不违反神律的事情上应当绝对服从主权者。"②

霍布斯也从反面来证明如果人们可以不服从，会带来什么问题。"人们今生的状况是不可能没有弊端的，然而任何国家之中最大的弊端却没有不是由于臣民不服从和破坏建立国家的信约而来的。"③ 臣民的不服从会导致内战，而"任何政府形式可能对全体人民普遍发生的最大不利跟伴随内战而来的惨状和可怕的灾难相比起来或者跟那种无人统治，没有服从法律与强制力量以约束其人民的掠夺与复仇之手的紊乱状态比起来，简直就是小巫见大巫了。"④ 对于霍布斯来说，自然状态是人们进入社会状态之后依旧高悬在头顶的达摩克利斯剑，从而构成了国家的一个永恒背景。

霍布斯公开宣称，其《利维坦》一书的目标就是：发现"使国家的结构除开受外在暴力的作用以外永远存在的理性原理"。⑤ 既然排除了外界暴力的作用，霍布斯所设想的国家就是一个理想状态下的封闭系统。如果要使得国家结构永远存在，就必须同时排除内部对该结构的破坏，这就逻辑地否定了革命和叛乱等因素。"禁止叛乱（对主权者的基本权利的一切反抗都是叛乱）的世俗法，作为世俗法而言，要不是根据禁止背信弃义的自然法，是不具有任何拘束力的。"⑥ 从道德和法律权利的角度而言，主权者不可能不正义，因而人们的不服从就是毫无根据的。"主权代表人不论在什么口实之下对臣民所做的事情没有一件可以确切地被称为不义或侵害的；因为每一个臣民都是主权者每一个行为的授权人，所以除开自己是上帝的臣民，因而必须服从自然律以外，对其他任何事情都绝不缺乏权利。"⑦

① 霍布斯：《利维坦》，第 253 页。
② 同上书，第 277 页。
③ 同上书，第 161 页。
④ 同上书，第 141 页。
⑤ 同上书，第 262 页。
⑥ 同上书，第 261 页。
⑦ 同上书，第 165 页。

那么，民众消极地服从还存在其他理由吗？在我看来，具体统治的时间性就是一个消极的理由。霍布斯始终如一地强调了君主政体相对于其他政体的优越性。可以设想，即使暴君统治残暴，但其自然生命也是有限的。新国王也许就会拨乱反正。这个理由对于其他政体来说也是适用的。况且，霍布斯认为君主统治糟糕，也是不符合其自身利益的，因为君王的荣誉取决于人民的富强。在这种情况下，人们没有必要冒险去尝试重新回到悲惨的自然状态。

对于霍布斯的论证来说，如果存在谬误的话，那么也只存在于前提，而不在于推理。如果人的本性确像他所描述的那样是自私的，那么政治秩序就只能起源于对其控制。而情况也就会如他描述的那样，只能在绝对不安全和绝对权力之间二选一。如果他对人的观点是错误的话，那么他的思想的整个结构就瓦解了。①

（三）先验哲学模式

康德的先验哲学是哲学发展的里程碑，其重要性不言而喻。此外，康德反对革命的论证也是非常引人注目的。亚瑟·里普斯坦（Arthur Ripstein）认为，康德有三种拒斥革命的论证，即反对革命是法律权利的论证（argument against a legal right to revolution）、无关历史论证（argument from the irrelevance of history）、单方选择论证（argument from unilateral choice）。②本文在相关研究的基础之上，也提出了三种论证。

1. 三种论证③

第一项论证：革命不是一项法律权利。康德认为，构成一切国家形态的基础是这么一种观念：一部符合人类的自然权利的宪法，也就是因为服从法律而结合在一起的人们同时就应该是立法者。④人们通过社会契约确立宪法，同时也就建立了国家。需要指出的是，康德提出的是独特

---

① ［英］索利：《英国哲学史》，第69—70页。

② Arthur Ripstein, *Force and freedom*: *Kant's Legal and Political Philosophy*, Harvard University Press, 2009, pp. 325 – 352.

③ Immanuel Kant, *The Metaphysical Elements of Justice*, Translated, with a Introduction, by John Ladd, Published by Macmillan Publishing Company, 1986, New York.

④ 康德，《重提这个问题：人类是在不断地朝着改善前进吗？》，《历史理性批判文集》，何兆武译，商务印书馆1990年版，第159页。

的社会契约理论，原始契约（original contract）是理性的假设，是理性的一种观念（an idea of reason），① 因而不是洛克所认为的历史事实。国家的特点就是垄断了暴力，在这种情况下，以法律形式规定的革命权利就是自相矛盾的，因为革命是臣民对统治者使用暴力。康德问道："对于一个挣脱所谓暴君（不是在头衔上，而是实际行动如此）的暴力压迫的民族，反叛是不是一种合权利的手段？"他的回答简单而直接：不是的。这是因为，根据公共权利的公共性原则这一先验原则，"一个民族在建立公民契约之前就应该自问，是否它自己敢于公开承认企图在适当时机造反举事这条准则。我们很容易看出，如果要把在某种未来的场合使用暴力反对领袖之上的合权利的权力，于是领袖也就不成为其领袖了。或者，假如使双方都成为建立国家的条件，那么也就根本没有可能有任何的国家了，然而国家却是人民的目标。因此反叛的不义就由于如下这一点可以了然，即这条准则本身正由于人们公开加以拥护而使得它自己的目标成为不可能。因此人们就有必要隐瞒它。"② 没有宪法会规定这种自我驳斥的规定。"在政治性的宪法中，甚至没有一条条文会规定，当万一发生最高权力侵犯了依照宪法制定的法律时，在该国之内有一个权力可以反抗，或者，甚至限制它。"③ "所谓有限制的政治性宪法，作为该国国内权利的一部宪法，是一种虚构，与其说是它符合权利原则，毋宁说它只是一种权宜的原则……这类宪法的目的，更多的是给他自己造成一种幻觉，认为人民享有反抗权。"④

第二项论证：康德论证道，革命也不是一项道德权利。这至少有四个层面。首先，义务的纯粹性。义务来自于纯粹理性，和一切感性的东西都没有关系。"义务的本身并不是什么别的，只不过是把意志限制在一

---

① 认为"康德修改了人民主权学说，因为这种学说具有明显的革命意义。"［美］列奥·斯特劳斯、约瑟夫·克罗波西主编：《政治哲学史》（下），李天然等译，河北人民出版社1993年版，第697页。

② 康德，《论通常的说法：这在理论上可能是正确的，但在实践上是行不通的》，《历史理性批判文集》，何兆武译，商务印书馆1990年版，第140页。

③ 康德：《法的形而上学的原理——权利的科学》，沈叔平译，林荣远校，商务印书馆1991年版，第147页。

④ 同上书，第148页。

种普遍的、由于既定的准则而成其为可能的立法体系的条件之下而已，无论其对象或目的可能是什么（因而也可能是幸福）；然而这些以及我们所可能具有的任何目的，却都必须从中完全抽除掉。"① 服从国家权力是公民的义务，和统治者的所作所为没有关系。"服从当前立法权力所制定的法律是一种义务，不论它的来源是什么。"② 其次，第三方（裁判者）问题。假如人民具有革命的权利，那么，也就意味着他们可以自行判断何时收回服从，展开抵抗和革命，这是单方选择，③ 而契约是双向的，这直接违反契约所体现的公共意志或联合意志（the general will）。如果一方要革命，另一方否认革命，统治者和被统治者之间就会产生争执。根据无人可以作自己案件法官的规则，必须要诉诸第三方。而如果对第三方的判断产生争执，又需要第四方，依此类推就会导致无穷后退。因而，无法解决第三方问题。在康德那里，主权绝对与公意是双胞胎。由于康德的主权绝对学说，④ 人民和统治者的争执的确会导致无穷后退。这是一种线性的思维。而强调权力的分权制衡的相对主权观，则是一种循环思想，更容易解决第三方问题，从而会鼓吹革命，比如洛克。第三，假如革命具有道德权利，一旦付诸实施，国家则立刻解体，重新回到自然状态。在康德那里，自然状态里人们享有野性的自由，每个人都是自己的法官，于是就会陷入霍布斯式的一切人反对一切人的战争。这比起统治者的不正义来说，更是大恶。第四，普遍性原则。在康德看来，法或权利具有普遍性，凡是不能够普遍化的准则都不是法则。"在外在行为方面这样行动，你的意愿的自由应用能够依照一条普遍的法则与任何其他人的自由协作并存。"⑤ 而革命权利似乎是无法通过普遍性的考验，故而无法成为权利。基于这四点理由，革命不可能是一项道德权利。"在任何

---

① 康德，《历史理性批判文集》，第 170 页。

② 康德，《法的形而上学的原理——权利的科学》，第 147 页。

③ 具体论述参阅 Arthur Ripstein, *Force and freedom: Kant's Legal and Political Philosophy*, Harvard University Press, 2009, pp. 336 – 343.

④ 认为"康德修改了人民主权学说，因为这种学说具有明显的革命意义。"[美] 列奥·斯特劳斯、约瑟夫·克罗波西主编：《政治哲学史》（下），李天然等译，河北人民出版社 1993 年版，第 697 页。

⑤ 康德：《实践理性批判》，韩水法译，商务印书馆 2001 年版，第 231 页。

情况下，人民如果抗拒国家最高立法权力，都是不合法的。因为唯有服从普遍的立法意志，才能保持一个法律的和有秩序的状态。因此，对人民来说，不存在暴动的权利，更无叛乱权。最不该的是，当最高权力具体化为一个君主时，借口他滥用权力而把他本人抓起来或夺去他的生命，这还有什么合法性可言呢？哪怕是最轻微的尝试也是重大的叛逆罪。这样一个有意推翻国家的叛徒应该受到惩罚，作为政治上的叛国罪，甚至可以处以死刑。人民有义务去忍受最高权力的任意滥用，即使觉得这种滥用是不能忍受的。理由是，对最高立法权的任何反抗，只能说明这与法理相悖，甚至必须把它看作是企图毁灭整个法治的社会组织。所以，为了给这种反抗予以合法的资格，就需要规定一项公法去允许这种行为。然而这样一来，最高立法会由于这一项法律而不再是最高的，但作为臣民的人民，将会成为统治者去统治他们本来要服从的那个人（机构），这是自相矛盾的。如果问："在人民和统治者为对立方的这个争辩中，谁该去当法官？"这个矛盾会变得更为明显。因为人民和最高统治者在宪法上或法律上被认为是两个不同的法人；如果允许人民反抗，对此问题的答复等于是：人民必须成为在他们自己的案件中的法官。①

　　第三项论证：目的论论证。永久和平的理念将会直接排除掉革命作为权利的选择项。康德对历史持一种目的论的理解，这就是历史的目的论。在他看来，"一个被创造物的全部自然禀赋都注定了终究是要充分地并且合目的地发展出来的。"② 历史发展的目标就指向永久和平（perpetual peace）理念这个范导型理念。③ 该目标的实现需要战争的消失，不管是内战还是国际战争。革命将会导致永久和平成为镜花水月。有一种观点认为，康德从历史哲学视角出发认为，革命是"人类道德禀赋发展的一种必要手段，是大自然本身所使用的一种手段。"④ 经查阅该结论的康

①　康德：《法的形而上学的原理——权利的科学》，第148页。
②　康德：《世界公民观点之下的普遍历史观念》，《历史理性批判文集》，第3页。
③　康德：《永久和平论》，《历史理性批判文集》，第97—144页。
④　［苏联］P. H. 勃留姆、E. A. 戈利科夫：《康德与革命问题》，《哲学译丛》1985年第2期。

德著作的引文，其英文译文是，"But these new bodies，either in themselves or alongside one another，will in turn be unable to survive，and will thus necessarily undergo further revolutions of a similar sort…" 其中的"revolutions"是大的变化的意思，可能没有暴力革命的含义。看来，需要区别康德的"革命"一词在德文中的多重含义。需要指出的是，康德哲学中的至善理念应该是两个层次：个体层面和社会层面。个人的至善是德福一致，而社会的至善则是永久和平。在《永久和平论》里，康德是把普遍和平作为"实际上可以达到的"目的来谈论的。而在《道德形而上学》里，康德却更加现实地看待事物。永久和平则成为了一个理念，是一种可以不断接近的状态。

2. 革命之后：如何收场？

革命虽然是不正义的，但是一旦革命成功后，人民就需要服从新的权力和统治。"如果通过一场由坏的体制的所造成的革命的激荡（by a violent revolution），以不合权利的方式竟形成了一种更合法的体制（a more lawful constitution were attained by unlawful means），那么这时候再要把这个民族重新带回到旧的体制里去，就必须被认为是不能容许的事了。"[①]这是因为，"当革命成功并在此基础上制定了一部新宪法，只是这部宪法开始时的非法性以及制定它的非法性，并不能免除臣民设法使自己（作为良好的公民）去适应事物的新程序的责任；他们也没有资格拒绝忠诚地服从在此国家中已经取得权力的新统治者。"[②] 看来，康德虽然反对革命的权利，但是却不否定革命的事实。或许，对于什么样的抵抗行为可以称为革命事实，康德认为只有造成的新体制比旧体制更合法（more lawful）的才算是革命。从这个意义上讲，康德还是区别了革命（revolution）和抵抗（resistance）的。[③]

---

① 康德：《历史理性批判文集》，第132页。引文内的一些重要的英文来自 Kant, Kant Political Writings, Edited by H. S. Reiss, Published, 1970。于中国政法大学出版社2003年影印本，第118页。

② 康德：《法的形而上学的原理——权利的科学》，第152页。

③ 有学者就认为康德没有区分革命（revolution）和抵抗（resistance）。［美］杰弗里·墨菲：《康德：权利哲学》，吴彦译，中国法制出版社2010年版，第145页。

3. 救济手段

既然民众没有抵抗权，那么如何面对不理想的统治？也就是说，臣民有什么救济手段？相对于霍布斯的二选一，忽略改进相比，康德的考虑要周到一些，有问题，就要解决问题。在康德看来，美好理念的指引会使得符合于公共权利理想的改革成为一种义务。

（1）初步救济手段：主观性

对于不理想的统治，康德诉诸言论自由以改进，诉诸申述与请求统治者以图改进。"'服从当前立法权力所制定的法律是一种义务，不论它的来源是什么。'结果是，一个国家中的最高权力，对臣民只有权利而无义务。此外，如果作为最高权力机关的统治者或摄政者有违法措施，例如征税、征兵等，如果违背了平等法则去分配政治负担，臣民对这种不公正的做法可以提出申诉和反对意见，但不能积极反抗（actively resist)。"① "但是，对于康德来说，言论自由不是至高无上的权利。就像我们不能自由地去毁灭自由一样，我们也不应该宽容那些毁灭宽容的言论。换言之，公开批评的权利不能扩展到违反保护权利的宪法。根据康德的观点，允许破坏宪法的法律无法得到前后一贯的普遍化。它们否认了自己的前提。"②

（2）高级救济手段：客观性，自上而下的改革——丹麦道路

改革的根据在于人类是逐步成熟的。启蒙是一个永远的任务，每一代人都需要启蒙，这更需要不断的改革。因而康德反对革命、提倡自上而下的改良。"因而公众只能是很缓慢地获得启蒙。通过一场革命或许可以实现推翻个人专制以及贪婪心和权势欲的压迫，但却决不能实现思想方式的真正改革；而新的偏见也正和旧的一样，将会成为驾驭缺少实现的光大人群的圈套……在一切事情上都可以公开运用自己理性的自由。"③

---

① 康德：《法的形而上学的原理——权利的科学》，第 147 页。

② Garrett Thomson, *On Kant*, Revised Edition, Wadsworth, 2003, p. 74. 英文原文是，"However, for Kant, free speech is not an overriding right. Just as we cannot be free to destroy freedom, we should not tolerate speech that destroys tolerance. In other words, the right to public criticism does not extend to violating the constitution, which protects that right. According to Kant, laws that permit breaking the constitution cannot be universalized consistently. They deny their own presupposition."

③ 康德：《回答这个问题：什么是启蒙运动?》，《历史理性批判文集》，第 24 页。

积极反抗就是使用暴力对抗国家权力，而革命则是最大的积极抵抗（positive resistance），这会导致国家的解体。"有时候，更改有缺陷的国家宪法是很有必要的。但是，一切这样的变更只应该由统治权力以改良的方式进行，而不能由人民用革命的方式去完成。如果进行更改时，它们只影响于执行权力，而不是立法权力。"①"还有，事实上只有这个观念（"最好的政体，就是在这个政体内，不是人而是法律去行使权力。"谢晓东补充）才能够得到贯彻，这个观念不是在一次革命中和通过暴力用突然的方式，去推翻现存的有缺陷的政体而被强化，因为这样一来，整个社会的法律状态便会在一段时间内暂时消失。但是，如果这个观念通过逐步改革，并根据确定的原则加以贯彻，那么，通过一个不断接近的进程，可以引向最高的政治上的善境，并通向永久和平。②"不少人认为统治者没有这样的善心去行动，即以符合正义原则的共和主义精神予以统治，觉得这显然是靠不住的。③其实不然，丹麦道路（getting to Denmark）就是一个证明康德的改革道路可行的典型。④

相对于康德，其现代信徒罗尔斯似乎是赞成革命的正当性的。他认为，人有义务维护正义的制度以及在风险不太大时创建正义的制度。这就暗示着革命。

康德反对革命的论证⑤，是很具有代表性的。康德之后的哲学家，如果要证成革命，必须要通过正视康德进而超越康德。

---

① 康德：《法的形而上学的原理——权利的科学》，第 152 页。

② 同上书，第 192 页。

③ 李梅：《权利与正义——康德政治哲学研究》，社会科学文献出版社 2002 年版，第 281 页。

④ 具体论述参阅 Francis Fukuyama, *The Origins of Political Order*: *From Prehuman Times to the French Revolution*, Volume 1, Farrar, Straus and Giroux, New York, 2012, pp. 14 – 45, 431 – 434.

⑤ 根据阿伦特的观点，"康德对革命行动的谴责，是基于一个误解之上的，因为他把革命当成了政变来考虑的。"［美］汉娜·阿伦特著，罗纳德·贝纳尔编：《康德政治哲学讲稿》，曹明、苏婉儿译，上海人民出版社 2013 年版，第 91 页。

三 革命何以证成

在考察完拒斥革命的三种基本理路之后，我们来分析一下支持革命的论证，或者说给出革命是正当的的证明。

（一）神学模式

依神学的形式，不但可以为拒斥革命辩护，也可以证成革命。在神学中，发展出了国王的权力源自上帝与权力源自人民这么两种观点。虽然许多人并不认为它们之间存在矛盾，但是确实存在矛盾。强调人民权利则意味着一种反抗（resistance）的权利；而君权神授（国王权利神授）则朝相反的方向发展并意味着臣民对统治者具有消极服从的义务。

在中世纪，人们发展出来一种双重契约理论。比如，在《为反对暴君的自由而辩护》（A Defence of Liberty against Tyrants，1579 年发表）中，便采纳了双重契约的理论结构形式。第一重契约是以上帝为一方，国王与人民为另一方；在第二重契约中，订约双方分别是人民与国王。这是一种具体的政治契约。根据该约定，人民构成了国家，国王则据此义务进行良善的和正义的统治，而且只要他这么做，人民就有服从的义务。第二种契约可以证明反抗世俗统治中的暴政是正当的。虽然说国王是上帝设立的，但是在这个问题上上帝却是通过人民而采取行动的。这是因为，统治者的权力来自人民的委托，而且只有得到人民的同意，统治者才能继续拥有这一权力。[1] 如果国王违反了自然法以及各种古已有之的自由权项，人民就可以收回同意。反抗的权利有两种行使方式：其一，交给低级行政长官或人们的"天然领袖"。这种理论中精神上是贵族的而不是民主的，用以缓和那种认为人民固有天赋权利的一般理论。其二，反抗的权利也交给平民百姓。比如，乔治·布坎南在《论苏格兰人的法律统治》（579 年发表）中，直言不讳地宣称诛杀暴君是正当的，更重要的是，他用人民通过多数来行事这一含糊观念取代了人民依

---

① ［美］乔治·萨拜因著，托马斯·索尔森修订：《政治学说史》（下），第 52 页。

靠下级官员之自然领导的观点。① 这种观点，距离洛克的理论已经比较接近了。

（二）经验主义模式：同意（consent）

推导出洛克正当性观念的是社会契约论，而自然法与自然状态则是这种理论的两项基本内容。洛克非常清楚，正当性是针对政治权力而言的，因此，他首先就界定了什么是政治权力。"政治权力就是为了规定和保护财产而制定法律的权利，判处死刑和一切较轻处分的权利，以及使用共同体的力量来执行这些法律和保卫国家不受外来侵害的权利；而这一切都只是为了公众福利。"② 为了理解政治权力的正当性，洛克引入了自然状态学说。自然状态是"一种完备无缺的自由状态"，也是"一种平等的状态。"③ 因而，自然状态是一种人人自由和平等的状态，或者说人人享有平等的自由。这种学说的背后就是个体独立的政治个人主义观念。自然状态为自然法所支配。洛克的自然状态是，"有德行的无政府主义者们组成的空想社会，这帮人是绝不需要警察和法院的。"④ 但是，自然状态存在着一些基本的缺陷，有时就会导致人与人之间战争状态的存在。为了弥补这些缺陷，理性教导人们通过契约建立政治社会，从而进入公民社会的状态。"公民政府是针对自然状态的种种不方便情况而设置的正当救济办法。"⑤

"整个 17 世纪的争论所围绕的理论问题，就是'统治权'问题，或如洛克更清楚地表述的那样：'谁应当拥有它（政治权力）?'"⑥ 其实，这个问题就是政治权力的正当性问题，而《政府论》即对此问题给出了迄今为止最为激进的一种回答：每一个个体都确实拥有并且应该拥有政治权力。在洛克看来，制度化的政府形式的权力来源于政治社会的每一个成员所拥有的自然权利。"任何人放弃其自然自由并受制于公民社会的

---

① ［美］乔治·萨拜因著，托马斯·索尔森修订：《政治学说史》（下），第 58 页。

② 洛克：《政府论》（下），瞿菊农、叶启芳译，商务印书馆 1964 年版，第 4 页。

③ 洛克：《政府论》（下），第 5 页。

④ 罗素：《西方哲学史》（下），马元德译，商务印书馆 1976 年版，157 页。

⑤ 洛克：《政府论》（下），第 10 页。

⑥ 詹姆斯·塔利：《语境中的洛克》，梅雪芹、石楠等译，华东师范大学出版社 2005 年版，第 5 页。

种种限制的唯一方法，是同其他人协议联合组成为一个共同体，以谋他们彼此间舒适、安全以及和平的生活，以便安稳地享受他们的财产并且有更大的保障来防止共同体以外任何人的侵犯。"① "因此，当每个人和其他人同意建立一个由一个政府统辖的国家的时候，他使自己对这个社会的每一个成员负有服从大多数的决定和取决于大多数的义务；否则他和其他人为结合成一个社会而订立的那个原始契约便毫无意义。"② 洛克并不像后来的康德、罗尔斯那样认为社会契约是一种理论假设，而是认为从历史与经验的角度来看，人民的同意都是政治统治和平起源的条件。

就洛克而言，他把个体的同意进一步区分为明示同意与默示同意两种类型。在洛克看来，生命、自由与财产是人们建立政治社会的目的，一旦现存的政治权力威胁到这些目标，就意味着政府与人民处于战争状态，人们就会收回对政府的服从义务，而致力于清除这种现实的威胁。如果一种政治权力丧失了正当性，那么人们就会诉诸革命权。可以说，洛克开创了叛乱学说中的哥白尼革命：叛乱者不是别人而是暴君。因此，革命是正当地，只有实际的革命实践才足以使人民免遭压迫。就此而言，"反抗压迫是正义的，这是《政府论》的主题。"③ 在洛克看来，人民自己必须支配他们的统治者。当（如果）他们的统治者违背契约时他们必须对其进行判决，必要时，可以通过一场革命确立新统治者，或建立一个新的政府形式来实行判决。

洛克论证革命的要点是人民主权（popular sovereignty）说。人民和统治者都是订约方，这一点明显区别于霍布斯。政治义务的依据是被统治者的普遍同意，政治权力的依据是人民的委托与授权。但是，作为被统治者的人民虽然享有主权，但也不是绝对的，被统治者和统治者都从属于宪法和法律，这也和霍布斯的主权绝对学说明显不同。可见，洛克是一个法治宪政论者，也可以称为是一个反对权力的绝对主义的哲学家。

---

① 洛克：《政府论》（下），第 59 页。
② 同上书，第 60 页。
③ 詹姆斯·塔利：《语境中的洛克》，第 38 页。

自由是洛克的首要关注对象，他试图在自由和社会秩序之间维持一个良好的平衡。洛克的方法是采纳分权等宪政措施，一方面确保公民的自由，另一方面制约权力。但这还不够，人民必须保留自行判断是否服从的权利，也就是革命的权利，也便威慑统治者的压迫。这和霍布斯是相反的，和康德也明显不同。霍布斯和康德都是主权绝对学说的支持者，他们认为人民不可以担任自己案件的法官。为了确保人民的反抗权，洛克要求废除常备军，因为常备军可以被统治者用来镇压人民革命，则会削弱限制压迫的基础。洛克区别了社会与政府，政府既可因立法权的易手而解体，也可因它背离了人民对它的委托而被撤换。为免放纵人民，洛克对革命的条件也做了一些限制。"第二，我的回答是，这种革命不是在稍有失政的情况下就会发生。对于统治者的失政、一些错误的和不适当的法律和人类弱点所造成的一切过失，人民都会加以容忍，不致反抗或口出怨言的。但是，如果一连串的滥用权力、渎职行为和阴谋诡计都殊途同归，使其企图为人民所了然——人民不能不感到他们是出于怎样的境地，不能不看到他们的前途如何——则他们奋身而起，力图把统治权交给能为他们保障最初建立政府的目的的人们，那是毫不足怪的。"①

洛克也驳斥了叛乱和革命会威胁和平的说法，从而从反面证明了革命的正当性。他论证到，根据这些人同意的理由，"老实人不可以反抗强盗或海盗，因为这会引起冲突或流血。在这些场合倘若发生任何伤害，不应归咎于防卫自己权利的人，而应归罪于侵犯邻人之权利的人。假定无辜的老实人必须为了和平而乖乖地把他的一切都放弃给施暴于他的人，那我倒希望人们设想一下，如果世界上的和平只能由强暴和掠夺所构成，

---

① John Locke, *Second Treatise of Government*, Edited, with an Introduction, by C. B. Macpherson, Hackett Publishing Company, Inc. Indianapolis. Cambridge, 1980, p. 113. 原文是，"Secondly, I answer, such revolutions happen not upon every little mismanagement in public affairs. Great mistakes in the ruling part, many wrong and inconvenient laws, and all the slips of human frailty, will be born by the people without mutiny or murmur. But if a long train of abuses, prevarications and artifices, all tending the same way, make the design visible to the people, and they cannot but feel what they lie under, and see wither they are going; it is not to be wondered, that they should then rouse themselves, and endeavor to put the rule into such hands which may secure to them the ends for which was at first erected." 本段中文引文使用的是叶企芳、瞿菊农的译本。

而且只是为了强盗和压迫者的利益而维持和平，那么世界上将存在的是一种什么样的和平呢？当羔羊不加抵抗地让凶狠的狼来咬断它的咽喉，谁又会认为这是强弱之间值得赞许的和平呢？"[1]

在洛克那里，他没有仔细区分"rebellion"和"revolution"，但大致上前者适用于人民和君王（统治者），而后者适用于民众的自下而上的抵抗（resistance）。这也说明，本文把革命定义为抵抗的一种类型是有相当根据的。可以说，洛克对革命的证成是雄辩的。这种建立在经验主义的常识基础之上、以个体主义的同意理论为中心，并借助契约的形式表达同意的理论证明，具有很强的说服力。如果要反驳洛克的论证，可以通过证伪契约的方式否认同意观念，休谟一定程度上就作了这项工作。

（三）理性主义模式

一般认为，儒家是支持革命的，其革命叙事的经典依据是《周易》中汤、武革命。但是，如果不是孟子大力表彰汤武革命，那么革命话语就可能湮没在思想的长河中。可以说，孟子是中国古代思想家中鼓吹革命最为有力的人，其影响甚大。通过孟子的努力，认为革命是正当的这种信念成为了儒家和中国思想中的主流，而反对革命的声音则转入地下成为一条暗流。那么，孟子是如何证成革命的，其论证结构是什么呢？先看一段经典对话：

> 齐宣王问曰："汤放桀，武王伐纣，有诸？"
> 孟子对曰："于传有之。"
> 曰："臣弑其君，可乎？"

---

[1] John Locke, *Second Treatise of Government*, Edited, with an Introduction, by C. B. Macpherson, Hackett Publishing Company, Inc. Indianapolis. Cambridge, 1980, p. 115. 英文原文是，"that honest men may not oppose robbers or pirates, because this may occasion disorder or bloodshed. If any mischief come in such cases, it is not to be charged upon him who defends his own right, but on him that invades his neighbors. If the innocent honest men may quietly quit all he has, for peace sake, to him who will lay violent hands upon it, I desire it may be considered, what a kind of peace there will be in the world, which consists only in violence and rapine; and which is to be maintained only for the benefit of robbers and oppressors. Who would not think it an admirable peace betwix the mighty and the mean, when the lamb, without resistance, yielded his throat to be torn by the imperious wolf?"

曰："贼仁者谓之'贼';贼义者谓之'残'。残贼之人谓之
'一夫'。闻诛一夫纣矣，未闻弑君也。"

（《孟子·梁惠王下》）

齐宣王首先从事实层面向孟子请教两个著名历史故事的真实性，即
商汤流放夏桀、周武王讨伐商纣王，有记录表明孟子的回答是确有其事
的。接下来，齐宣王问了一个他极为关心的问题，那就是臣下是否可以
杀死自己的君王。"可乎"的疑问表明，齐宣王怀疑这种行为的正当性。
因为君臣的名分就意味着臣下对君上具有政治服从的义务，而弑君则是
以下犯上严重的犯罪行为。对此，孟子的回答比较有趣。他没有顺着齐
宣王的思路走，而是首先对"贼"和"残"下定义。当然，从逻辑的角
度而言孟子下的定义是不严密的。戕害仁爱、道义原则的人就是"贼"
和"残"，而"贼残之人"就是独夫。因此，武王只是逼死了独夫商纣，
而没有以臣弑君。这种思路颇为接近霍布斯所提到的"弑君"与"杀暴
君"之间的区别。在孟子看来，以仁义原则为核心的道德法则是行为正
当性的基础。君王不能为所欲为，他只能作自己职责范围之内的事情，
不得滥用自己的权力。因为中国古代君王的权力没有明确地受到法律的
限制，所以也就不存在越权的事情。在这种情况下，更多的就是滥用权
力。滥用权力致使民愤极大的时候，该君王的行为就和君王的职位发生
严重冲突了。用洛克的话来说就是君王叛乱（rebel）了。而对于这样的
君王，确实可以推翻其统治。不过，由于交谈对象是一位君王，故而孟
子比较委婉地肯定了革命（抵抗）权，而不是像西方中世纪的乔治·布
坎南等人那样，直言不讳地宣称诛杀暴君是正当的。确实，暴君也是君
王，所以孟子的说法多了一层曲折。

既然革命是正当的，那么行使这一权利的人有什么资格限制吗？至
少在孟子看来，是有严格限制的。对于革命的主体问题，孟子也是有考
虑的。比如，汤武本人都是诸侯，是夏商的臣民，他们取而代之。孟子
还提到了一种重要的抵抗君王的行为：易位。对于异姓之卿，"君有过则
谏，反复之而不听，则去"。但是，对于贵戚之卿，"君有大过则谏，反
复之而不听，则异位"。（《孟子·万章下》）孟子把位高权重的卿大夫分

类为：与君王同族的贵戚之卿以及异族的异姓之卿。对于后者，他有劝谏的义务，对于君王的过错，多次劝说都不听，就辞职；对于前者，同样有劝谏的义务，尤其是在君王有大的过错的情况下，要加以劝阻，要是反复劝阻了还不理睬，就把他废弃而另立君王。[①] 可以认为，"易位"和孟子"民为贵、社稷次之、君为轻"中的社稷比个体君王重要的思想是一脉相承的。可以想象，另立的君王和前任也是同族。用现代术语来讲，其实，"易位"也就是宫廷政变。孟子的这段话，和汤武革命的说法不同。毕竟，汤武不是夏商的王族，当然，也不是位于朝中的卿大夫。到目前为止，臣下就具有了两种反抗（resist）君王的手段：革命和易位。在孟子看来，它们都是正当的。这至少可以说明，臣下的服从义务是有限的，而君王的统治权利也不是绝对的。

但是，仅仅通过君主严重违背了仁义原则就宣称可以反抗他的统治，这个理由过于人本主义化，还不是孟子证明革命为正当的最为根本性的理据。根据福山和石元康等中外学者的公论，天命论才是中国传统政治合法性的根本论证。其实，也可以说，天命也是革命是否正当的最为重要的根据。看下面两段材料：

> 万章曰："尧以天下与舜，有诸？"孟子曰："否。天子不能以天下与人。""然则舜有天下也，孰与之？"曰："天与之。""天与之者，谆谆然命之乎？"曰："否。天不言，以行与事示之而已矣。"曰："以行与事示之者，如之何？"曰："天子能荐人于天，不能使天与之天下。诸侯能荐人于天子，不能使天子与之诸侯。大夫能荐人于诸侯，不能使诸侯与之大夫。昔者尧荐舜于天而天受之，暴之于民而民受之。故曰：天不言，以行与事示之而已矣。"曰："敢问荐之于天而天受之，暴之于民而民受之，如何？"曰："使之主祭而百神享之，是天受之。使之主事而事治，百姓安之，是民受之也。天与之，人与之？故曰：天子不能以天下与人。舜相尧，二十有八载，

---

① 关于这两句引文的现代译文，参考杨伯峻《孟子译注》，中华书局1960年版，第251—252页。

非人之所能为也，天也。尧崩，三年之丧毕，舜避尧之子于南河之南，天下诸侯朝觐者，不之尧之子而之舜，讼狱者，不之尧之子而之舜，讴歌者，不讴歌尧之子而讴歌舜。故曰天也。夫然后之中国，践天子位焉。而居尧之宫，逼尧之子，是篡也，非天与也。太誓曰：天视自我民视，天听自我民听。此之谓也。"

　　万章问曰："人有言至于禹而德衰，不传于贤而传于子。有诸？"孟子曰："否，不然也。天与贤，则与贤；天与子，则与子。昔者舜荐禹于天，十有七年。舜崩，三年之丧毕，禹避舜之子于阳城，天下之民从之，若尧崩之后，不从尧之子而从舜也。禹荐益与天，七年。禹崩，三年之丧毕，益避禹之子于箕山之阴。朝觐讼狱者，不之益而之启。曰吾君之子也。讴歌者，不讴歌益而讴歌启，曰吾君之子也。丹朱之不肖，舜之子亦不肖。舜之相尧，禹之相舜也，历年多，施泽于民久。启贤，能敬承继禹之道。益之相禹也，历年少，施泽于民未久。舜禹益相去久远，其子之贤不肖，皆天也，非人之所能为也。莫之为而为者，天也；莫之致而至者，命也。匹夫而有天下者，德必若舜禹，而又有天子荐之者。故仲尼不有天下。继世以有天下，天之所废，必若桀纣者也，故益伊尹周公不有天下。伊尹相汤以王于天下，汤崩，太丁未立。外丙二年，仲壬四年，太甲颠覆汤之典刑，伊尹放之于桐。三年，太甲悔过，自怨自艾，于桐处仁迁义，三年，以听伊尹之训。已也，复归于亳。周公之不有天下，犹益之于夏，伊尹之于殷也。孔子曰：'唐虞禅，夏后殷周继，其义一也。'"

　　可以发现，在孟子思想中，天是终极性的源头。而天命是统治者的正当性的基础，天命使得统治正当化，同样，正当性的丧失也是由于天命的终止或抛弃。[①] 孟子的这种思想不是一种明显的创新，而是周代的共识。我们可以看一下类似的其他话语。"文王在上，于昭于天。周虽旧邦，其命维新。"（《诗·大雅·文王》）"天乃大命文王殪戎殷。"（《书·

①　石元康：《天命与正当性：从韦伯的分类看儒家的政道》，《开放时代》1999 年第 6 期。

康诰》）"天命玄鸟，降而生商，宅殷土芒芒。古帝命武汤，正域彼四方。"（《诗·商颂·维天之命》）正因为天命扮演着终极裁判者的角色，因而天命的得失对于君王来说生死攸关。而天命的得失就是通过革命来连接的。也就是说，革命话语其实相当程度上是天命的一个子话语系统，同时也是天命实现自己意志的工具。不过，孟子和儒家视野里的天命是消极的。天命并非捉摸不定，而是具有一定的客观表现，和人民具有某种同构性，这可以从"天视自我民视，天听自我民听"，"民之所欲，天必从之"（《尚书·泰誓》）等一系列陈述中看出来。正因为如此，所以有人使用了"民意论的天命观"这个概念来指针这种现象。"殷商以前不可捉摸的皇天上帝的意志，被由人间社会投射去的人民意志所型塑，上天的意志不再是喜怒无常的，而被认为有了明确的伦理内涵，成了民意的终极支持者和最高代表。由于民众的意愿具有体现上天意志的强大道德基础和终极神学基础，所以在理论上民意比起皇天授命的君主更具优先性，因为皇天授命君主的目的是代天意来保护人民。"① 这就是天命论视野之下的民本主义。

既然天、民很大程度上是同构的，那么可以说，人民的反抗其实就是天意的体现，是正当的。就此而言，是可以证明革命是正当的。著名人类学家许烺光曾经说过，中国古代历史上从来没有革命，只有造反。这必定是从革命严格的现代意义出发而下的判断。比如，阿伦特也说过，中世纪与后中世纪的理论了解合法的（legitimate）抵抗/叛乱，了解反抗（revolt）既有的权威，了解公然蔑视和不服从。但是，那种叛乱的目标不是一种挑战权威和既有的秩序本身……根本没有一个词来描述一种如此激进的以至于臣民变成统治者本身的变化。② 确实，如果从这个定义出发，中国古代是没有革命的。但是，本文所采纳的不是一种过窄的意义，而是相对适中的，故而可以涵盖马克斯·韦伯曾经提出过一个"传统主义的革命（traditionalist revolution）"的概念。该概念指的

---

① 陈来：《古代宗教与伦理——儒家思想的根源》，生活·读书·新知三联书店1996年版，第184页。

② Hannah Arendt, *On Revolution*, introduced by Jonathan Schell, p. 30.

是臣仆揭竿而起反抗统治者（和他的行政管理班子），该反抗的发生乃是基于蔑视权力的传统限制的统治者（或仆从）个人，而不是反对这种制度本身。①

此外，孟子还为证成革命提供了一个功利主义的证明。周代以来一直有一种"天之生民非为君也。天之立君，以为民也"（《荀子·大略》）的思想，可以说，君王存在的价值和意义就是保证民众的公共福利。一旦某个君王失去这个功能，也就失去了存在的价值。在这种情况下，臣民可以反抗。以反抗为表现形式的革命，是不服从理论的一部分。在一般情况下，服从是臣民的政治义务。这种义务在王道政治这种理想的政治形式中得到完美的体现。王道政治是圣王主导下的统治。② 对此，康德比孟子清醒，他认为，"君王从事哲学思考，或者哲学家成为君王，这是不可遇，亦不可求的：因为权力之占有必然会腐蚀理性之自由判断。但是，君王或君王般的（根据平等法则来自治的）民族不让哲学家的阶层消失或沉默，而是让他们公开发言，这对于两者之了解其工作是不可或缺的。"③ 但是，即便是这种理想的王道政治也是无法解决稳定性问题的，也就是和平与安全的可持续性存在。原因在于最高权力的继承方式（家天下）无法保持王道。④ 于是，就赋予了革命权以民众。孟子相信，历史的发展不会终结在王道政治，而是会发生王道政治的衰败现象。解决衰败的方法就是革命。这种过程就是"五百年必有王者兴"的社会政治的治乱循环。

看来，孟子关于革命的正当化的证明，也是具有神学形态色彩的。但是，洛克也有诉诸上天的说法，霍布斯也强调君王要服从自然法和上帝的神法。更重要的是，孟子的仁义礼智等道德法则是来自主体自身，所谓"仁义理智根于心"就说明了这点。这种强调"autonomy"的道德

---

① ［德］马克斯·韦伯：《经济与社会》（上卷），林荣远译，商务印书馆 1997 年版，第252—253 页。

② 笔者曾经对王道政治下过两种定义，具体分析可以参阅拙文《理想政治的四种类型——兼论孟子政治哲学的理论归宿》，《武汉大学学报》（人文科学版）2012 年第 6 期。

③ 康德：《康德历史哲学论文集》，李明辉译，联经出版事业公司 2002 年版，第 205 页。

④ 或许，现代的克隆技术可以帮助儒家解决这个问题。克隆圣王，可以证明为正当吗？

自律，和抵抗（resistance）的道德权利之间，是否有着更为密切的联系？① 纯粹使用道德原则来衡量是否可以革命，这应该才是孟子论证革命为正当的主要层面。故而，孟子的相关论证，可以说是道德的理性主义模式或路径（mode or approach）。

四 超越革命：从长治久安到永久和平

如果孟子和康德都支持"autonomy"，② 为何一个赞成革命，一个反对革命？这是本文颇为关心的一个问题。在先验哲学看来，服从国家就是服从公民自己，因而正是自律的体现。如果参考具体的统治行为的好坏来判断是否服从，这种把意志的动机放在感性的行为就是他律的体现，因而否定了人的自由。而孟子的理性主义哲学则认为，自律就是自主，服从国家是有条件的，一旦国家权力严重地威胁到人民，大家就可以革命。看来，孟子对国家是持功利主义态度的。当然，最好的方式还是避免革命，而是圣王之间的禅让。

革命以及其他不服从行为都是政治义务的例外，如果说服从是"经"的话，那么革命则是"权"。革命不是目的，而是重建服从、恢复理性服从的方法。就此而言，革命是没有办法的办法，且只具有工具价值。革命只具有功利价值，不具有内在价值（Revolution is not an end but a mean.）。在更好的工具面前，革命不得不居于"第二义"的地位。比如，能够通过和平改革的，就不必须诉诸革命。同时，革命作为一种可能的手段，也会迫使统治者减轻压迫并走向改革。就此而言，洛克的观点是很有价值的。梁启超认为，中国政治思想中"最大的缺点"是，对于"违反民意"因而遭到民众反对的最高统治者，除了革命之外，平时竟然

---

① 笔者曾经证明自律与民主是内在一致的，而和王道则颇为矛盾，具体分析可以参阅拙文《走出王道——对儒家理想政治的批判性考察》，《哲学动态》2014 年第 8 期。

② 前辈学者牟宗三、李明辉和郭齐勇等人，都集中论述了此点。具体可以参阅牟宗三《圆善论》，台湾学生书局 1985 年版；李明辉：《儒家与康德》、《孟子重探》等；郭齐勇：《牟宗三先生以"自律道德"的理论诠释儒学之蠡测》，《哲学研究》2005 年第 12 期。也可以参阅谢晓东《理想政治的四种类型——兼论孟子政治哲学的理论归宿》，《武汉大学学报》（人文科学版）2012 年第 6 期。

没有管用的制衡方法。① 对此问题，牟宗三认为，只有西方所发明的民主政治才解决了政权的和平交接问题（政道），从而解开了儒家政治哲学的死结。②

或许，从经验主义哲学出发的个体主义，可以为证成革命奠定最为牢固的基础。这种哲学认为个人是目的，政府与国家是工具与手段。个体的同意是政府统治合法性的基础，一旦政府严重破坏了其成立的基础，公民就可以使用包括革命在内的一切方式重建政府。笔者以为，从康德的先验哲学出发，可以为拒斥革命确立较为牢固的理据。如果着眼于人类的全体和可思的未来，那么革命得以存在的条件或许会消失。也就是说，理论无法解决的问题，实践或许会解决。就此而言，康德所说的永久和平理念以及世界公民观念，是人类的目标。在革命是否可以被证明为正当这个问题上，③ 或许可以抛弃先验哲学，同时保留契约论。但是，这个契约论是以洛克为代表的强调横向的社会契约论（the horizontal version of the social contract）而不是以霍布斯为代表的强调纵向的社会契约论（the vertical version of the social contract）。④ 需要指出的是，康德与罗尔斯认为社会契约是一种理性的假设的观点是需要保留的，从而增强契约论的理论说服力。最后，赋予社会精英（孟子所谓的贵族的现代版）以掌控革命的权利。一般而言，孟子和儒家具有强烈的精英主义色彩，他们认为知识与道德的差异具有政治的意义。这种倾向就表现为不大相信民众（the mass）的判断能力，同时也担心群众的盲目性所产生的巨大破坏力。最后，在一个业已"去魅"了的现代世界中，需要剔除儒家的天命论说法，而直接凸显民

---

① 具体论述参阅氏著《先秦政治思想史》，天津古籍出版社 2003 年版，第 40—41 页。

② 具体论述参阅氏著《政道与治道》，广西师范大学出版社 2006 年版。

③ 或许，应该区别革命的正当性（the legitimacy of revolution）和证明革命为正当（justify revolution）。

④ 关于这两种社会契约论的区分，前者指的是每个人都与严格意义上的世俗权威达成协议以保障他的安全，为了获取其保护，他放弃所有的权利和权力。后者指的是限制，每一个个体成员的权力，而原封不动地保留了社会的权力，社会在独立个体之间的原始契约的基础之上建立了政府。具体论述请参阅汉娜·阿伦特《公民不服从》，收入氏著《共和的危机》一书，郑辟瑞译，上海人民出版社 2013 年版，第 64—65 页。

意的纯粹性与直接性。总而言之，笔者所能够认同的革命观念，是一种建立在个体主义的契约论的理性基础之上，同时凸显精英的使命与民意的直接性的孟子式的观念。

结 束 语

走向社会儒学

行文至此，我们不禁会问一个问题：在一个日渐自由主义化的时代，展望儒学，其将走向何方？对这个问题的解答，其实也是对全书主题的一个展现与提升。而这又和"社会儒学"这个概念是密不可分的。

第一节 "社会儒学"何以可能

儒学在现代社会到底还能扮演一个什么样的角色？儒学究竟应当在什么领域发挥自己的作用？目前，人们对儒学的这些当代定位问题具有不同的看法。自熊十力以来的新儒家主要关注的是儒学的"心性"层面，所以人们多称之为"心性儒学"。针对"心性儒学"，蒋庆提出了"政治儒学"的理论，明确宣布儒学应当在"心性儒学"之外另辟"政治儒学"的路向。[①] 干春松也针对"心性儒学"阐发了"制度儒学"的观点。"制度儒学"是一个总括性的概念，它主要关注"儒家思想和中国制度之间的关系以及这种关系在近现代的变化。"[②] 可以说，这些概念都颇具启发性，但同时也对问题的进一步探讨留下了空间。本文试图对诸如此类的儒学当代定位问题提供一种新思路，希望可以对人们的思维有一些启发作用，从而推进对该问题的研究。需要指出的是，本文的论证主要针对"政治儒学"的研究理路。基于此，本文试图提供的这种新思路是围

---

① 蒋庆：《政治儒学——当代儒学的转向、特质与发展》，三联书店 2003 年版。
② 干春松：《制度儒学》，世纪出版集团、上海人民出版社 2006 年版，第 9 页。

绕"社会儒学"这个核心概念而展开的。

一 为什么要提出"社会儒学"概念？

为什么要提出"社会儒学"而不是"政治儒学"或"文化儒学"的概念呢？这就涉及本文的问题意识了。不难发现，"社会"一词对于理解"社会儒学"概念的特质具有关键意义，在我看来，至少有三方面的理由。

第一，共同体与社会的区分。德国社会学家滕尼斯提出了一对著名概念：共同体与社会。共同体与社会是人类群体生活的两种基本形式，而它们又是由人的意志的不同类型所决定的。在他看来，共同体是人的本质意志的产物，它主要是建立在自然基础之上的群体（家庭与宗族）里实现，也可以在小的、历史形成的联合体（村庄与城市）和精神联合体（友谊与师徒关系等）里实现。共同体有三种形式，即血缘共同体、地域共同体与精神（宗教）共同体。① 社会是人的选择意志的产物，它是人的一种目的的联合体，具有机械的聚合和人工制品的性质。社会的基础是个人、个人的思想与意志。从人类发展史来看，社会的类型晚于共同体的类型。② 共同体侧重于结合，而社会则侧重于分离。"在共同体里，尽管有种种的分离，仍然保持着结合；在社会里，尽管有种种的结合，仍然保持着分离。"③ 近代以来的市民社会就是社会的一种典型形态。需要指出的是，此处的共同体与社会概念都是属于韦伯意义上的理想类型。在共同体时代，也具有社会的因素，但是社会的因素处于从属地位；而在社会时代，也具有共同体的因素，但是其不占主导地位。共同体依据身份而结合，而社会则因为契约而组成。所以，人类从共同体时代发展到社会时代，这个过程其实就是梅因所说的"从身份到契约"④ 的运动。根据滕尼斯的理论可以发现，儒学是共同体时代的产物。世界与中国都

① ［德］斐迪南·滕尼斯：《共同体与社会》，林荣远译，商务印书馆 1999 年版，第 58—94 页。

② 斐迪南·滕尼斯：《共同体与社会》，第 95—144 页。

③ 斐迪南·滕尼斯：《共同体与社会》，第 95 页。

④ ［英］梅因：《古代法》，沈景一译，商务印书馆 1959 年版，第 97 页。

从共同体发展到了社会的阶段，儒学也必须要对自身进行调适，从而适应这么一个大的转变。就像基督教在近代进行了大规模的宗教改革，从而适应了人类从共同体向社会的转型一样，儒学也应从共同体儒学转型为社会儒学。

第二，儒学缺乏"社会"一环。一般认为，"内圣外王"是儒学的基本结构和精神，而最能反映儒学精神的典籍则是《大学》。《大学》是四书之首，它提出的"正心"、"诚意"、"格物"、"致知"、"修身"、"齐家"、"治国"与"平天下"① 的八条目具有极为重要的影响。美国汉学家狄百瑞发现，儒学在"齐家"与"治国"之间有一个断裂，这个断裂就是儒学的致命缺陷。② 也就是说，儒学缺乏了非常重要的一环，即处于家庭与国家之间的社会概念。在周代的宗法封建制度下，"家国同构"的现状或许可以保证"齐家"与"治国"之间的内在一致性。不管自古以来人们对于此处的"家"的解释如何不同，但是家国之间的张力是很难消解的。梁启超早在清末就指出儒学重视私德而忽视公德，③ 也有人认为儒家伦理难以妥善处理陌生人问题。其实，这些都是儒学的理论视野有所不足的体现。当然，如果说儒学对家国之间的社会完全置之不理也是不公平的。比如，儒家对乡规民约就很重视。不过，这种从实践层面的重视在相当程度上也没有提升到理论层面。对于现代人来说，个体是社会的最小细胞，而公司、学校、教会、医院与社团等建制都是社会的表现形态。人主要是生活在市民社会之中的，而和政治国家打交道则不多。在这种情况下，儒学的缺失就显得非常遗憾了。因此，儒学必须对自己的理论进行调整，补充上社会这一环。故而，儒学的表现形态应该是"社会儒学"。

第三，非政治化倾向。儒学是一套全面安排人间秩序的思想体系，也就是说，儒学是一种具有综合性、全盘性的思想系统。但是，近代以来，儒学遭到了一系列的挫折，从而开始了逐步收缩的过程。诚如论者

---

① 《礼记·大学》。
② ［美］狄百瑞：《儒家的困境》，黄水婴译，北京大学出版社2009年版，第99页。
③ 梁启超：《梁启超选集》，上海人民出版社1984年版，第213—216页。

所言，近代以来的儒学从政治退到社会，又从社会退到人的心性。[①] 可见，这种收缩表明儒学正在逐渐放弃对于人生的整体性安排。21 世纪以来，蒋庆不满新儒家对民主与自由的完全接纳，他在儒学中寻找到公羊学的理论资源，试图重构儒学的外王学。他的着眼点是政治，提出了"三重合法性"等观点，强调要在政治层面儒化中国。[②] 针对蒋庆的思路，笔者提出了社会儒学的概念。社会儒学是非政治化的，原因在于重新政治化的思路是不可能的。其实，余英时也曾指出，儒学不可能再重新建制化，而应在人伦日用中发挥作用。[③] 从学理的角度来看，政治国家与市民社会的二元分离，导致社会的空间和力量空前壮大，而政治的空间则变小，即小政治（国家/政府）与大社会。[④] 当然了，政治国家与市民社会之间也存在着相互作用。可以这么说，国家与社会的二元分立这种现代现象很大程度上就意味着社会相对于政治的独立性与社会的自治，这种独立性可以在一定程度上视为社会的非政治化。现代政治的基本结构是由立宪民主制度所奠定的，对此，儒学在制度[⑤]层面的资源是颇为有限的。而我们知道，儒学的一大困境就是制度的承诺无法兑现理论的承诺，这就导致"圣君贤相"的王道政治理想始终是镜花水月。因此，"社会儒学"的立足点就选择了社会而不是政治。

二 "社会儒学"的概念分析

接下来，我们对"社会儒学"这个概念进行简单的分析，主要是阐释其内涵与外延。首先考察概念的内涵。在我们看来，社会儒学至少具

---

① 陈少明：《儒学的现代转折》，辽宁大学出版社 1992 年版。

② 蒋庆：《政治儒学——当代儒学的转向、特质与发展》，第 202—210 页。

③ 余英时：《现代儒学论》，上海人民出版社 1998 年版，第 225—239 页。

④ ［法］贡斯当：《古代人的自由与现代人的自由》，阎克文、刘满贵译，冯克利校，上海世纪出版集团 2003 年版。

⑤ 这里的"制度"一词是指一个社会的主要制度，故而我采纳的是比较狭窄的含义，它相当于罗尔斯意义上的"社会的基本结构"或者"政治结构和主要的经济和社会安排"。罗尔斯的观点可以参阅氏著《正义论》，中国社会科学出版社 1988 年版，第 7 页。因此，这就和干春松把许多"百姓日用而不知"的习俗与惯例也看作是"制度"的宽泛理解明显不同。干春松的观点可以参阅氏著《制度儒学》，世纪出版集团、上海人民出版社 2006 年版，第 9 页。可以说，本文对"制度"的比较狭义的理解与对"政治"的比较狭义的理解是内在一致的。

有三层含义。

第一，社会儒学具有从儒学视角对社会生活的反思与总体把握的含义，因而是一个哲学概念。于是，我们就可以区分"社会儒学"与"儒学社会"这两个概念。儒学社会是指在一个社会中，"国家的政治生活（其组织、运行）及个体的社会生活皆以儒学为范导，社会的总体生活皆以儒学的理念为依归。"这个概念描述的是汉武帝以来的中国传统社会，它是一个社会学概念。① 第二，社会儒学具有从社会角度发掘儒学的价值，揭示儒学的缺陷，反思儒学的未来发展的含义。从这一种含义来看，社会儒学可以界定为：社会儒学是一种建立在对人类群体生活的基本转型的认识、对传统儒学的基本价值和缺陷的认识、对儒学在现代的基本限制的认识基础之上的一种反思性儒学。第三，社会儒学是一种后共同体时代的、以市民社会为基本立足点、以非政治化为基本特征、以人伦日用为基本关注点的儒学形态；简单地说，社会儒学是以社会为存在和发展途径的现代儒学形态。从时间上来看，社会儒学不是表现于一切时代的儒学，而是存在于后共同体时代的现代社会的儒学。从存在的领域来看，社会儒学是以市民社会为活动空间，从而通过社会的形式发挥作用、实现价值的儒学。它充分认识到自己的局限，从而放弃了在政治国家层面的存在，故而具有明显的非政治化特征。它所关注的是人们的人伦日用，具有明显的生活气息。不难发现，社会儒学的上述四个基本属性把它与传统儒学、政治儒学等都区别开来了。新儒家的"心性儒学"很大程度上是关于儒家形上学的思考，因而属于哲学层面。社会儒学并不排斥新儒家的哲学思考，而是可以涵盖"心性儒学"。此外，社会儒学的宗教向度也可以把"儒教"这一个概念整合进去。

总的来说，"社会儒学"虽然具有上文所提到的至少三种含义，但是本文更加强调的是"以社会为存在和发展途径的现代儒学形态"意义上的"社会儒学"。下文所要考察的"社会儒学何以可能"的问题主要就是针对这种意义的"社会儒学"而言的。

然后考察概念外延。自宋元以来，儒学就成为一种东亚现象。比如，

---

① 陈劲松：《儒学社会：中国传统社会的社会学分析框架》，《浙江学刊》2000 年第 1 期。

韩国、日本、越南、新加坡、中国大陆和台湾、香港都是属于儒学文化圈。因此，社会儒学就不仅可以存在于中国大陆、台湾与香港，也可以存在于上述国家。此外，海外的华人社群也是社会儒学生存与发展的土壤。从这一点来看，社会儒学与杜维明的"文化中国"① 概念有相近之处。社会儒学可以涵盖个人的自我修养、家庭、公司、学校、社团组织、乡村和宗教组织（儒教）等。就自我修养而言，人们多发挥了儒学的"慎独"等方法来提高自己的道德水平。就家庭而言，儒学的尊老爱幼等观念还在发挥着非常重要的作用。就公司而言，人们很多时候运用儒学的资源来提升经济绩效。比如，日本的经营之神松下幸之助就非常重视《论语》。就乡村而言，20 世纪 30 年代，梁漱溟先生在山东邹平从事的乡村建设运动就是社会儒学的表现形式。就学校教育而言，在中小学开展读经运动，建立儒家性质的书院，这些都是社会儒学的存在形态。新世纪以来，中国在海外建立了大量的孔子学院，从事中国语言和文化的传播。可以说，孔子学院也是社会儒学的表现形式。当前，建立民间学会，创办与出版儒家性质的理论出版物，构建儒学交流的网络平台等也都是社会儒学的表现形式。

三 "社会儒学"何以可能?

这是一个康德式的问题。在我们看来，"社会儒学"如果存在的话，那么必须具备下列三个条件。需要指出的是，下文的论证主要是针对中国大陆的，因为这里既是儒学的故乡，也是社会儒学可能存在的最重要地域。

第一，儒学作为一种心灵积淀仍然普遍存在于中国人的心中。古代中国虽然有儒释道等思想体系的存在，但是，较为普遍的共识使儒学居于主导地位。儒学对于传统中国具有极为广泛的影响，故而有人把中国称之为"儒教中国"。尤其是宋元以来，儒学对于教育、政治和宗族社会等的渗透更是达到顶峰，从而支配了中国人的思想与行为。这种局面一

---

① 杜维明著，郭齐勇、郑文龙编：《杜维明文集》（第五卷），武汉出版社 2002 年版，第409—415 页。

直维持到晚清。晚清以来，由于西方思想的冲击，中国发生了"三千年未有之大变化"。经历科举制的废除、王朝政治的终结与新文化运动等的打击，儒学的影响力急剧衰减。正如余英时所说，在传统的社会政治结构和制度崩溃之后，儒学就失去了依附之所而变成了"游魂"。[①] 但是，影响中国社会、中国人几千年之久的儒学不是那么容易就失去影响的。根据李泽厚的观点，儒学构成了华夏族的共同的心理状态与行动模式，从而积淀为一种文化——心理结构。[②] 虽然儒学屡次遭到批判，但是这种文化——心理结构一定程度上还在发挥着作用。当外部压力减轻或消失之后，这种结构具有的自我修复功能就会表现出来。迄今为止，儒学对中国人的思维与行为模式都还具有很大的影响。这是"社会儒学"得以可能的第一个条件。

　　第二，多元文化结构。1949 年以来的近三十年里，儒学和其他西方思想一直处于受批判地位而声誉扫地。改革开放以后，中国的经济形态逐步由计划经济向市场经济过渡。我们知道，市场经济是一种多主体、多元的、开放的经济体系。这种过渡的结果就是形成了多元的经济结构。与此相应，市民社会也在逐步扩展。所谓市民社会是指"国家控制之外的社会和经济安排、规则、制度"，是指"当代社会秩序中的非政治领域"。[③] 这些因素使得中国社会的自由度逐步增大，从而初步形成了多元文化共存的局面。除了马克思主义在意识形态层面继续居于优势地位以外，儒学与其他西方思想也在中国文化结构中占据了一定的地位。相对于先前的一元文化，这种多元文化结构具有更大的弹性与生命力。就此种多元文化结构的逐步形成，可以作如下描述：1978 年以后，中国重新对外部世界打开大门。这时，西方思想再次进入中国，从而促成了 20 世纪 80 年代的新启蒙运动。20 世纪 90 年代以来，中国社会更加意识到民族复兴与弘扬优秀文化传统之间的密切联系。在这种情况下，儒学就获

---

　　① 余英时：《现代儒学论》，上海人民出版社 1998 年版，第 243 页。

　　② 李泽厚：《中国古代思想史论》，人民出版社 1985 年版，第 1、297 页。

　　③ 戴维·米勒、韦农·波格丹诺主编：《布莱克维尔政治学百科全书》，邓正来等编译，中国政法大学出版社 1992 年版，第 125—126 页。

得了越来越大的发展空间。此外，儒学也在向多元化的方向发展。① 可以这么说，儒学对当前中国社会的影响正在逐步加大。这种现象既是多元文化结构的体现，也是多元文化结构进一步发展的动力。故而，当前的中国内地形成了由马克思主义、儒学和其他西方思想（主要是自由主义）等组成的多元文化结构。多元文化结构扩大了人们的选择面，促进了人的自主。可以认为，只要中国存在着多元文化结构，作为一种心灵积淀普遍存在于中国人心中的儒学就会在这个结构中占据重要地位。因而，多元文化结构的存在以及儒学在其中占据的重要一席，这就构成了"社会儒学"得以可能的第二个条件。

第三，立宪民主制度的保护。但是，即使暂时具备了上述两个条件，多元文化结构如果没有得到根本制度的持续性维护的话，那么它存在的时间性就要大打折扣。在此种情况下，社会儒学即便存在也只会是昙花一现。这就从稳定性角度提出了社会儒学得以可能的第三个条件，即立宪民主制度的保护。立宪民主制度具有多种表现形式，它可以是社会主义形态，也可以是自由主义形态的。或许，罗尔斯所说的"政治自由主义"② 就是自由主义形态的一种表现形式。立宪民主制度凝聚了一个多元社会的共识，它主要是政治层面的。现代国家是对传统的政教合一国家的否定，故而它应当是非政教合一的。国家对各种良善的生活观保持中立，也就是说，国家把"什么样的生活是好生活"的问题留给每个公民自己去选择。这就可以避免价值配给的行为，从而促进人的自主与自由，促进多元文化结构。传统儒学的着眼点是造就强势的政府以实现仁政。但是，儒学的最大困境就是制度的承诺无法兑现理论的承诺，即无法造就一个优良的政府，或者即便具有了"圣君贤相"的格局也无法保持下去。所以中国的政治陷于王朝周期律的治乱循环，根本无法实现社会政治的长治久安。现代国家并不追求实现所谓最好的政治形态——儒家的"王道政治"，而是实现一种较不坏的立宪民主制度。从现代视野来看，儒学在制度层面的资源是颇为有限的。对于立宪民主制度而言，儒学在

---

① 李承贵：《当代儒学的五种形态》，《天津社会科学》2008 年第 6 期。

② 罗尔斯：《政治自由主义》，万俊人译，译林出版社 2000 年版。

这个层面的作用较为有限。就此而言，政治儒学的观点是不现实的。但是，如果儒学收缩自己的领域，承认自己在政治领域的局限从而转向到社会领域，这样反而可以获得更大的发展空间。换句话说，儒学应当有所为有所不为。儒学作为多元文化结构中的组成部分，立宪民主制度也会一视同仁地保护和促进其发展。而在立宪民主制度尚未稳固确立的地方，社会儒学的前景将会是令人怀疑的。也就是说，只有在立宪民主制度稳定建立起来的时候，社会儒学才是可能的。

"社会儒学"概念不仅是儒学侧重点的调整，也意味着儒学内在结构的转换。通过"社会儒学"的提出及展开，儒学就在变迁中重构了自身。简单地说，"社会儒学"放弃了一般所理解的"内圣外王"的基本结构，而是反转为"外王内圣"[①]。即承认外王意义上的立宪民主制度的第一义，在基本政治结构确立之后，儒学可以在社会层面以及个人层面发挥自己的作用。

第二节　第六伦与社会儒学

社会儒学是近年来产生的一个新概念。在不同的研究者那里，社会儒学概念呈现出不同的含义。[②] 根据概念（concept）与概念含义（conceptions）[③] 的区分可知，上述现象是一种可喜的学术进展，是学术探索的必然产物。本文继续沿着笔者以往的思路，试图提供一种新证明，从

---

① 关于"外王内圣"一词，可以参见林安梧《从"外王"到"内圣"：以社会公义论为核心的儒学——后新儒学的崭新思考》，《浙江社会科学》2004 年第 1 期；也可参阅谢晓东《现代新儒学与自由主义——徐复观殷海光政治哲学比较研究》，东方出版社 2008 年版，第 282—283 页。

② 就目前而言，笔者已经见到了三种关于社会儒学概念的含义。李维武：《儒学生存形态的历史形成与未来转化》，《中国哲学史》2000 年第 4 期；谢晓东：《社会儒学何以可能?》，《哲学动态》2010 年第 10 期；韩星：《社会儒学——儒学的现代转型与复兴之路》，载王中江、李存山主编《中国儒学》第八辑，中国社会科学出版社 2013 年版，第 368—420 页。但是，真正专门论述社会儒学概念的，则是韩星与笔者。

③ 具体论述参阅［英］哈特《法律的概念》，张文显等译，中国大百科全书出版社 1996 年版，第 157—160 页；以及 John Rawls, *A Theory of Justice*, p. 5。

而进一步证立（justification）① 社会儒学概念。需要指出的是，本文主要是从"第六伦"这个伦理学概念为切入点进行论证的。全文分成三部分：第一部分检讨传统的五伦观念，在此基础上，第二部分分析第六伦概念得以提出的理由、目的和意义，而第三部分则正式考察第六伦与社会儒学概念的证立。

一 对五伦观念的检讨

1981 年 3 月 15 日，台湾的李国鼎先生在"中国社会学会"发表了一场演说，演讲题目是《"民国七十年代"社会学者面临的挑战》。在该讲演中，他创造性地提出了第六伦的概念。② 其讲词要点发表在次日的《联合报》上。李国鼎明确指出，第六伦概念是针对五伦而提出来的。因而，首先就要了解何谓五伦，以及为何要补充第六伦。

1. 五伦观念的内容

五伦观念非常重要，诚如贺麟所言，"五伦的观念是几千年来支配了我们中国人的道德生活的最有力量的传统观念之一。它是我们礼教的核心，它是维系中华民族的群体的纲纪。"③ 那么，支配中国人的心灵与行为的五伦观念，又是如何起源的呢？孟子首先提出了关于五伦的完整表述，他说道："后稷教民稼穑，树艺五谷，五谷熟而民人育。人之有道也，饱食、暖衣、逸居而无教，则近于禽兽。圣人有忧之，使契为司徒，教以人伦，父子有亲，君臣有义，夫妇有别，长幼有叙，朋友有信。"④

---

① 对该词的中文翻译，存在不同译法。陈嘉明把其译成确证，具体参见《知识与确证：当代知识论引论》，上海人民出版社 2003 年版，第 3、34、78 页；周濂把它翻译为证成性，具体参见《现代政治的正当性基础》，三联书店 2008 年版，第 7 页；而台湾学者彭孟尧等人则把它译为证立，具体参见《知识论》，台北：三民书局 2009 年版，第 33 页。笔者以为，证立一词具有提供理由来证明并树立某种观点的含义，故而似乎更为贴切一些。

② 其实，何永佶在 1932 年曾经有过类似提法，不过在当时并未引起重视。何永佶：《提倡第六伦道德》，《民声周报》，18，1932.2.23，上海，第 9—12 页。转引自王昱峰《从"社会对体"（socialdyad）看"第六伦"的普遍主义取向：一个本土视域的尝试》，台湾师范大学 2005 年博士论文，第 468 页。

③ 贺麟：《五伦观念的新检讨》，收入氏著《近代唯心论简释》，上海人民出版社 2009 年版，第 203 页。

④ 《孟子·滕文公上》。

在孟子看来，存在五种基本的人际关系，即父子、君臣、夫妇、兄弟与朋友，而每一种人际关系都有调节自身的法则。比如，父子要相亲相爱，君臣关系要受到义的制约，等等。孟子的五伦思想在汉代逐渐占据了主导地位。由于受到法家的专制主义思想以及秦汉以来的专制主义政治的影响，在汉代的《白虎通义》中正式出现了三纲的说法。所谓三纲就是从五伦中抽出三种人际关系，即君臣、父子与夫妇，并赋予其中一方以绝对地位，从而成为主导者。可以说，三纲观念是对五伦观念的最高、最后的发展。[①] 如果说五伦强调了人际关系的相互性，那么三纲则突出了人际关系的单向性，即一方对另一方的绝对服从。至此，尊卑、贵贱等观念进入了儒家的五伦，进入了儒家影响下的生活世界。当然了，为了简化问题，本文在之后的探讨中暂不考虑三纲观念，而集中分析五伦观念。

2. 五伦观念的特点

五伦观念是以自然的血缘联系为中心的。五伦中的夫妇、父子和兄弟三伦，乃基于家庭的血缘关系。在西周的宗法的封建制度中，家国同构，作为统治者的诸侯或王与臣子之间，多存在血缘关系。就此而言，君臣关系就类似于父子关系。朋友这一伦是五伦中最具平等的关系，是人们在交往过程中形成的稳定的友谊关系。中国人常常形容关系要好的朋友亲如手足，可见，朋友关系就是类似于兄弟关系的。一言以蔽之，五伦观念就是家庭关系的缩影和放大。人与人之间的关系相对密切，彼此遵循着一定的游戏规则。一般而言，这样的规则是较为突出责任或义务的。五伦观念较为关注的是个体所应尽的义务，而对人的权利则不大关注。在中国社会，总有一些思想家、学派或思潮试图摆脱家庭责任，这种行为就称之为出家。由于五伦观念在中国社会的支配地位，鼓吹出世的佛教与道教虽然具有重要影响，但却难以占据主导地位。五伦观念所生存的土壤是"和中国传统社会的村社结构、宗法制度、以及人际交往的封闭性与狭窄空间有着极大的关系。"[②] 那么，什么是调整五种人的

---

① 贺麟：《五伦观念的新检讨》，收入氏著《近代唯心论简释》，第 209 页。
② 景海峰：《五伦观念的再认识》，《哲学研究》2008 年第 5 期。

基本关系的道德范畴呢？儒学后来把它统一为"仁义理智信"，也就是说，"仁义理智信"是支配人的行为的五种亘常的德性（五常）。要言之，五伦观念是对宗法制社会的一种精准的抽象与概括，它调节的乃是熟人之间的关系。换言之，五伦观念是熟人社会的产物。

3. 社会结构的变化与五伦的不足

随着中国从农业社会向工业社会过渡，社会结构出现了巨大的变迁，五伦观念的不足开始一一暴露出来。秦汉以来的中国社会结构，可以这么来描述：经济上的土地私有和土地买卖；政治上的专制皇权与官僚政治；社会组织上的农村里的宗族体系以及城市里的行会；文化上的儒学定于一尊。[①] 1840 年以来，中国逐渐融入世界，从而发生了翻天覆地的变化。这种变化表现在：经济上由农业占主导地位到工业和服务业等非农部分占主导地位；政治上在向民主政治过渡；宗法组织与行会瓦解、城市兴起以及市民社会成长；文化上由儒学定于一尊到多元文化结构的形成。换言之，整个社会发生了"几千年未有之大变局"，中国从传统社会向现代社会过渡。根据经济基础决定上层建筑的原理，传统上支配人心灵与行为的五伦观念就不得不面临严峻的挑战。在新的条件下，五伦观念的不足暴露得一览无余，此点下文详论。五伦的不足致使呼唤新的伦理，于是第六伦就应运而生了。

二　提出第六伦的理由、目的与意义

20 世纪 80 年代初的中国台湾是亚洲四小龙之一，正处在快速工业化的过程中。在这种情况下，台湾人首先感觉到了五伦观念的不足，从而提出了第六伦的新概念。[②] 现在，我们就来对此新概念予以简要的分析与考察。

1. 提出第六伦的理由

所谓第六伦，简单地说就是个人与社会大众的关系，或者说是群己

---

① 陈旭麓：《近代中国社会的新陈代谢》，上海人民出版社 1992 年版，第 3—20 页。

② "等到李国鼎加入财经决策机构工作时，他发现中国文化中有许多缺点，和经济现代化的精神十分不合。"康绿岛：《李国鼎口述历史——话说台湾经验》，台北卓越文化出版 1993 年版，第 248 页。

关系。① 但是，五伦处理的也是群己关系，只不过是熟人社会的比较亲密的人之间的群己关系而已。看来，第六伦之所以得以提出的根本原因不完全在于"群己关系"，而是在于"尽管我们是一个文明古国，礼仪之邦，一向重视伦理，然后我们对于个人与陌生社会大众之间的关系，则缺乏适当的规范"。② 也就是说，第六伦处理的是个体与陌生人之间的关系。③ 这就和五伦处理个体与熟人之间的关系形成了鲜明对比。第六伦既然是针对传统五伦的不足而倡导的，那么在李国鼎看来二者有何差别呢？第一，从社会文化背景来看，五伦是经济活动与社会结构较为简单的传统社会，第六伦则是经济活动和社会结构都很复杂的现代社会。第二，从人际关系的表现来看，五伦的优点是比较有人情味，缺点则是裙带关系和对陌生人冷漠；第六伦的优点是正义与秩序，缺点则是人与人之间的关系疏远。第三，从道德的性质来看，五伦属于私德，第六伦属于公德。④ 因此，基于以上三点李国鼎得出了结论：五伦的行为准则属于特殊主义（Particularism），即仅适用于特殊对象，例如父慈子孝只适用于父母子女之间；第六伦的行为准则属于普遍主义（Universalism），即大家都同样适用的准则。

2. 提出第六伦的目的

李国鼎认为，倡导第六伦的目的在于，"不是要求人人为圣贤，只是

---

① 时任台大校长孙震（发表时用笔名"吴惑"）的文章呼应了李的观点。由于李在演讲中并没有说明要如何称呼第六伦，孙建议可以称为群己关系。为何要重视群己关系，这是因为传统"一条鞭"式的社会结构和"一对一"的五伦关系，已经不大能满足现代社会的需求了。而在现代社会，"个人所要处理的问题，已不再仅限于'一对一'的关系，而要扩及于'一对多'的关系。而社会的结构，也因此不可避免地将由'一条鞭'的形式，而转变成'扇形'的结构"。而第六伦就是所需要的新规范、新伦常。孙震：《群己关系——为第六伦命名》，《联合报》1981年3月18日第2版。后来，李国鼎也采纳了该论述，具体参阅《经济发展与伦理建设——第六伦的倡立与国家现代化》，《联合报》1981年3月28日第2版。

② 李国鼎：《经济发展与伦理建设——第六伦的倡立与国家现代化》，《联合报》1981年3月28日第2版。

③ 李国鼎在演讲中强调，"建立新的道德准绳，使素昧平生的'第三者'，同居被善意尊重和关爱的地位，这就是建立'第六伦'的最大需要和理由。"《联合报》1981年3月16日第3版。

④ 就此而言，李国鼎的观点就与梁启超的私德/公德区分颇为相似，差异在于李明确提出了第六伦的构想。梁启超：《梁启超选集》，上海人民出版社1984年版，第213—216页。

要求人人守本分，不是要求牺牲自身的利益，只是要求不侵犯别人的利益，不论此别人是和我们有特殊关系的对象，抑或是陌生的社会大众。"① 用伦理学的术语来讲，第六伦属于底线伦理。这种伦理要求人不得为恶，② 从而和要求人们成圣成贤的传统儒家的道德理想主义形成鲜明对比。于是，可以把上述伦理称为高调伦理。提出第六伦并不是要完全替代五伦，而是对五伦与第六伦画出界限，从而发挥各自的作用。"只重视五伦不注意第六伦固然达不到做人的标准，只重视第六伦不注意五伦同样达不到做人的标准。六伦必须各赋予适当的地位。"③ 诚如有识者所云，"我们的传统文化模式原缺培育社会人的功能，如何开发现代社会人以配合现代社会的需要，'第六伦'自然是一卓见，然若不把其他五伦厘定新义划清层界，人人仍秉传统文化性格，有者罔顾债务，有者捞揽过界，第六伦也无由建立。"④ 相对而言，"五伦环绕在我们的身边，关系的好坏关乎我们立即而直接的福利。第六伦的关系比较远，其报偿往往间接而迂回。从社会全体的观点看，适用范围较广、层次较高的规范，应受到较大的重视"。⑤ 在传统社会里，第六伦之所以没有受到重视，根本原因是在于经济形态的落后性。而在经济全球化的时代，已经到了必须对其加以重视的时候了。否则一个社会普遍缺乏公德心，便会降低生活素质，败坏社会的秩序、和谐与安宁，同时损伤社会作为促进个人福利之工具的有效性，最终会阻碍经济发展。⑥

　　3. 提出第六伦的意义

　　在笔者看来，纪刚的论述对于第六伦的意义予以了深刻阐发。纪刚

　　① 李国鼎：《经济发展与伦理建设——第六伦的倡立与国家现代化》，《联合报》1981 年 3 月 28 日第 2 版。

　　② 正如英国法哲学家哈特所言，道德"并不是由提供积极服务，而是由消极克制构成的。其中对社会生活最重要的就是限制使用暴力杀人或施加肉体伤害。"哈特：《法律的概念》，第 190 页。

　　③ 李国鼎：《经济发展与伦理建设——第六伦的倡立与国家现代化》，《联合报》1981 年 3 月 28 日第 2 版。

　　④ 纪刚：《我们原缺"社会人"》，《中国时报·人间副刊》1981 年 7 月 3 日。

　　⑤ 李国鼎：《经济发展与伦理建设——第六伦的倡立与国家现代化》，《联合报》1981 年 3 月 28 日第 2 版。

　　⑥ 同上。

呼应了李国鼎的新观点，他认为，传统的诚意正心修齐治平的《大学》文化模式，在今日看来问题多多。"例如五伦中父子、夫妇、兄弟三项皆同属家庭伦次。一个人出了家门便入国门，忠孝双全便可成为完人，所以传统中国有优良的'家庭人'、'国家人'，而独缺'社会人'。"① 换言之，第六伦概念聚焦于塑造社会人，而这才是现代人的真正本质。在笔者看来，可以把第六伦概念提出的意义归纳如下：第一，扩充了儒家伦理的空间，从而克服了五伦的缺陷。五伦乃立基于熟悉的人之间，故而是熟人伦理；而第六伦则立基于陌生人之间，因而是可普遍化的新伦理。根据滕尼斯的思想，熟人构成的是一个共同体，而陌生人才形成了社会。② 现代社会就是一个陌生人社会，人大体是生活在陌生人中间的。因而，第六伦概念就大大扩充了儒家伦理的作用范围，跳出了五伦所作用的狭小空间。第二，实现了儒家伦理的现代转换。虽然李国鼎并未明确第六伦也属于儒家伦理，但是从笔者的意图看来第六伦具有浓厚的儒家特质，因而是属于儒家伦理的。第六伦使得儒家伦理由传统向现代转换，从而具有了现代性的色彩。以此为中心，便可以实现儒家伦理的现代化。

三 第六伦与社会儒学概念的证立

第六伦概念在上述的意义之外，还有一个意想不到的价值，那就是为证立社会儒学概念提供了新证据。

1. 第六伦可以是儒学概念

上文已经提到过此点，但是并未给出足够的理由。在笔者看来，证明第六伦概念可以是儒学的概念，这是以之证立社会儒学概念的前提。因此之故，先来证明之。一个完整的现代伦理学，必然是五伦加上第六伦。它们如鸟之双翼、车之两轮，缺一不可。从理论上讲，第六伦（群己关系）是无颜色的，它可以属于康德意义上的义务论，也可以属于边沁、密尔意义上的功利主义；它可以属于儒家，也可以属

---

① 纪刚：《我们原缺"社会人"》，《中国时报·人间副刊》1981年7月3日。
② 斐迪南·滕尼斯：《共同体与社会》，林荣远译，商务印书馆1999年版，第58—144页。

于非儒家。笔者为第六伦应该属于儒家提供了如下几点理由：其一，在中国语境里，谈人际交往关系，乃儒家之胜场，非佛道之出世主义所能比拟，故而第六伦更有可能非儒家莫属。其二，由于五伦观念是儒家的，在此基础上推出的第六伦，相较于非儒家，它和儒家具有更为密切的关系。其三，从第六伦的提出者和呼应者来看，都是深受儒家伦理影响的人，而且他们也是从儒家传统话语中引申出问题意识的。基于以上三方面的理由，可以较有把握地认为，第六伦是儒家的（或儒学色彩的）概念。

2. 第六伦对社会儒学概念之证立

既然第六伦是儒家的概念，那么用它来证立社会儒学概念就是合理的行为了。笔者曾经指出，传统儒学缺乏"社会"一环，故而现代儒学的表现形态就应该是"社会儒学"。① 不难发现，第六伦提出的理由与社会儒学概念提出的理由有惊人的相似之处，即都意识到了传统儒学的基本缺陷是关注熟人问题而忽略了陌生人问题。这在社会结构简单、经济不发达的农业社会或许问题不大，但是在社会结构复杂、经济全球化的现代工业社会，就是一个难以容忍且必须予以克服的缺陷了。针对同样的问题，李国鼎提出了第六伦的概念，而予则证明了社会儒学概念。从直接的意义上讲，第六伦侧重的群，就是社会儒学强调的"社会"二字，故而前者对后者实在是具有直接的证立。此外，传统儒学是家族主义的，而第六伦则强调对家族主义的突破和超越，这和社会儒学的做法也是一致的。福山提出过一个观点，在世界各大文明中，只有西欧的天主教文明才打破了家族制度的束缚，从而产生了个体主义和资本主义，而中国则没有实现这个突破。② 其实，这个观点和韦伯对儒教的判断是一致的。第六伦和社会儒学概念都是对家族主义的突破，从而具有了现代性色彩。第六论走出家族主义迈向社会，"以社会为存在和发展途径"之理路着实开启了社会儒学之门，从而对社会儒学具有间接的证立。

---

① 谢晓东：《社会儒学何以可能？》，《哲学动态》2010 年第 10 期。

② Francis Fukuyama, *The Origins of Political Order：From Prehuman Times to the French Revolution*, Volume 1, Farrar, Straus and Giroux, New York, 2012, pp. 229 – 231.

3. 第六伦可以涵盖在社会儒学概念之中

虽然第六伦对社会儒学概念具有明显的证立，但是也对其产生了挑战。或许有人会问，既然已经有了第六伦观念，且该观念提出时间在前，为何还需要社会儒学概念呢？在笔者看来，一方面它们具有不同的问题意识，第六伦主要关注的是群己关系，而社会儒学主要思考的是儒学的当代定位问题，故而无法相互替代；另一方面，社会儒学既包含了处理私德的五伦，又包括了处理公德的第六伦，故而是一个外延更广的概念。就此而言，社会儒学打通了五伦与第六伦，是一个更具有涵盖性的概念。而第六伦概念，是对五伦观念的补充，它无法取代五伦观念。因此，谈第六伦，不能忽略或绕过五伦；说五伦，不能不辅助以第六伦。于是，五伦和第六伦就构成相关补充、不可分割的关系。而社会儒学处理的是抽象的人之间的关系，既能针对熟人、也能针对陌生人。因而，它似乎就是一个比第六伦包容性更强的概念。涵盖性或包容性比较强，也就意味着解释力更强。对两个概念的比较来说，当然是解释力更强的较优。最后，社会儒学概念还更为简明扼要。根据思维经济原则，社会儒学概念就比五伦和第六伦观念的结合要更经济，因而效果会更好一些。

五伦观念在传统中国发挥着巨大的作用。但是当历史的脚步跨入近代以来，五伦观念的缺陷便充分暴露了。基于现代社会的伦理要求，第六伦概念应运而生，从而相当程度上弥补了五伦观念的不足。内在于本文的问题意识可以发现，第六伦对于社会儒学概念的证立起到了明显的作用。当然了，这种证立并不是单向的。相对而言，社会儒学比第六伦概念的涵盖性和解释力都要更强，因而前者似乎要优于后者。需要指出的是，社会儒学概念对于第六伦概念的丰富与发展，也是能起到相当大的作用的。不过限于篇幅，本文就不具体证明这一点了，留待以后去补充说明。

第三节　社会儒学的三重向度

在儒学复兴的背景下，涌现出了一些关于儒学的新概念。而这些新概念，大多是以"某某＋儒学"的形式来表达的，比如政治儒学、制度儒学、生活儒学、公民儒学以及社会儒学等。其中，本文所要探讨的是社会儒学概念。在不同的研究者那里，社会儒学概念呈现出不同的含义。① 在这里，笔者沿袭了以往的基本理路，即"社会儒学是一种后共同体时代的，以市民社会为基本立足点的，以非政治化为基本特征的，以人伦日用为基本关注点的儒学形态；简单地说，社会儒学是以社会为存在和发展途径的现代儒学形态。"② 不过，在本文里，笔者从时间和空间两个重要向度上发展了原有的观点。具体来讲就是：从时间上来看，社会儒学既是一种现代的儒学形态，也是一种未来的儒学形态；从空间上来看，明确了社会儒学是以全球社会为存在与发展途径的儒学形态；就空间角度而言，社会儒学和新儒家杜维明关于儒学第三期发展之走向全球的目标就构成了某种对话。社会儒学在时空两重向度上所具有的一般性与普遍性特征的内在依据是什么呢？这就引出了社会儒学的本质向度。所谓本质向度具体来说就是前文所提到的基本立足点、基本特征以及基本关注点。"三基"中核心点是"非政治化"，即政治层面交给民主制度及其架构。从本质向度而言，杜维明的理路暗合于笔者提出来的社会儒学概念，即二者都把新儒学（或社会儒学）视为对儒学与自由主义关系的一种特殊理解。

一　社会儒学是面向现代与未来的儒学

根据笔者原先的设定，从时间上来看，社会儒学是后共同体时代，即现代的一种儒学形态。从时态角度来看，可以把时间区分为过去、现在与未来三种。故而，需要进一步厘清社会儒学概念的时间向度。本文

---

① 到目前为止，至少有四种关于社会儒学概念的含义。李维武：《儒学生存形态的历史形成与未来转化》，《中国哲学史》2000 年第 4 期；谢晓东：《社会儒学何以可能》，《哲学动态》2010 年第 10 期；以及谢晓东：《第六伦与社会儒学》，《东岳论丛》2015 年第 10 期；韩星：《儒学的社会维度或社会儒学？——关于儒学发展方向的思考》，载贾磊磊、杨朝明主编《第三届世界儒学大会学术论文集》，文化艺术出版社 2011 年版；以及韩星：《社会儒学的逻辑展开以及现代转型》，《东岳论丛》2015 年第 10 期；涂可国：《社会儒学建构：当代儒学创新性发展的一种选择》，《东岳论丛》2015 年第 10 期。但是，真正专门系统地论述社会儒学概念的，则是谢晓东、韩星以及涂可国。

② 谢晓东：《社会儒学何以可能》，《哲学动态》2010 年第 10 期。

的看法是，社会儒学既是一种现代的儒学形态，也是一种未来的儒学形态，而不是一种过去的儒学形态。

1. 社会儒学面向未来的三种可能样式

笔者曾经指出，社会儒学是一种现代的儒学形态。该概念试图回答儒学的现代定位问题：儒学在现代社会还能够扮演什么角色？儒学应当在什么领域发挥作用？作为现代儒学形态的社会儒学之所以能够在中国大陆存在，是由于具备了如下三个条件：作为心灵积淀的传统儒学仍然普遍存在于中国人的心灵之中，多元文化结构的存在及民主制度的保护。[①] 在此基础上，笔者想继续证明：社会儒学实际上也是一种未来的儒学形态。为什么这么说呢？

未来的人类社会是怎么样的，不同的理论家有不同的看法。要把如此众多的观点都一一罗列，既不可能也无必要。这里仅仅从中国相关性的角度提出三种具有代表性的理论：马克思主义的、自由主义的以及儒家的。在这三种理论中，儒家是本土的，而马克思主义与自由主义均来自于西方。当然，马克思主义某种程度上已经中国化了。不过，从其最终目标都是共产主义来说，中国的马克思主义与非中国的马克思主义之间的差异可以忽略不计。根据经典作家的看法，未来的共产主义的一个基本特征就是政治国家消亡。从笔者所提出的社会儒学概念的角度来看，此点具有特别的意义。既然政治国家消亡了，那么社会就完全获得了独立和自主。也就是说，政治可以消亡，而社会永存。在这种情况下，社会儒学就可以在社会层面继续存在下去。或许有人会质疑到，既然政治国家已经消失，那么你所提到的"以非政治为基本特征"的社会儒学就失去了该基本特征了？没有这一个基本特征，社会儒学还是社会儒学吗？笔者以为，这正好说明了社会儒学的优点，即其存在不依赖于是否有政治国家。同时，假如共产主义实现一段时间之后出现了退化而重新出现了政治国家，则社会儒学之存在依然可以不受影响。

自由主义是目前全球占主导地位的一种思想学说，其要义相当程度

---

① 谢晓东：《社会儒学何以可能》，《哲学动态》2010 年第 10 期。

上为现代思想所共享。① 一般认为，自由主义是一种关于国家的哲学理论，② 故而很难设想其有一种没有国家的理想社会。在黑格尔和科耶夫的思想基础之上，福山自信地宣称人类的历史终结在自由民主制度上了。③ 笔者在这里不拟对其理论予以评论，只是想强调一点，即一部分自由主义者相信自由主义民主是人类关于政治制度的最后形态。就此而言，可以把自由主义民主社会视为既是一种现代的社会，也会是一种未来的社会。那么，这种所谓的人类最后的政治形态所构造的国家是否也是一种最好的国家，或该国家所在的社会是否是一种最好的社会呢？根据罗伯特·诺奇克（Nozick）的论证，"最低限度的国家"（minimal state）就是这样的一个可以得到证明的唯一国家。作为最低限度的国家的乌托邦框架，国家是完全中立的，各种良善的生活观都可以在自由市场中竞争以争夺追随者。④ 毫无疑问，在这种背景下，儒家社团或信奉儒家价值观的个体可以继续存在，从事自己完善论（perfectionism）的活动。⑤ 故而，可以较有把握地说，在未来的自由主义民主社会中，社会儒学依旧会有存在与发展的空间。

众所周知，大同是儒家设想的未来理想社会。那么，在大同社会中，社会儒学是否能够存在呢？答案是肯定的。大同是儒家版本的理想社会，其存在必然依赖于儒学的支撑。在这种情况下，很难设想社会儒学在大同社会中竟然不能够存在与发展。其实，在大同社会中，需要担心的倒是，人们是否不满足于儒学仅仅是一种社会儒学而不是一种综合性的类似于制度化儒家解体以前的儒学？对此，我相信一部分儒家会作这样的要求。不过即便如此，笔者所提出的社会儒学概念依然是可以站得住脚的。关于大同社会的性质，经典的规定过于简略，从中只能勾勒出几个

① ［美］伊曼努尔·华勒斯坦等：《自由主义之后》，收入《自由主义的终结》一书，郝名玮、张凡译，社会科学文献出版社2002年版，第103—104页。

② 李强：《自由主义》（第三版），东方出版社2015年版，第8页。

③ Francis Fukuyama, "The End of History?" *The National Interest*, 1989, No. 16, pp. 3—18.

④ 参见［美］罗伯特·诺奇克《无政府、国家和乌托邦》，姚大志译，中国社会科学出版社2008年版，第398—400页。

⑤ 谢晓东：《朱熹的新民理念——基于政治哲学视角的考察》，《厦门大学学报》（哲学社会版）2011年第4期。

特征来。但是，能够满足那些特征的理想社会可能不止一种形态。其中影响较大的是如下两种：一部分人把大同解释为共产主义，一部分人把大同解释为资本主义的自由主义民主制度。如果大同是以上两种中的一种，那么根据上述两段的相关论证，社会儒学将能够得以存在与发展。

2. 为何社会儒学不必是一个面向过去的概念？

通过上文的分析，可以得出这么一个结论：不管是马克思的共产主义，还是诺奇克的作为最低限度的国家的乌托邦框架，又或是儒学的大同，社会儒学都是可以存在与发展的。这就回应了本节第一段所提出的问题。但是，依然会有人提出疑问，社会儒学可以指向现代与未来，为何不可以也指向过去呢？因而，笔者还需要证明为何社会儒学不必是一个面向过去的概念？儒学在古代中国是一个综合性的存在，它具有政治、经济、社会（狭义的）、文化、教育与哲学等多个维度。据此事实，韩星提出了与政治儒学、心性儒学相对却又相承的社会儒学概念。① 然后，他又表明，社会儒学也是一个面向现在与未来的概念。后来，涂可国也认同了这种基本理路，即社会儒学是一个全时段的概念，既解释过去，又说明现在，还展望未来。② 笔者以为，韩星版本的社会儒学其实谈的是儒学的社会维度。当然了，这里的社会是广义的社会，是和政治相对立的概念。在笔者看来，此种社会儒学概念至少有三大弊端：第一，区分不周延。心性、政治与社会的三分是完整的吗？在笔者看来，心性、政治与社会并没有构成完整的儒学存在整体，而是有所遗漏；第二，心性、政治与社会三者的区分也缺乏学理依据；第三，适用对象过于狭窄，没有考虑到非中国的其他国家与地区，从而局限在中国。这是不利于儒学发展的！而对面向过去的社会儒学概念的第三点反思，就引导人们的思路来到了下文。

---

① 韩星：《儒学的社会维度或社会儒学？——关于儒学发展方向的思考》，载贾磊磊、杨朝明主编《第三届世界儒学大会学术论文集》，文化艺术出版社 2011 年版。

② 涂可国：《社会儒学建构：当代儒学创新性发展的一种选择》，《东岳论丛》2015 年第 10 期。

二 社会儒学是面向全球的儒学

在古代东亚，儒学很大程度上是一种共法。众所周知，儒学在早期现代中国有一个逐渐收缩的趋势。[①] 但是在 1978 年之后尤其是 1989 年之后，这种趋势似乎开始逆转。而在东亚的日、韩、中国台湾、中国香港以及新加坡等国家和地区，儒学似乎还具有较大的影响。历史上局限于东亚一隅之地的儒学，从空间上看会有怎样的变化呢？内在于本文的脉络，该问题可以转化为，为何社会儒学会凸显出一种全球视野？

1. 为何会凸显全球视野？

这是笔者对社会儒学原有规定性的澄清，据此凸显了此概念的全球视野。那么，为何要凸显这种全球视野呢？这里简单提供几点理由：第一，世界历史的形成。自从 15 世纪末所谓的"地理大发现"以来，整个地球逐渐形成一个整体。此前，人类在欧亚非大陆的活动已经开始了相互影响，从而突破了地理上的洲际界限。从西方开始的向全球开拓的行为，导致了世界历史的形成。经过几次工业革命，在现代交通以及通信等工具的帮助下，构成了地球村。尤其是二战后，经济的全球化突飞猛进。这些都导致了全球作为一个整体在发挥作用，这必然会促进全球视野的形成。第二，中国的崛起以及自身价值观的影响。第一点为社会儒学的全球视野提供了可能性，但是尚未提供动力因素。在笔者看来，动力因素很大程度上是由中国的逐步重新崛起来提供的。目前，中国已经发展成为世界第二大经济体，在全球发挥着越来越大的影响力。在这种情况下，中国自身的价值观一定程度上引起了外部世界的兴趣。有着巨大底蕴的儒学，相当程度上就成为了中国价值观的体现。可以说，遍布全球的孔子学院就是一种软实力的体现。第三，外部世界的接纳与非抵触。从外部世界的角度来看，中国内部占主导地位的思想——马克思主义，其声誉有限，不足以承担对外输出的重要使命；而中国的自由主义还处于学习模仿西方自由主义阶段，更是没有输出的价值。相对来说，儒学较容易受到外部世界的接纳而不是排斥。此前，儒学就曾经和平地

---

① 参见陈少明《儒学的现代转折》，辽宁大学出版社 1992 年版。

输出到日韩等国并发挥了巨大的作用。非东亚世界需要的是一个非政治的儒学，而不是一种政治的儒学。也就是说，对于非中华世界来说，儒学的价值在于其道德理想而不在于其政治理想。或许，世界伦理构想中对孔子所提倡的道德金律的认可就暗示了这一点吧。就此而言，以非政治化为基本特征的社会儒学就具有了明显的优势。第四，从儒学自身的发展来看，如果能够在非东亚也得到发展，那么这就是证明其普遍性的关键所在。或许敏感的读者已经发现：社会儒学的全球视野不是一种孤立的探索，而是和儒学第三期发展理路不谋而合的。儒学的第三期发展是新儒家杜维明长期宣扬的学说。从某种程度上讲，儒学的第三期发展是杜维明的"中心关怀"。① 应该说，杜维明的相关思考和本文的思路是比较接近的。由于杜维明在海内外的长期宣传，儒学的第三期发展学说在国内外具有重要影响力，故而下文就以此为例进行说明。

2. 儒学第三期发展的目标：通过回应西方文化的挑战实现世界化

儒学第三期发展这个命题并不是由杜维明首先提出的，而是由其前辈牟宗三与徐复观等所提出。杜维明告诉我们，"唐君毅、徐复观、牟宗三已经提出来儒学第三期的问题……对他们的真正挑战，乃是复兴后的儒学如何回答科学与民主提出的问题。尽管这些问题对于儒家传统而言乃是陌生的，但是，对于中国之今天却是绝对必需的。"② 在继承前辈的基础上，杜维明对此理论有所发挥。从传播地域角度来看，第一期儒学是从山东邹鲁发展到全中国，截止时间大概是到汉末。此时，儒学从诸子百家中的重要派别成长为汉代的官学，成为中国思想的主流。儒学的第二期发展则从中国传播到东亚的韩国、日本以及越南，时间大概从南宋末到第一次中英战争。此时，儒学成为东亚文明的体现。经过这一阶段的发展，东亚就形成了儒教文化圈和汉字文化圈。杜维明对儒学的第二期发展评价很高，视之为类似基督教的新教改革，即路德宗对天主教的革新。就此而言，杜维明受到了罗

① 胡治洪：《全球语境中的儒家论说——杜维明新儒学思想研究》，三联书店 2004 年版，第 292 页。
② 杜维明：《道·学·政——论儒家知识分子》，收入郭齐勇、郑文龙编《杜维明文集》（第三册），武汉出版社 2002 年版，第 649 页。

伯特·贝拉的宗教演化论的影响。杜维明展望到，儒学的第三期发展，将会从东亚传播到全球，换言之，实现世界化。① 此外，杜维明还从比较文化的角度阐释儒学的第三期发展。"如果儒学第二期的发展，是针对印度文化，或者说佛教文化的挑战，作为一个创造性的回应，即消化了印度文化，提出一套中国特有的思考模式；那么儒学有无第三期发展的可能，也就取决于它能否对西方文化的挑战有一个创造性的回应。"② 所谓西方文化的挑战，简单来说就是科学与民主的挑战。理解了这一点，我们就会明白为何牟宗三会苦心孤诣地创造"良知的自我坎陷"说，以图在儒家的道德理性中安顿科学与民主。需要指出的是，牟宗三、徐复观、杜维明等人所理解的民主其实是自由主义民主，或政治自由主义，即立宪民主制。③ 正因为如此，所以才在新儒家中形成了一个政治自由主义传统。④

3. 儒学第三期发展的意义：回应人类的危机与困境

杜维明是一个具有世界眼光的学者，他还认识到，儒学的第三期发展不是自说自话，而是要回到人类目前发展的困境与问题，以求解决之道。"儒家传统进一步发展的契机不在这里，而是从西方文化发展到现在人类所碰到的危机和困境处设想。在这个情况下，多元发展的趋势是不可抗拒的。而儒学第三期发展的意义正在于此。"⑤ 在杜维明看来，生态环保、女性主义、宗教多元与全球伦理问题，需要其他的"可以普世化的价值"比如"公义、同情、义务、礼仪以及人的群体性"来回应这些挑战，"在这个向度上，儒家与自由主义不仅可比，而且还有很强的优势"。⑥ 从本文的主旨来看，既然儒学在基本制度层面的作为有限，那么其可发挥作用的领域何在呢？杜维明指出，儒学有相对于自由主义的优

---

① 杜维明：《现代精神与儒家传统》，《杜维明文集》（第二册），第 603 页。

② 杜维明：《儒家自我意识的反思》，《杜维明文集》（第一册），第 565—566 页。

③ 谢晓东：《现代新儒学与自由主义——徐复观殷海光政治哲学比较研究》，东方出版社 2008 年版，第 24—28、226—241 页。

④ 谢晓东：《论现代新儒学中的政治自由主义传统》，《厦门大学学报》（哲学社会版）2008 年第 2 期。

⑤ 杜维明：《现代精神与儒家传统》，《杜维明文集》（第二册），第 618 页。

⑥ 哈佛燕京学社、三联书店主编：《儒家与自由主义》，第 40 页。

势。这样的优势还体现在，"从家庭直到人类社群，在自由主义理论中资源相当薄弱。"① 就本文而言，从家庭到人类社群，本质上都属于非政治的社会层面。在这些层面，自由主义确有不足之处。从修身一直到平天下，儒学可以发挥自己的独特作用。儒家特别强调政治精英的修身，强调贤人在位，对于自由主义过分重视制度而对于个体的品德较为忽略的状况，有一定的对治作用。杜维明没有一味强调儒家贤人政治之优越性，他清醒地认识到，"我甚至有一种想法，即儒家所提出的贤人政治，其价值在成熟的民主制度中才可以充分体现。"② 这几年，大陆学术界颇流行"贤能政治"观念，个别学者似乎认定贤能政治是一种比立宪民主制度更加高明的根本制度。或许，对于他们来说，杜维明的话可以起到清醒剂的作用。

三　社会儒学是对儒学与自由主义之关系的一种特殊理解

基于政治国家与市民社会的二元区分，社会儒学承认并支持政治国家层面的民主制度，而不管这样的民主制度是社会主义性质的还是自由主义性质的。基于此，社会儒学就突破了传统儒学（整全性或综合性儒学）与专制主义的被迫联盟，从而具有了广阔的生存与发展空间。就其本质向度而言，社会儒学可以视为是对儒学与自由主义关系的一种特殊的处理方式。③ 在社会儒学看来，儒家的圣贤理想，在专制的条件下会遭到抑制。而在立宪民主制度的条件下，则会有更好的发展。④ 这是因为立宪民主制度在价值上是中立的，只要是良善的生活观，都会受到一视同仁的保护。而儒家的圣贤理想，无疑属于良善的生活观。儒家的政治理

---

①　哈佛燕京学社、三联书店主编：《儒家与自由主义》，第112页。

②　杜维明：《现代精神与儒家传统》，《杜维明文集》（第二册），第640页。

③　当然，社会儒学也可以是对儒学与社会主义关系的一种特殊处理方式，不过限于篇幅本文只处理前者，而将另行撰文分析后者。

④　比如，杜维明说道，"儒家所代表的人格理念，在一个现代意义的自由民主社会中，即公民社会发展得比较完满并实行民主政治、市场经济的社会环境，其发展的前景要比在传统的封建社会和现代的权威社会、专制社会中更好更健康。"参见曾明珠整理《儒家与自由主义——和杜维明教授的对话》，该文收入哈佛燕京学社、三联书店主编的《儒家与自由主义》一书，三联书店2001年版，第40页。本文所引该文的地方均是杜维明本人的话语。

想王道（圣王），朱熹早在宋代就曾痛心地指出，三代之后几千年来王道不曾一日行于天地之间。① 古代中国陷入长期的治乱循环，无法跳出历史的周期律。而立宪民主制度，很大程度上把权力关进了铁笼，从而开拓了迈向长治久安的新局面。故而，牟宗三、徐复观、杜维明等新儒家接纳了立宪民主制度，并试图整合儒学与自由主义。儒家有一个道德理想主义的维度，故而其圣贤理想是绝不会放弃的。在儒家看来，自由主义对于人的要求不高，都是一些卑之无甚高论的底线伦理要求，故而应该继续追求更好的生活方式。就此而言，他们要追求一种高于自由主义的圣贤的生活方式。② 但是，这种高的生活方式，只能在立宪民主制度的基础之上才能获得。从政治哲学的角度而言，儒者个体或儒家团体的成圣成贤的理想，可以在非国家的社会（涵盖了个体）层面或非政治国家的市民社会层面予以保留。换言之，儒家的至善论（perfectionism）的正当范围是社会。而政治国家则由立宪民主制度来形塑，即国家是中立（neutral state）的。于是，社会儒学构想就在国家中立与社会至善论之间实现了平衡。基于此，笔者才认为现代儒学应当以社会（广义的）而不是政治（狭义的）作为存在与发展的途径。

孔子曾经说过："我欲载之空言，不如见之于行事之深切著明矣。"（《史记·太史公自序》）为了更好地证明社会儒学的本质向度，本文继续以杜维明为例来说明。作为 20 世纪中国的两大思潮，现代新儒学与其竞争对手自由主义之间相互作用、相互影响，其重要结果之一就是新儒学对自由主义一些思想观点的接受与改造。新儒学与中国的自由主义在自由民主问题上形成了广泛共识，其差别主要体现在对待中国文化和儒家传统的态度上。③ 新儒家在传统与自由主义的张力之间上下求索。这种长期探索与思考的产物便是：在现代新儒学中形成了一个政治自由主义传统。自丹尼尔·贝尔以来，越来越多的人相信一个人可以同时信奉文化

---

① 朱熹：《答陈同甫》，《晦庵先生朱文公文集》卷三十六，朱杰人等编《朱子全书》第21 册，上海古籍出版社 2010 年版，第 1588—1589 页。

② 王学典也有类似说法。具体参阅氏著《儒家应当打造一种高于自由主义的生活方式》，收入杨永明主编：《当代儒学》（第十一辑），广西师范大学出版社 2017 年版，第 348—350 页。

③ 李明辉：《儒家视野下的政治思想》，北京大学出版社 2005 年版，第 14 页。

上的保守主义、政治上的自由主义和经济上的社会主义。① 其实，早在他提出这个著名公式以前，就有不少新儒家是这一公式的实行者。② 其中，可以较为肯定地认为张君劢、徐复观、杜维明是政治上的自由主义者。政治自由主义是自由主义在政治上的集中体现，反映了自由主义的根本关注所在，反映了自由主义者的共识，因而数百年来倍受诸多自由主义思想家的重视，已形成了相当丰富的理论内容。其基本内容包括：捍卫人权，提倡宪政以约束国家权力，力行民主以增强权力的合法性，实行法治以保护个人自由。

1. 儒学的困境

杜维明曾经把儒学区分为政治化的儒家与儒家伦理，③ 前者乃问题所在，而后者则体现了儒学的普世精神。政治化的儒家之所以存在问题，除了外在的客观条件之外，儒学本身也难辞其咎。在他看来，儒家思想"有它的缺陷和局限性，尤其是在社会政治领域之内。"④ 那么具体来说，儒家的困境何在？"儒家最大的症结是自己没能成立一个完成其道德理想的政治结构，而又不能冲破专制政体所造成的枷锁，因而只能在业已完备的官僚结构中进行有限的转化。"⑤ 换言之，儒家缺乏一个合理的政治结构或政治制度。应该说，杜维明的这个判断是有道理的。确实，儒学的一大困境就是制度的承诺无法兑现理论的承诺，这就导致"圣君贤相"的王道政治理想始终是镜花水月。⑥ 对此，杜维明也是心知肚明的。他多次沉痛指出，儒家的圣王理念从来就没有实现过，⑦ 而都是以王圣的现实

① 丹尼尔·贝尔：《资本主义文化矛盾》，赵一凡等译，生活·读书·新知三联书店1989年版，第21页。

② 方克立：《要注意研究90年代出现的文化保守主义思潮》，《现代新儒学与中国现代化》，天津人民出版社1997年版，第532—533页。

③ 杜维明：《新加坡的挑战——新儒家伦理与企业精神》，《杜维明文集》（第二册），第100页。

④ 同上书，第115页。

⑤ 杜维明：《儒家的抗议精神——谈政治化的儒家》，《杜维明文集》（第五册），第219页。

⑥ 谢晓东：《走出王道——对儒家理想政治的批判性考察》，《哲学动态》2014年第8期。

⑦ 杜维明："以道德理想转化政治这派儒家一直是失败的，并没有成功过。"《儒家哲学与现代化》，载《论中国传统文化》，三联书店1988年版，第115页。转引自胡治洪《全球语境中的儒家论说——杜维明新儒学思想研究》，三联书店2004年版，第111页。

告终。① 问题在于，为何从来就没有实现过呢？杜维明提供了一个简单的理由，即"'内圣外王'的儒家理想是无法付诸实践的，只有圣人才有资格成王的要求也是不现实的。"② 换言之，圣王的理念只不过是一个批判性的"抗议性理想"，③ 因而是无法现实化的。在这种情况下，既然儒家自己的理想不好使，如果有别的思想资源可以弥补自己的短板，那么就没有理由不予以引进、吸收与消化了。尤其是在全球化时代，须知他山之石是可以攻玉的。

2. 自由主义的价值

杜维明意识到，政治自由主义的核心原则是，"个人独立的选择权利，个人谋利的动机，通过契约来规范，人的理性一定能照顾到各个人的利益。"④ 其实，杜在此处的理解不够精确，他刚才谈的应该是自由主义的主要内容。"市场经济、民主政治、公民社会背后的核心价值一定是自由。是它主导了个人自主、个人选择、个人尊严、个人权利等一系列现代西方社会的基础的价值信念。"⑤ 而我们知道，市场经济、民主政治与市民社会，都是自由主义的基本组成部分。杜维明认识到，自由主义在现代已经渗透到社会的各个层次。"从西方中世纪到现代，自由主义的价值已经渗透到政治、经济、社会、教育、宗教等各个领域，所以从这个角度来说，我们这个时代的命运及其所标示的价值诸如自由、独立、多元等都与自由主义密切相关。尤其要指出的是，自由主义在政治建构、制度设计方面的作用更是不可加以忽视。"⑥ 其实，"自由主义在政治建构、制度设计方面的作用"就是政治自由主义的体现。

---

① 杜维明："王圣的实践，而非圣王的观念，成了中国文明中永久的政治现实。"《道·学·政——论儒家知识分子》，《杜维明文集》（第三册），第528页。

② 杜维明：《道·学·政——论儒家知识分子》，《杜维明文集》（第三册），第526页。

③ 关于"抗议性理想"一词，可以参阅［美］乔·萨托利《民主新论》，冯克利、阎克文译，世纪出版集团、上海人民出版社2009年版，第270—271页。

④ 杜维明：《自我认同的谱系：兼论儒家与自由主义》，《杜维明文集》（第五册），第268页。

⑤ 哈佛燕京学社、三联书店主编：《儒家与自由主义》，第39页。

⑥ 杜维明、东方朔：《杜维明学术专题访谈录——宗周哲学之精神与儒家文化之未来》，复旦大学出版社2001年版，第225页。

3. 自由主义能从根本上克服儒学的困境

杜维明清醒地认识到"儒学第三期发展"的问题是如何回答科学与民主提出来的挑战。① 因此，他继承其师徐复观的思路，力图实现儒学的现代转换，凸显其人文主义色彩以在儒学与自由主义之间架设桥梁。徐复观同意自由主义的普遍主义性质，他反对那种认为自由主义产生于西方因而不适合中国的言论，"近代民主自由，虽启发自西方，但一定要在人类中，开花结果"。② 在此基础上，徐的弟子杜维明明确指出，自由主义民主（政治自由主义/立宪民主制度）是儒学得以再生的条件。"作为一种充分发展的政治体系的民主，则是近代的现象，它在中国从未出现过。它也不可能从儒家思想本身发展出来，尽管我们在回顾的时候发现儒家伦理中有些民主的成分。所以，在儒家思想的范畴内，新的民主形式的产生，必须依靠比方像议会那样的西方民主结构。这不是中国所固有的东西。"③

儒学的缺陷可以由民主来填补，不过之前还要解决一个问题，即儒学是否能够经受民主的考验。对此，杜维明指出，宋明儒学的价值应该"受到西方文化的洗礼，要对人权、民主、市场经济、法治等最基本的现代文明的价值，作出创建性回应，使之成为自己的资源。否则，儒家传统是无法生存的。"④ 看来，在现代条件下，能否通过立宪民主制度的检验成为了关乎儒学生死存亡的关键。对于儒学来说，民主简直是好处多多。其中一种是对抗儒学在政治领域的堕落，"民主的程序是对抗儒家思想的政治化的最重要的方法之一。"⑤ 好处不止如此，杜维明还认为，"儒家的理想人格，在现代自由民主的氛围中比在专制条件下更能实现。"⑥

---

① 杜维明：《道·学·政——论儒家知识分子》，《杜维明文集》（第三册），第649页。

② 徐复观：《国史中人君尊严问题的探讨》，《儒家政治思想与民主自由人权》，台北：八十年代出版社1979年版，第168页。

③ 杜维明：《新加坡的挑战——新儒家伦理与企业精神》，《杜维明文集》（第二册），第129页。

④ 杜维明：《从亚洲危机谈工业东亚模式》《杜维明文集》（第四册），第459页。

⑤ 杜维明：《新加坡的挑战——新儒家伦理与企业精神》，《杜维明文集》（第二册），第135页。

⑥ 杜维明：《儒学的理论体系与发展前景》，《杜维明文集》（第四册），第466页。

就此而言，立宪民主制简直就是儒学的大救星。民主是一种儒家应该吸收借鉴的理念与制度，而自由主义也是如此。"自由主义有一个基本假设，它是从最低的要求来谈的，不是在理想上完成自我人格，而是从最平常的环境下面人们的相处之道，如此定下了最基本的价值。"① 自由主义确立了行为的底线，而这个底线就是所谓的最低要求。"在最低的要求方面是没有什么可以妥协的。"② 就此而言，杜维明确实也是一个自由主义者。对此，部分读者可能会有疑虑。在我看来，疑虑是可以消除的。杜维明指出，"对儒家而言也一样，它要进一步发展，有个前提就是要现代化，我们要现代化你就要接受自由主义的自由、民主、人权等基本理念的考验，这是儒家进一步发展不可或缺的任务"。③

4. 政治自由主义限定儒学

问题在于，儒学与自由主义这两种成分，占据主导地位的是什么呢？尤其是当二者发生冲突时，何者优先呢？对此，作为新儒家的杜维明毫不含糊。"要建构自由主义理念认为所要建构的那套秩序，这条路没有任何一个现代文明社会能够摆脱掉，没有这套秩序，其他任何高远的理想都不必谈，一定是异化。"④ 因此，对杜维明而言自由主义秩序是不可跨越的。"我们举证了以上自由主义的贡献，最大公约，最大程度的相对公正、最底线的价值标准，以及自由、民主、人权这些价值理念，和它的宽容原则；那么，面对这一切，儒家作为一个有涵盖性的文明接受这些的可能性有没有？或者是否有必要？在我看来，不仅可能，而且必要。换言之，假如这些原则和儒家的基本信念发生冲突，不是这些原则要改变，而是我们要重新思考儒家的原则。"⑤ 可以认为，在杜维明看来，政治自由主义的基本理念与原则，不是儒学所能挑战的。而事实上，杜维明也无意挑战。一般认为，立宪民主制度是自由主义与民主的结合。⑥ 而

---

① 杜维明：《自我认同的谱系：兼论儒家与自由主义》，《杜维明文集》（第五册），第270页。

② 同上书，第269页。

③ 哈佛燕京社、三联书店主编：《儒家与自由主义》，第123页。

④ 同上书，第114页。

⑤ 哈佛燕京社、三联书店主编：《儒家与自由主义》，第115—116页。

⑥ 乔·萨托利：《民主新论》，第338—340页。

以杜维明为代表的儒家，则同时接纳了民主与自由主义，即立宪民主制度。在这种情况下，杜维明才把"五四"以来的八十年里所形成的自由主义看成是中国最珍贵的传统之一，他号召"海内外华人共同合作一起来开发自由主义的资源"。①自由主义所构造之秩序的核心就是建立在政治自由主义基础之上的基本制度，具体来说就是立宪民主制度。立宪民主制度是现代政治的基本结构。就此而言，儒学在该（制度）层面的资源是极为有限的。需要指出的是，这里的"制度"一词是指一个社会的主要制度，故而我采纳的是比较狭窄的含义，它相当于罗尔斯意义上的"社会的基本结构"或者"政治结构和主要的经济和社会安排"。② 自由主义在制度文明领域取得了巨大进展，在其走向全球之后儒学便因此得到了史无前例的发展机会。而这种机会，主要体现在非政治的社会层面。③

　　通过和杜维明的对话，本文对社会儒学概念的三重向度予以了分析与证明。第一，社会儒学不但是一种现代的儒学形态，也可以是一种未来的儒学形态。第二，社会儒学不但是中国的、东亚的儒学，也将是整个世界的儒学。换言之，儒学的世界化。诚如杜维明所说："如果儒学第三期的发展真有可能的话，它不会只局限于中国或是东亚，它必须流出中华世界去接纳新的水源，以维持其不绝的生命力。"④ 第三，社会儒学能够在时空的两重向度上具有一般性与普遍性的内在依据就是其本质向度，该向度是对儒学与自由主义之关系的一种特殊处理方式。这是一种承认立宪民主制度在政治领域的第一义以及儒学在社会（包括个体）层

---

① 杜维明：《"五四"·普世价值·多元文化》，《杜维明文集》（第五册），第 315 页。

② 罗尔斯：《正义论》，何怀宏等译，中国社会科学出版社 1988 年版，第 7 页。

③ 当然，有时杜维明对"制度"一词的使用较为广义。比如，"儒家如果只是伦理学意义上个人修身的一套价值理念，而在整个大的历史时机的制度安排、制度转化、制度创新上没有任何积极作用，制度安排一定要在儒家之外才能取得，那儒家发展的空间就非常小，可能性也很弱。"（哈佛燕京学社、三联书店主编：《儒家与自由主义》，第 43 页。）再比如，杜维明指出，佛教对印度文化予以了批判，"它提出了一些理念，它也有制度创新，因为佛教才出现了出家人所建立的这些制度，类似丛林制度等等。没有佛教的理念，它是不可能出现的。"（哈佛燕京学社、三联书店主编：《儒家与自由主义》，第 56 页。）这里所谓的制度，都是较为局部和细小的，从社会儒学的视角来看是属于社会领域的，因而不足以挑战本文对制度的规定。

④ 杜维明：《儒教》，陈静译，三联书店 2008 年版，第 147 页。

面发挥作用的分工协作模式。就此而言，杜维明所代表的现代新儒学也可以理解为社会儒学的一种形式。至此，可以得出本文的结论如下：社会儒学是后共同体时代（既指向现代也指向未来），以市民社会为基本立足点，以非政治化为基本特征，以人伦日用为基本关注点，以全球社会为存在与发展途径的一种儒学形态。

附　录

空想自由主义：
对李贽思想的一种新定位

　　李贽（1527—1602）在其生前就已经有了"异端"的名声。据其夫子自道，"弟异端者流也，本无足道者也。"① 可见，李贽似乎甘居于异端地位。不可否认，此种自我认同也是他对于外部世界的一种情绪化反应。"又今世俗子与一切假道学，共以异端目我，我谓不如遂为异端，免彼等以虚名加我，何如？"② 异端可以区分为思想与行为两个层面，而本文要探讨的则是李贽的思想层面。明末清初的顾、黄、王等人都认为李贽之所以是异端在于其"狂禅"倾向。而现代的研究者比如容肇祖、嵇文甫和狄百瑞等人，则多从近代西方思想角度来考察李贽。容肇祖认为李贽的思想是"很自由的，解放的，是个性很强的，并且是适性主义的"。③ 在容氏那里，所谓自由主要是从解放思想的视角去立论的，他尚未着手分析李贽的自由思想的具体内涵。嵇文甫把泰州学派视为左派王门，而李贽则是泰州学派的典型代表。他认为李贽是"极端自由主义，极端发展个性主义"的。④ 遗憾的是，嵇氏的上述陈述还仅仅停留在论断层面，而未进一步解释是怎样的"极端自由主义"。后来，狄百瑞则认为李贽是

<hr />

① 李贽：《复邓石阳》，《焚书》卷一，《李贽文集》第一册，社会科学文献出版社 2000 年版，第 10 页。
② 李贽：《答焦漪园》，《焚书》卷一，《李贽文集》第一册，第 7 页。
③ 容肇祖：《明代思想史》，河南人民出版社 2016 年版，第 234 页。
④ 嵇文甫：《晚明思想史论》，东方出版社 1996 年版，第 70 页。

王门中"最反传统、最个人主义",而且是"极端个人主义"。① 与嵇氏相似,狄百瑞也没有进一步论证他的看法。在前人的研究基础之上,本文拟对李贽的所谓异端思想在全球视野下予以新的定位与证明。本文的观点是,李贽之思想的实质是空想(utopian)自由主义。所谓空想自由主义,是相对于现实(real)自由主义而言的。从形式上看,其虽然具备了自由主义的一些理论要素,但是缺乏自由主义的制度要素,故而无法构成自由主义的充要条件。具体来说就是,空想自由主义是一种重视人的感性欲望,鼓吹多元、平等和宽容,追求个体的自由、解放和人格独立的学说。与此同时,因为忽略了制度尤其是法律对自由的保护,没有注意到法治、宪政与市场经济的根本作用,所以找不到实现自由的有效手段。于是,其对个体自由的追求就还停留在空想状态。笔者以为,洛克的思想意味着自由主义克服了之前的空想状态,而演化为一种现实形态。就此而言,可以说自由主义有一个从空想到现实的演化过程。从全球视野而言,明代后期李贽的思想,其实是空想自由主义的一种表现形式。本文分成四个部分:首先分析李贽对自由的看法;其次考察欲望在他自由观中的基础性地位;从五个方面探讨李贽自由观的哲学基础构成了第三部分;而最后则指出制度是其自由观的盲点,从而点破了空想自由主义和现实自由主义的基本差异。

一 自适、自治、自主、自立

自由主义是以自由为中心的学说,而自由的含义多样。根据伯林的经典论述,存在两种自由观念,一是消极自由,一是积极自由。② 对于李贽来说,他的自由观是以积极自由为中心的。在笔者看来,积极自由具有多个向度,其中就包括自适、自治、自立与自主等。对此,李贽都有着丰富的论述。

---

① [美]狄百瑞:《中国的自由传统》,李弘祺译,贵州人民出版社2009年版,第110—111页。

② [英]伯林:《两种自由概念》,载《自由四论》,胡传胜译,译林出版社2003年版,第186—246页。

1. 自由意味着为己（自适）

为己与为人是早期儒学就有的一对概念，指的是学问的目的是为了自己的人格成长还是为了获取外在的利益。① 而对于李贽来说，他赋予了这两个概念以新的含义。"士贵为己，务自适。如不自适而适人之适，虽伯夷、叔齐同为淫僻；不知为己，惟务为人，虽尧、舜同为尘垢秕糠。"② 此处，为己与为人是对立的，在这种情况下，李贽强调的是为己。可以说，李贽在此处的理解和儒学传统既有相同的一面，也有差异的一面。相同点是李贽与早期儒家都强调为己，而不同点在于李贽对为己的规定性是不一样的。他用"自适"来界定"为己"，所谓的"自适"是指出自自己，其重点在"自"上而不在"适"上。而在另一处，李贽则把"为己"与"为人"二者统一起来。"为己便是为人，自得便能得人，非为己之外别有为人之学也。"③ 需要指出的是，李贽是把"为人"统一到"为己"里而不是相反，这就清晰地表达了李贽对"己"的极端重视。而"己"，用现代汉语来表达就是"我"。当然，这里的我仅仅指的是小我，而不是什么所谓的大我比如宗族、民族、国家与阶级之类的宏大叙事。在李贽那里，如果不自适，那么伯夷叔齐那样的君子都是荒谬的；如果不为己，那么尧、舜那样的圣王就像尘土一样渺小和无用。这种观点似乎有伦理利己主义的倾向，这就把"为己"提高到了一种相当高的地位。于是，"己"似已获得了目的的地位。

2. 自由就是自治

在李贽那里，自由的一个基本含义就是自治，尤其是让民众得以自治。他认为人的本性就是自治的，若政府乱作为而不让老百姓自治，则是对人的本性的戕害。"君子以人治人，更不敢以己治人者。以人本自治，不待禁而止之也。若欲有以止之而不能听其自治，是伐之也。"④ 在李贽看来，自治意味着多样性而不是整齐划一的。整齐划一是专制的产

---

① "古之学者为己，今之学者为人。"（《论语·宪问》）

② 李贽:《答周二鲁》，《焚书》增补一，《李贽文集》第一册，第251页。

③ 李贽:《答周柳唐》，《焚书》增补一，《李贽文集》第一册，第255页。

④ 李贽:《道古录》卷下，《李氏全集注》第十四册，社会科学文献出版社2010年版，第289页。

物而不是自由的产物。"至人则不然：因其政不易其俗，顺其性而不拂其能。君子之治，本诸身者也；至人之治，因乎人者也。本诸身者，取必于己；因乎人者，恒顺于民……有仕于士者，乃以身之所经历者，而欲人之同往；以己之所种艺者，而欲人之所同灌溉。是以有方之治而驭无方之民也，不亦昧于理欤？"① 这里，李贽区别了"君子之治"与"至人之治"，前者属于儒家的范畴，而后者则属于李贽所欣赏的类型。君子之治的典型方法就是《大学》所推崇的恕道。但是在李贽看来，恕道的哲学前提"以己度人"是错误的。李贽认为，他人与自己是两个不同的存在个体，即所谓"人之与己，不相若也"。自己的偏好与他人的偏好，很可能是不同的。故而，就不可以把自己的偏好普遍化为天下人的偏好。而"至人之治"的特征则是"因乎人者也"，从而区别于"本诸身者，取必于己"的君子之治，呈现为"因乎人者，恒顺于民"。"至人"这个概念来自于《庄子》，故而就自治这一层面来看，李贽的自由思想和庄子是比较接近的。后世的严复，也曾经用老庄的思想来诠释自由。就此而言，李贽可以说是严复的先驱。不过，本文认为，李贽所推崇的"至人之治"也可以理解为自由主义的自由放任以及国家中立。②

3. 自由意味着不受管束

李贽对自由还有一个特殊的规定，那就是不受管束。他回顾自己的过去，说道："余唯以不受管束之故，受尽磨难，一生坎坷。"③ 应该说，这种自由的含义，表明李贽的自由观中具有浓厚的空想成分。他没有意识到自由应该是法律之下的自由，是受制度保障的自由，而不是不受管束的自由。这种自由观，在庄子那里，在魏晋玄学家那里，都可以发现类似的表述。为了减少受人管束，李贽甚至削发出家。"今我亦出家，宁有过人者？盖大有不得已焉耳。……缘我平生不爱属人管……只以不愿

---

① 李贽：《论政篇》，《焚书》卷三，《李贽文集》第一册，第81—82页。
② 吴根友也指出，此处的"至人之治"含蓄地表达了具有自由主义气息的政治理想。具体参阅氏著《中国现代价值观的初生历程——从李贽到戴震》，武汉大学出版社2004年版，第146页。
③ 李贽：《豫约·感慨平生》，《焚书》卷四，《李贽文集》第一册，第174页。

属人管一节，既弃官，又不肯回家，乃其本心实意。"① 在专制主义秦汉之后的古代中国，出家人相对于普通人来说是要多享有一些自由。比如，沙门见到帝王就不用下跪，也不用承担当兵与纳税等义务。但是，李贽个人固然可以出家，从而多享受一些自由，但是，其做法是不可以普遍化的。而且，即便是这样，他也遭到了朝廷的逮捕而被迫自杀。这就说明，现实的自由是社会中的自由，人必然会受到管束，所谓"人是生而自由的，却无往不在枷锁之中"② 是也。因而，关键不在于是否不受管束，而是管束人的是抽象的法律制度还是具体的任性的人。如果是后者，则人享有的就不是真正的自由；如果是前者，人才能享有真正的自由。其实，这就是法治与人治的根本区别所在。从自由的含义来看，不受管束其实强调的是自主的层面。

4. 自由就是自立

李贽认为，自立是自由的重要内涵。在他看来，"既无以自立，则无以自安。无以自安……吾又不知何以度日，何以面于人也。"③ 自立的基本含义就是独立，而李贽非常注重人格独立。在他看来，人格独立的人就是大人，就是能够庇护他人的人。而人格不独立的人则为小人，也就是需要庇护于人的人。"大人者，庇人者也；小人者，庇于人者也。"④ 更为严重的是，人格不独立的人之见识与力量都会不足。在李贽所生活的时代，能够自立者寥寥。"今之人，皆受庇于人者也，初不知有庇于人事也。居家则庇荫于父母，居官则庇荫于官长，立朝则庇荫于宰臣，为边帅则求庇荫于中官。……豪杰凡民之分，只从庇人与庇于人处识取。"⑤ 在这种情况下，李贽却宣称要是不能够独立而依附于他人，这比死亡还难受。"若要我求庇于人，虽死不为也。历观从古大丈夫好汉尽是如此。"⑥ 此外，自立还有一层含义，就是自出。在《童心说》中，李贽就

---

① 李贽：《豫约·感慨平生》，《焚书》卷四，《李贽文集》第一册，第 173 页。
② 卢梭：《社会契约论》，何兆武译，商务印书馆 1982 年版，第 1 页。
③ 李贽：《答周西岩》，《焚书》卷一，《李贽文集》第一册，第 1 页。
④ 李贽：《别刘肖川书》，《焚书》卷二，《李贽文集》第一册，第 53—54 页。
⑤ 同上书，第 53—54 页。
⑥ 李贽：《与耿克念》，《续焚书》卷一，《李贽文集》第一册，第 18—19 页。

指出，"夫既以闻见道理为心矣，则所言者皆闻见道理之言，非童心自出之言也。言虽工，于我何与？"① 此处，李贽强调自童心或真心中所流淌出来的话语，才是和自己相干的。言语要自出，体现了一种对自由的高度要求，是自立的一种体现。

以上几个段落从自适、自治、自主与自立的四个角度分析了李贽对自由的看法。如果李贽的自由观仅限于此，那么他就没有从根本上超越中国传统的尤其是儒、道的自由观。李贽的自由观之所以有价值，很大程度上还在于他注意到了欲望在自由中所扮演的关键角色，而这才是李贽自由观的特色。

二 欲望在李贽自由观中的基础性地位

李贽自由观的独特之处在于，他赋予了欲望以基础性的地位。而这才是李贽的自由观与以庄子的自由观之基本差异所在。②

1. 自然主义的道德观

在李贽著名的童心说中，他提出了自然主义的原则。"夫童心者，真心也……夫童心者，绝假纯真，最初一念之本心也。"③ 此处，真心是相对于假心而言的。正如有识者所云："李卓吾所说的童心是指人的毫无矫饰的赤裸裸的心，而这里的人是有欲望的活生生的人。"④ 问题是，人的欲望在道德中居于一种什么地位呢？在李贽看来，生存欲和私欲是根本的，从而在此基础上确定了新的道德规范。基于此，他以自然主义的方式赋予礼以新的理论基础。"故自然发于情性，则自然止乎礼义，非情性之外复有礼义之可止也。"⑤ 情性是礼义的基础，而情性又是人人有差异

---

① 李贽：《童心说》，《焚书》卷三，《李贽文集》第一册，第92页。
② 李光福也指出李贽的自由观极富现代精神，"对自由的追求落实到感性、现实、社会的层面"。但是，李氏并没有从全球视野来看待李贽自由观的价值与意义，更没有从空想自由主义到现实自由主义的角度来对李贽的思想予以定位。而这些，正是笔者所要做的工作。关于李氏的论文可以参阅《李贽与中国的自由传统》，《南开学报》2003年第2期。
③ 李贽：《童心说》，《焚书》卷三，《李贽文集》第一册，第91—92页。
④ ［日］沟口雄三：《李卓吾·两种阳明学》，孙军悦、李晓东译，三联书店2014年版，第42页。
⑤ 李贽：《读律肤说》，《焚书》卷三，《李贽文集》第一册，第123页。

的。情性自然而产生，也会自然而合乎礼义。当然了，这个说法有些夸张，但我们也不必因辞害意。李贽上文所说的充分表明了其自然主义的态度，即自然的就是合理的。① 而且，个体的情、性、心不是人的道德行为所指向的改造对象，而是道德行为的出发点。此所谓"不必矫情、不必逆性、不必昧心、不必抑制。"② 总之，李贽的自然主义是强调尊重人的真实的情感与倾向，而不是对此予以矫正与改造。可以说，这种思想倾向和霍布斯、洛克以来的西方政治哲学的发展方向是一致的。

2. 对于私或个体利益的重视

宋明理学强调要"存天理灭人欲"，这在某种程度上把公与私对立起来了。对于李贽来说，他可谓是逆潮流而行，因而他对于私是高度重视的。"夫私者人之心也，人必有私而后其心乃见，若无私则无心矣。"③ 李贽还从道德心理学的角度予以进一步的分析，"趋利避害，人人同心，是谓天成。"④ 这就意味着趋利是人的本心，具有自然的正当性。外在的财富地位这些东西，都是人的自然欲求的满足对象。"富贵利达，所以厚吾天生之五官，其势然也。"⑤ 世人都追逐财富地位，但是只有一小部分人能够成功。至于到底是什么人成功，则是由天所决定的。⑥ 前贤多以为，李贽的这种对于私或个体利益的高度重视，或许是对明中晚期商品经济迅速发展的一种曲折的反应，也是他对耻于言利的传统的一种拨乱反正的体现。李贽的这个思想，和老庄强调清心寡欲的思想传统也是直接对立的。就此而言，李贽既超越了儒家，也超越了道家。本文从正面把李

---

① 从哲学的角度来看，李贽有在经济层面强调自由放任的思想倾向。李贽以为，在生存竞争中必然会产生不平等。他并不觉得不平等不好，而是认为这是自然的，因而也是正当的。也就是说，他把自由竞争所导致的弱肉强食看作是天道。这是对儒家道德主义的突破，从而具有现实主义的品格。"强弱众寡，其材定矣。强者弱归之，不归必并之；众者寡之附，不附即吞之。此天道也。虽圣人其能违天乎哉?"（李贽：《道古录》卷下第七章，《李氏全集注》第十四册，第292页）

② 李贽：《失言三首》，《焚书》卷二，《李贽文集》第一册，第76页。

③ 李贽：《德业儒臣后论》，《藏书》卷三二，《李贽文集》第二册，第626页。

④ 李贽：《答邓明府》，《焚书》卷一，《李贽文集》第一册，第38页。

⑤ 李贽：《答耿中丞》，《焚书》卷一，《李贽文集》第一册，第15—16页。

⑥ 李贽：《道古录》卷上第九章，《李氏全集注》第十四册，社会科学文献出版社2010年版，第252页。

贽定位为（空想）自由主义者，其对于私或个体利益的强调就是极其重要的一环。

3. 欲望是礼的基础

李贽非常重视欲望。一般认为，财富地位与名誉是欲望的基本组成部分。李贽对明显是以追逐金钱为目的的商人颇为理解。[①] 商人阶层在中古社会是受到歧视的，但是李贽则为商人的牟利行为正名。这种思想，具有很强的现代性要素。不仅如此，李贽还赋予了欲望尤其是自然欲望以正当地位。相对于宋明理学的主流在礼与理之间的直接同一，李贽则把欲望看作是礼的基础。这就意味着，礼的基础是欲望（情感）而不是理（理性），这就很大程度上重构了礼的基础。"好恶从民之欲，而不以己之欲，是之谓礼。"[②] 具体而言，礼的本质是人的欲望而不是治理者的狭隘的欲望。不过，人与人及其欲望又是有巨大差异的，故而礼必须要能够容纳这些差异。"使天下之民，各遂其生，各获其所愿有，不格心归化者，未之有也。世儒既不知礼为人心之所同然，本是一个千变万化活泼泼之理，而执之以为一定不可易之物，故又不知齐为何物，而故欲强而齐之，是以虽有德之主，亦不勉于政刑之用也。吁！礼之不讲久矣。"[③] 我们知道，礼在传统中国是居于支配地位的一种规范体系。而这套体系在李贽那里其基础竟然是欲望而不是理性，可以说这是对宋明理学的一种颠覆。顺着这个方向走下去，就是哈耶克所说的，是本能而不是理性在主导演化秩序。[④]

4. 情欲与自由

李贽认识到，自由不是对情欲的抑制，而是对情欲的张扬。所谓"不必矫情、不必逆性、不必昧心、不必抑制"是也。自霍布斯（1588—1679）以来的西方政治哲学，走出了视自然人性为恶从而去克制它的路

---

① 李贽：《又与焦弱侯》，《焚书》卷二，《李贽文集》第一册，第45页。
② 李贽：《道古录》卷上第十五章，《李氏全集注》第十四册，社会科学文献出版社2010年版，第271页。
③ 李贽：《道古录》卷上第十五章，《李氏全集注》第十四册，第271页。
④ ［英］哈耶克：《致命的自负》，冯克利、胡晋华译，中国社会科学出版社2000年版，第1—27页。

子,而是走向了承认人的欲望的合理性,并把基本的欲望即"保存自己"视为自由以及政府存在的目的。其实,在霍布斯之前,李贽已经有了类似的思路。承认欲望在自由中的基础性地位,这是李贽自由观的特色所在。在李贽之前,庄子认识到了自由的可贵。但是,庄子所谓的自由仅仅是精神上的逍遥,是一种摆脱人类文明的精神状态。其实,这种精神状态下所谓的自由就是无政府主义之下的自由。① 从现实的自由主义的角度来看,庄子的自由观是任意的,是脱离了文明的一种幻想,完全没有实现的可能性。从现实的自由主义的角度来看,李贽的自由观由于赋予了欲望以基础性地位,故而还有实现的可能性。只不过其自由观的短板是忽略了制度对实现自由的作用,故而不是现实的,而是空想的。

三　李贽自由观的哲学基础

李贽的自由观一方面集古代自由观之大成,这是其继往的向度。另一方面他又赋予了欲望在自由中以基础性地位,这是其开来的一面。那么,李贽的自由观为何会呈现上述面貌? 这就涉及了其自由观的哲学基础问题。

1. 多元主义

不像程朱理学那样往往视道为一,从而秉承真理的一元论,李贽则不一样,他是支持多元主义的。基本原因在于,在他的核心思想"童心说"中,剔除了客观意义上的理②。因而李贽指出:"夫道者,路也,不止一途;性者,心所生也,亦非止一种已也。"③ 在他看来,道路有多种,而人的心性也是不一致的。在这种情况下,多元本身就具有正当性。人与政府的行为,应该尊重这一理性的多元论事实,即"莫不有情,莫不有性,而可以一律求之哉!"④ 不可以"一律求之"就意味着听民自治,而其哲学基础就是多样性原则本身。"夫天下至大也,万民至众也,物之不齐,又物之情也……只就其力之所能为,与心之所欲为,势之所必为

---

① 陈鼓应:《老庄新论》,商务印书馆 2008 年版,第 259—265 页。
② 杨国荣:《李贽——王学向异端的演变》,《江淮论坛》1988 年第 2 期。
③ 李贽:《论政篇》,《焚书》卷三,《李贽文集》第一册,第 81 页。
④ 李贽:《读律肤说》,《焚书》卷三,《李贽文集》第一册,第 124 页。

者以听之。则千万其人者，各得其千万人之心，千万其心者，各遂其千万人之欲，是谓物各付物。"① 情性展开为欲望，而欲望可以凝聚为偏好。而人的偏好具有多样性甚至是彼此冲突的，因此不可强求一致。这从逻辑上必然导致走向宽容。李贽也从知识论的角度强化了宽容的必要性。他在对《大学》中的"明明德"与"止于至善"予以解释时，就指出"德未易明，止未易知"。② 而学界普遍认为，多元主义与宽容都是自由主义的基本原则。

2. 价值的主观主义

在多元主义的基础之上，李贽进一步走向了价值的主观主义。在李贽那里，价值的主观主义与反形而上学是紧密联系的。他指出："穿衣吃饭，即是人伦物理。除却穿衣吃饭，无伦物矣。世间种种皆衣与饭类耳，故举衣与饭而世间种种自然在其中，非衣饭之外更有所谓种种绝与百姓不相同者也。"③ 在他看来，形而下的衣食之外不存在什么形而上的根源。李贽还说道："夫妇，人之始也。有夫妇然后有父子，有父子然后有兄弟，有兄弟然后有上下。夫妇正，然后万事万物无不出于正矣。夫妇之为物始也如此。极而言之，天地，一夫妇也，是故有天地然后有万物。然则天下万物皆生于两，不生于一明矣。而又谓'一能生二，理能生气，太极能生两仪'，不亦惑欤！夫厥初生人，惟是阴阳二气，男女二命耳。初无所谓一与理也，而何太极之有？以今观之，所谓一者果何物？所谓理者果何在？所谓太极者果何所指也？"④ 这里，李贽明确反对程朱的理本论的形上学，不承认什么最后的绝对的存在如"一"、"理"和"太极"之类的概念。这就搬去了客观真理与价值的形上根源。基于此，在李贽看来，"人之是非，初无定质。人之是非人也，亦无定论。无定质，则此是彼非并育而不相害；无定论，则是此非彼亦并行而不相悖矣。"⑤ 应该说，李贽的上述思想具有相对主义的性

---

① 李贽：《道古录》卷上第十五章，《李氏全集注》第十四册，第271页。
② 李贽：《答周若庄》，《焚书》卷一，《李贽文集》第一册，第2页。
③ 李贽：《答邓石阳》，《焚书》卷一，《李贽文集》第一册，第4页
④ 李贽：《夫妇篇总论》，《初潭集》，《李贽文集》第五卷，第1页。
⑤ 李贽：《世纪列传总目前论》，《藏书》卷一，《李贽文集》第二册，第7页。

质。而相对主义，则否定了真理与价值的绝对性，或者说客观性，从而具有打碎一切僵化存在的解放思想的作用。价值的形成，很大程度上就是一个选择过程。"咸以孔子之是非为是非，故未尝有是非耳。然则予之是非人也，又安能已？夫是非之争也，如岁时然，昼夜更迭，不相一也。昨日是而今日非矣，今日非而昨日又是矣。"① 在秦汉之后的中国，孔子思想具有最大的权威。但是，李贽却反对以"孔子之是非为是非"。他甚至认为，"虽使孔夫子复生于今，又不知作如何非是也，而可遽以定本行赏罚哉？"在这种情况下，李贽指出，"但无以孔子之定本行赏罚也，则善矣。"应该说，在儒教中国，李贽的言论是非常大胆出格的。这就是典型的价值主观主义，即否认客观的真理与价值。对于一个人来说是神的，对于另一个人来说可能是魔鬼。从哲学上来看，价值主观主义是自由主义的一项要素。②

3. 反权威主义

这是前两点的逻辑结论。既然没有客观的价值，也没有单一的真理，这就意味谁也无法垄断真理与价值，这就客观地导向了反权威主义。据此，李贽勇敢地对经典权威予以解构，他说道："夫六经、《语》、《孟》，非其史官过为褒崇之词，则其臣子极为赞美之语，又不然，则其迂阔门徒、懵懂弟子，记忆师说，有头无尾，得后遗前，随其所见，笔之于书。后学不察，便谓出自圣人之口也，决定目之为经矣，孰知其大半非圣人之言乎？"③ 李贽还进一步对圣人的权威予以直接挑战，"纵出自圣人，要亦有为而发，不过因病发药，随时处方，以救此一等懵懂弟子，迂阔门徒云耳。医药假病，方难定执，是岂可遽以为万世之至论乎？"④ 李贽还以自己的童心说反驳了上述经典之权威，"然则六经、《语》、《孟》，乃道学之口实，假人之渊薮也，断断乎其不可以语于童心之言明矣。呜呼！吾又安得真正大圣人童心未曾失者而与之一

---

① 李贽：《世纪列传总目前论》，《藏书》卷一，《李贽文集》第二册，第 7 页。

② 谢晓东：《现代新儒学与自由主义》，东方出版社 2008 年版，第 94—96 页。

③ 李贽：《童心说》，《焚书》卷三，《李贽文集》第一册，第 93 页。

④ 同上。

言文哉!"① 可见,李贽机智地一点点地解构了六经、《论语》以及《孟子》的权威,从而把个体作为认定权威的主体。或许,我们还会记得康德的著名论文《问答这个问题:什么是启蒙》当中所提出的观点,启蒙就意味着人们可以公开地自由地运用自己的理性。② 其实,李贽非常强调要运用自己的理性。仅此而言,李贽的思想在晚明确实具有明显的启蒙含义。

4. 个体主义(individualism)

一般认为,个体主义是自由主义的核心原则。③ 总的来说,李贽的思想有较多的个体主义倾向。从本体论的角度来看个体之间具有很大的差异,"夫天下至大也,万民至众也,物之不齐,又物之情也。"这种个体之间的差异性,不是不好的,而是应当予以尊重的。"或欲经世,或欲出世;或欲隐,或欲现;或刚或柔,或可或不可,固皆吾人不齐之物情,圣人且任之矣。"④ 那么,为何要尊重这些差异性呢? 或许,李贽有类似于康德所说的"人是目的"的思想。比如,他指出,"夫天生一人,自有一人之用,不待取给于孔子而后足也。若必待取足于孔子,则千古以前无孔子,终不得为人乎?"⑤ 这句话说明了每一个人都是目的自身,是不依赖于任何外在事物而自身就具有自足的价值。而且,个体所遵循的法则是"趋利避害,人人同心,是谓天成"。这就破除了儒家道德主义的思维倾向,而把人看作是一种自然存在物。人不是利他的,很大程度上是利己的。"夫私者人之心也,人必有私而后其心乃见,若无私则无心矣。"在李贽所谓的童心中,私心或私人利益又是其基本内容。而这相对于王阳明强调的"无我",⑥ 是多么明显的不同。其实,这种精神就是个体主

---

① 李贽:《童心说》,《焚书》卷三,《李贽文集》第一册,第93页。
② 康德:《历史理性批判文集》,何兆武译,商务印书馆1990年版,第24页。
③ 李强:《自由主义》,东方出版社2015年版,第146—169页。
④ 李贽:《道古录》卷上第十五章,《李氏全集注》第十四册,社会科学文献出版社2010年版,第259页。
⑤ 李贽:《答耿中丞》,《焚书》卷一,《李贽文集》第一册,第15页。
⑥ 王阳明说道:"人心本是天然之理,精精明明,无纤介染著,只是一无我而已。"(《传习录下》)

义的精神。①

5. 平等主义

个体主义必然展开为平等主义。故而，李贽的思想具有强烈的平等主义倾向。首先，每个个体都是目的自身。他说道："夫天生一人，自有一人之用，不待取给于孔子而后足也。"也就说，个体具有内在的价值，不需要外在的权威赋予其价值。诚如日本学者所言，李贽不把圣人看成是人的终极价值，即"不把人的本质限定在道德本性上。"② 其次，人皆有功利之心。"故虽圣人，不能无势利之心……吾固曰：'虽大圣人不能无势利之心。'则知势利之心，亦吾人禀赋之自然矣。"③ 这就把圣人与普通人置于同等的道德地位。而且，从心理的角度而言，人行动的法则是一样的，即趋利避害。此外，李贽还提出道德原则应当低调，即应当意味着能够，不能对人提出过高的道德要求。"吾从其能行者而已，吾从众人之所能行者而已。"④ 可以说，这是对儒家主流的道德理想主义的直接批评。最后，李贽还具有某种男女平等的倾向。他曾经说道："故谓人有男女则可，谓见有男女岂可乎？谓见有长短则可，谓男子之见尽长，女子之见尽短，又岂可乎？"⑤ 当然了，李贽并没有西方哲学家一讲到平等问题就必然要涉及法律面前人人平等的论述。

李贽自由观的哲学基础还可以再列举一些，但是以上五个方面应是最为基本的。仅此而言，其与自由主义的基本原则若合符节。这就构成了本文之所以把李贽思想定位为自由主义的基本理由，即一种空想形态的自由主义。

四　制度：李贽自由观的盲点

那么，李贽的自由观又有什么缺陷导致他停留在空想自由主义阶段

---

① 杨国荣也指出，李贽"空前地突出了个体性原则。"在我看来，个体性原则正是个体主义的一种表现。杨的观点参阅其著作《王学通论——从王阳明到熊十力》，华东师范大学出版社2003年版，第215页。

② 沟口雄三：《李卓吾·两种阳明学》，第136页。

③ 李贽：《道古录》卷上第十章，《李氏全集注》第十四册，第255页。

④ 李贽：《寄答耿大中丞》，《焚书》卷一，《李贽文集》第一册，第39页。

⑤ 李贽：《答以女人学道为见短书》，《焚书》卷二，《李贽文集》第一册，第54—55页。

呢？这是因为，李贽的自由观相当程度上忽略了制度尤其是法律的作用。

1. 李贽自由观的短板

应该说，制度是李贽自由观的盲点与短板，也是其自由观与洛克自由观之基本差异所在。李贽的自由观与庄子的自由观有相似之处，李贽强调了自由就是不受人的管束这一向度，而庄子的逍遥也含有这层意思。后来孙中山说因为自由太多了，所以中国人如一盘散沙。其实，他们所说的自由，都含有管束的意思。只不过李贽与庄子是反对管束的，而孙氏则认为管束太少了。李贽和庄子的自由观正是中国人自由观的一个特点，即自由是和法律以及制度的制约相互矛盾的。而自西方的法治传统演变而来的自由主义，则强调据法而自由，强调无法律即无自由。哈耶克甚至认为，法治其实是和自由主义相表里的。①

2. 李贽自由观的盲点形成的原因

为何庄子与李贽都走向了强调法律之外的自由而不是法律之内的自由呢？其实，这要和中国的法律传统联系起来考察。在中国，宗教从来都是政治的婢女，故而无法对政治权力构成制约。而法律没有神圣的起源与意义，这和西方的律法主义传统是大相径庭的。自古以来，中国的法律主要指的是刑法，是用来镇压民众的反抗以及控制统治阶级内部的冲突。中国人形成了恐惧法律，远离法律的思维与倾向。从庄子与李贽的自由观中都可以找到其影响与烙印之所在。中国人不强调对最高统治者权力制度层面的直接制约，而是强调德治，强调正心诚意之类的软性约束。这些某种程度上也体现在李贽的自由观中，即忽略了法律与制度对个体自由的保护。

3. 洛克走向现实的自由主义的原因

那么，洛克为何能够克服空想的自由主义而走向现实的自由主义呢？这是因为：第一，一般原因是西方源远流长的律法主义传统。西方文明有三大源头，一是古希腊的理性哲学，二则是古罗马的法律，三则是古希伯来的宗教。在罗马时期，又产生了自然法的思想。罗马帝国崩溃之

---

① 具体论述请参阅哈耶克《自由秩序原理》（上），邓正来译，三联书店1997年版，第243页。

后，基督教逐渐统一欧洲，从而形成了王权与教权的二元分立。法律具有社会共同控制体系的作用，西方人不把法律看作是对自由的约束，而是看作对自由的保障。这是西方与中国的巨大不同。第二，特殊原因是英国的历史与传统。在英国的封建制度之下，国王的权力受到了贵族事实上的制约，故而权力有限。再加上自 1215 年的大宪章以来，就从法律上确立了王权的有限性。在长期的社会演化中，个体主义的精神逐渐在英国占据了主导地位。英国的社会力量非常强大，可以有效地制约王权。尤其是国会通过战争摧毁了斯图加特王朝，把国王送上了断头台。1689年英国爆发了光荣革命，确立了议会主权原则，宪政体制正式确立。而洛克的现实自由主义，不过是对光荣革命成果的一种事后辩护而已。第三，直接原因是光荣革命所确立的宪政体制。此点学界的相关论述如汗牛充栋，故而就不再赘述了。基于以上几个方面的原因，洛克所阐发的自由主义明确了个体自由与权利是政府得以存在的根据。要保护个体自由，就要控制与约束国家权力。在他看来，对个体自由侵犯最大最多的往往是国家权力，所以必须要制服权力，把权力关进笼子中，并把笼子的钥匙交给人民。洛克推荐的方法就是宪政与法治，而分权制衡就是宪政的一个重要体现。故而，洛克被称为自由主义之父，他是第一个让自由主义从空想变为现实的哲学家。

李贽生活在晚明，而洛克（1632—1704）则主要生活在 17 世纪的英国。从时间上来看，他们相差一百年左右。从空间来看，一个位于东亚大陆，一个地处西欧岛国。巨大的时空差异似乎很容易得出二者之间没有思想的逻辑联系的结论。但是，本文经初步的研究发现，李贽的思想具有诸多自由主义的要素。而这些要素都是自由主义的必要条件，不难使人联想到洛克的现实形态的自由主义。从儒学的标准来看，李贽是异端；而从自由主义的标准来看，李贽却根本不是什么异端，而是一个空想自由主义者。当然了，由于环境与个人思考的缺陷，李贽没有注意到宪政、法治与市场经济的重要性，故而其思想就没有满足自由主义的充分条件，依然还停留在空想自由主义阶段。但是即便如此，这也丝毫不影响其思想之价值。今天，自由、平等、民主、法治已经成为中国的核心价值观。在这种情况下，一方面我们固然需要批判性地借鉴西方自由主义的思想资源，但是另一方面也要注意创造性地吸收本民族的一些相关思考。就此而言，李贽的这种空想形态的自由主义就具有某种现代的相关性。

参考文献

一 英文著作类

1. Immanuel Kant, *The Metaphysical Elements of Justice*, Translated, with a Introduction, by John Ladd, Published by Macmillan Publishing Company, New York, 1986.

2. Immannuel Kant, *The Moral Law：Groundwork of the Metaphysic of Morals*, Translated by H. J. Paton, With a preface, commentary and analysis by H. J. Paton, First published 1948 by Hutchinson, First published by Routledge 1991. London and New York.

3. Immanuel Kant, *Critique of Practical Reason*, Translated by Thomas Kingsmill Abbott, Dover Publications, Inc. New York, 2004.

4. *Kant's Prolegomena to any Future Metaphysics*, By Immannuel Kant, Translated by Paul Carus, A Digireads. com Book, Digireads. com Publishing, 2010.

5. Andrews Reath, *Agency and Autonomy in Kant's Moral Theory：Selected Essays*, Oxford：Clarendon Press, 2006.

6. Susan Meld Shell, *Kant and the Limits of Autonomy*, Harvard University Press, Cambridge, Massachusetts, London, England, 2009.

7. Arthur Ripstein, *Force and freedom：Kant's Legal and Political Philosophy*, Harvard University Press, 2009.

8. *Kant on Moral Autonomy*, Edited by Oliver Sensen, Cambridge University Press, 2013.

9. *Confucian Ethics*： *A Comparative Study of Self*，*Autonomy*，*and Community*，Edited by Kwong-Loi Shun，David B. Wong，Cambridge University Press，2004.

10. *Personal Autonomy*： *New Essays on Personal Autonomy and Its Role in Contemporary Moral Philosophy*，Edited by James Stacey Taylor，Cambridge University Press，2005.

11. *Autonomy and the Challenges to Liberalism New Essays*，edited by John Christiman and Joel Anderson，Cambridge University Press，2005.

12. Gerald Dworkin，*The Theory and Practice of Autonomy*，Cambridge： Cambridge University Press，1988.

13. Gerald F. Gaus，*Value and Justification*： *The Foundations of Liberal Theory*. Cambridge： Cambridge University Press，1990.

14. Richard Lindley，*Autonomy*. Atlantic Highlands，NJ： Humanities Press International，1986.

15. Catriona Mackenzie，and Natalie Stoljar，eds. ，*Relational Autonomy*： *Feminist Perspectives on Autonomy*，*Agency*，*and Social Self*. New York： Oxford University Press，2000.

16. Alfred R. Mele，*Autonomous Agents*： *From Self-Control to Autonomy*. New York： Oxford University Press，1995.

17. Philip Pettit，*Republicanism*： *A Theory of Freedom and Government*. Oxford： Clarendon Press，1997.

18. George Sher，*Beyond Neutrality*： *Perfectionism and Politics*. Cambridge： Cambridge University Press，1997.

19. John Timasi，*Liberalism Beyond Justice*. Princeton： Princeton University Press，2001.

20. Steven Wall，*Liberalism*，*Perfectionism and Restraint*. New York： Cambridge University Press，1998.

21. Bernard Williams，*Ethics and the Limits of Philosophy*. Cambridge： Cambridge University Press，1985.

22. Bernard Williams，*Persongs*，*character and morality*，Moral luck，Philo-

sophical Paper 1973 – 1980, Cambridge University Press, 1981.

23. Bernard Williams, *Shame and autonomy*, in shame and necessity, University of California Press , 1993.

24. Robert Young, *Personal Autonomy*: *Beyond Negative and Positive Liberty*. New York: St. Martin's Press, 1986.

25. John Rawls, *A Theory of Justice*, The Belknap Press of Harvard University Press, Cambridge, Massachusetts, London, England, 1971.

26. Robert Nozick, *Anarchy*, *State*, *and Utopia*, Basic Books, Inc. 1974.

27. Barbara Mackinnon, *Ethics*: *Theory and Contemporary and Issues*（北京大学出版社 2003 年影印版）

28. Francis Fukuyama, *The Origins of Political Order*: *From Prehuman Times to the French Revolution*, Volume 1, Farrar, Straus and Giroux, New York, 2012.

29. Hannah Arendt, *On Revolution*, introduced by Jonathan Schell, Published by the Penguin Group, 2006.

30. Hannah Arendt, *The Origins of Totalitarianism*, A Harvest Book · Harcourt, Inc. 1968.

31. John Locke, *Second Treatise of Government*, Edited, with an Introduction, by C. B. Macpherson, Hackett Publishing Company, Inc. Indianapolis. Cambridge, 1980.

32. Garrett Thomson, *On Kant*, Revised Edition, Wadsworth, 2003.

33. Kant, *Kant Political Writings*, Edited by H. S. Reiss, Published, 1970.（中国政法大学出版社 2003 年影印本）

34. Andrew Heywood, *Key Concepts in Politics*, Published by Palgrave, New York, 2010.

35. Alexis De Tocqueville, *The Ancient Regime and the Revolution*, Translated and edited by GERALD BEVAN, with an Introduction by Hugh Brogan, Penguin Books, 2008.

36. Will Kymlicka, *Contemporary Political Philosophy*, Second Edition, Oxford University Press, 2002.

37. Max Weber, *The Protestant Ethics and the "Spirit" of Capitalism and Other Writings*, Edited, Translated and with an Introduction by Peter Baehr and Gordon C. Wells, Penguin Books, 2002.

38. Martha C. Nussbaum, *Creating Capabilities: The Human Development Approach*, Harvard University Press, Cambridge, Massachusetts, and London, England. 2011.

39. Michael J. Sandel, *Justice: What's the Right Thing to Do?* Penguin Books, 2010.

40. Amartya Sen, *The Idea of Justice*, The Belknap Press of Harvard University Press, Cambridge, Massachusetts, and London, England. 2011.

41. Stephen C. Angle, *Human Rights and Chinese Thoughts: A Cross-Cultural Inquiry*, Cambridge University Press, New York, 2002.

42. Philip J. Ivanhoe, *Confucian Moral Self Cultivation*, Second Edition, Hackett Publishing Company, Inc. Indianapolis/Cambridge, 2000.

43. *The Chinese Human Rights Reader: Documents and Commentary 1900 – 2000*, edited by Stephen C. Angle and Marina Svensson, M. E. Sharpe, Inc. New York. 2001.

44. *Confucianism and Human Rights*, edited by Wm. Theodore De Bary & Tu Weiming, Columbia University Press, New York, 1998.

45. *Asian Values and Human Rights: A Confucian Communitarian Perspective*, edited by Wm. Theodore De Bary, Harvard University Press, Cambridge, Massachusetts, and London, England. 1998.

46. Sor-Hoon Tan, *Confucian Democracy: A Deweyan Reconstruction*, State University of New York Press, 2004.

47. Liu Hong-he, *Confucianism in the Eyes of a Confucian Liberal: Hsu Fu-kuan's Critical Examination of the Confucian Political Tradition*. New York: Peter Lang Publishing, inc, 2001.

48. Daniel A. Bell, *Beyond Liberal Democracy: political thinking for an East Asian context*. Princeton: Princeton University Press, 2006.

49. Antonio S. Cue, *Human Nature, Ritual, and History: Studies in Xunzi*

and Chinese Philosophy, Washington D. C. , the Catholic University of A-
merica Press, 2005.

50. Masayuki Sato, *The Confucian Quest for Order: the Origin and Formation
of the Political of Xunzi*, Leiden; Boston: Brill, 2003.

51. Janghee Lee: *Xunzi and Early Chinese Naturalism*, New York: State Uni-
versity of New York Press, 2005.

52. Homer H. Dubs, *HSUNTZE: The Moulder of Ancient Confucianism*, Tai-
Pei, 1966.

53. Tongdong Bai, *China – The Political Philosophy of the Middle Kingdom*,
Zed Books, London and New York, 2012.

54. Joseph Chan, *Confucian Perfectionism: A Political Philosophy for Modern
Times*, Princeton University, Princeton and Oxford, 2013.

55. Kwong-loi Shun, *Mencius and Early Chinese Thought*, Stanford: Stanford
University Press, 1997.

56. D. D. Raphael, *Concepts of Justice*, Clarendon Press, Oxford, 2001.

57. J. B. Schneewind, *The Invention of Autonomy*, Cambridge: Cambridge U-
niversity Press, 1998.

58. John Knoblock, *Xunzi: A Translation and Study of the Complete Works*,
Vols. 3. Stanford: Stanford University Press, 1994.

二 英文论文类

1. A. S. Cua, "Philosophy of Human Nature", in Cua, Human Nature, Ritu-
al, and History: Studies in Xunzi and Chinese Philosophy, Washington,
D. C. : Catholic University of America Press, 2005.

2. Bryan W. Van Norden, "Mengzi and Xunzi : Two Views of Human Agen-
cy", ed. T. C. Kline and Philip J. Ivanhoe, Virtue, Nature, and Moral A-
gency in the Xunzi.

3. David B. Wong, "Xunzi on Moral Motivation," eds. T. C. Kline and Philip
J. Ivanhoe, Virtue, Nature, and Moral Agency in the Xunzi, Hackett Pub-
lishing Company, Inc. Indianapolis/Cambridge, 2000.

4. David B. Wong, "Relational and Autonomous Selves," *Journal of Chinese Philosophy*, 2004.

5. Alastair Norcross, "Two Dogmas of Deontology: Aggregation, Rights, and the Separateness of Persons," 2008 Social Philosophy & Policy Foundation, Printed in the USA.

6. Harry Brighouse, 1996, "Is there a Neutral Justification for Liberalism?", *Pacific Philosophy Quarterly*, Vol. 77 (September).

7. John Chrisman, 1991a, "Autonomy and Personal History", *Canadian Journal of Philosophy* 21.

8. John Chrisman, 1991b, "Liberalism and Individual Positive Freedom", *Ethics* Vol. 101, No. 2.

9. John Chrisman, 2001, "Liberalism, Autonomy, and Self-Transformation", in *Social Theory and Practice* 27.

10. Richard Double, 1992, "Two Types of Autonomy Accounts", *Canadian Journal of Philosophy* 22.

11. Raymond Geuss, 2001, "Liberalism an Its Discontents", *Political Theory* Vol. 30 No. 3.

12. Trudy Govier, 1993, "Self-Trust, Autonomy, and Self-Esteem", *Hypatia* 8.

13. Sigurrur Kristinsson, 2000, "The Limits of Neutrality: Toward a Weekly Substantive Account of Autonomy", *Canadian Journal of Philosophy*, 30, 2.

14. Thomas May, 1994, "The Concept of Autonomy", *American Philosophy Quarterly* 31.

15. Alfred R. Mele, 1993, "History and Personal Autonomy", *Canadian Journal of Philosophy* 23.

16. Marina A. L. Oshana, 1998, "Personal Autonomy and Society", *The Journal of Social Philosophy* 29.

17. Henry Richard, 2000, "Autonomy's Many Normative Presuppositions", *American Philosophy Quarterly* 38.

18. George Sher, 1995, Liberal Neutrality and the Value of Autonomy, *Social Philosophy and Policy* 12.

19. Jeremy Waldron, ed. 1989, Autonomy and Perfectionism in Raz, The Morality of Freedom, *Southern California Law Review*, 62（1989）, 1097.

20. Harry Frankfurt,"Freedom of the Will and the Concept of a Person", *The Journal of Philosophy* 68（1971）.

21. Francis Fukuyama, *The End of History?*, The National Interest, 1989, No. 16.

三 中文著作类

1. ［德］康德:《单纯理性限度内的宗教》, 李秋零译, 商务印书馆 2012 年版。

2. ［德］康德:《实践理性批判》, 韩水法译, 商务印书馆 2001 年版。

3. ［德］康德:《法的形而上学的原理——权利的科学》, 沈叔平译, 林荣远校, 商务印书馆 1991 年版。

4. ［德］康德:《道德底形而上学》, 李明辉译, 台北: 联经出版事业股份有限公司 2015 年版。

5. ［德］康德: 《历史理性批判文集》, 何兆武译, 商务印书馆 1990 年版。

6. ［德］康德: 《康德历史哲学论文集》, 李明辉译注, 台湾联经 2013 年版。

7. ［德］康德:《道德形而上学原理》, 苗力田译, 上海人民出版社 2002 年版。

8. ［德］康德:《道德底形上学之基础》, 李明辉译, 台北: 联经出版事业股份有限公司 1990 年版。

9. ［德］康德:《实用人类学》, 邓晓芒译, 上海人民出版社 2012 年版。

10. ［美］希尔斯: 《论传统》, 傅铿、吕乐译, 上海人民出版社 1991 年版。

11. ［德］马克斯·舍勒:《伦理学中的形式主义与质料的价值伦理学》, 倪梁康译, 商务印书馆 2011 年版。

12. ［德］马克斯·韦伯：《经济与社会》（上卷），林荣远译，商务印书馆 1997 年版。

13. ［美］汉娜·阿伦特：《共和的危机》，郑辟瑞译，上海人民出版社 2013 年版。

14. ［美］汉娜·阿伦特著，罗纳德·贝纳尔编：《康德政治哲学讲稿》，曹明、苏婉儿译，上海人民出版社 2013 年版。

15. ［美］杰弗里·墨菲：《康德：权利哲学》，吴彦译，中国法制出版社 2010 年版。

16. ［英］霍布斯：《利维坦》，黎思复、黎庭弼译，杨昌裕校，商务印书馆 1985 年版。

17. ［英］洛克：《政府论》（下），瞿菊农、叶启芳译，商务印书馆 1964 年版。

18. 洛克：《人类理解研究》（上下），关文运译，商务印书馆 1959 年版。

19. ［英］彼得·拉斯莱特：《洛克〈政府论〉导论》，冯克利译，三联书店 2007 年版。

20. ［美］丹尼尔·贝尔：《资本主义文化矛盾》，赵一凡等译，三联书店 1989 年版。

21. ［美］格瑞特·汤姆森：《洛克》，袁银传、蔡红艳译，中华书局 2002 年版。

22. ［英］休谟：《休谟政治论文选》，张若衡译，商务印书馆 2010 年版。

23. 休谟：《人性论》（上下），关文运译，郑之骧校，商务印书馆 1980 年版。

24. 休谟：《道德原则研究》，曾晓平译，商务印书馆 2001 年版。

25. 休谟：《人类理解研究》，关文运译，商务印书馆 1957 年版。

26. ［英］梅因：《古代法》，沈景一译，商务印书馆 1959 年版。

27. ［英］哈特：《法律的概念》，张文显等译，中国大百科全书出版社 1996 年版。

28. ［英］罗素：《西方哲学史》（下），马元德译，商务印书馆 1976 年版。

29. ［美］梯利：《西方哲学史》（增补修订版），葛力译，商务印书馆

1995 年版。

30. 赵敦华：《西方哲学通史》第一卷，北京大学出版社 1996 年版。

31. ［英］索利：《英国哲学史》，段德智译，山东人民出版社 2007 年第二版。

32. ［英］詹姆斯·塔利：《语境中的洛克》，梅雪芹、石楠等译，华东师范大学出版社 2005 年版。

33. ［美］罗尔斯：《正义论》，何怀宏、何包钢、廖申白译，中国社会科学出版社 1988 年版。

34. ［美］罗尔斯：《政治自由主义》，万俊人译，译林出版社 2000 年版。

35. ［美］J. B. 施尼温德：《自律的发明：近代道德哲学史》，张志平译，上海三联书店 2012 年版。

36. ［美］罗伯特·沃尔夫：《为无政府主义申辩》，毛兴贵译，甘会斌校，江苏人民出版社 2006 年版。

37. ［美］列奥·斯特劳斯：《霍布斯的政治哲学》，申彤译，译林出版社 2001 年版。

38. ［美］列奥·斯特劳斯、约瑟夫·克罗波西主编：《政治哲学史》（下），李天然等译，河北人民出版社 1993 年版。

39. ［美］乔治·萨拜因著，托马斯·索尔森修订：《政治学说史》（下），邓正来译，世纪出版集团、上海人民出版社 2010 年版。

40. ［英］戴维·米勒、韦农·波格丹诺主编：《布莱克维尔政治学百科全书》（修订版），邓正来（中译本主编），中国政法大学出版社 2002 年版。

41. ［美］乔·萨托利：《民主新论》，冯克利、阎克文译，上海人民出版社 2009 年版。

42. ［英］卡尔·波普：《开放社会及其敌人》，中国社会科学出版社 1999 年版。

43. ［法］贡斯当：《古代人的自由与现代人的自由》，阎克文、刘满贵译，冯克利校，上海世纪出版集团 2003 年版。

44. ［英］以赛亚·伯林著，亨利·哈代编，吕梁等译，《浪漫主义的根源》，译林出版社、凤凰出版集团 2008 年版。

45. 以赛亚·伯林:《自由论》,胡传胜译,译林出版社 2003 年版。

46. [美]罗伯特·诺奇克:《无政府、国家和乌托邦》,姚大志译,中国社会科学出版社 2008 年版。

47. [美]伊曼努尔·华勒斯坦等:《自由主义之后》,收入《自由主义的终结》一书,郝名玮、张凡译,社会科学文献出版社 2002 年版。

48. 卢梭:《社会契约论》,何兆武译,商务印书馆 1982 年版。

49. [日]沟口雄三:《李卓吾·两种阳明学》,孙军悦、李晓东译,三联书店 2014 年版。

50. [英]哈耶克:《致命的自负》,冯克利、胡晋华译,中国社会科学出版社 2000 年版。

51. 哈耶克:《自由秩序原理》,邓正来译,三联书店 1997 年版。

52. [英]彼得·卡尔佛特,《革命与反革命》,张长东等译,吉林人民出版社 2005 年版。

53. [美]孟旦:《早期中国"人"的观念》,丁栋、张兴东译,北京大学出版社 2009 年版。

54. [美]姜新艳编:《英语世界中的中国哲学》,中国人民大学出版社 2009 年版。

55. [美]格伦·廷德:《政治思考:一些永久性的问题》,王宁坤译,世界图书出版公司 2010 年版。

56. [美]狄百瑞:《中国的自由传统》,李弘祺译,香港中文大学出版社 1982 年版。

57. [英]葛瑞汉:《论道者:中国古代哲学论辩》,张海晏译,中国社会科学出版社 2003 年版。

58. [德]顾立雅:《孔子与中国之道》,高专诚译,大象出版社 2000 年版。

59. [德]罗哲海:《轴心时期的儒家伦理》,陈咏明、瞿德瑜译,大象出版社 2009 年版。

60. [美]赫伯特·芬格莱特:《孔子——即凡而圣》,彭国翔、张华译,江苏人民出版社 2002 年版。

61. [美]赫大维、安乐哲:《汉哲学思维的文化探源》,施忠连译,江苏人民出版社 1999 年版。

62. ［美］赫大维、安乐哲：《先贤的民主——杜威、孔子与中国民主之希望》，何刚强译，刘东校，江苏人民出版社 2004 年版。

63. ［美］本杰明·史华兹：《古代中国的思想世界》，程钢译，刘东校，江苏人民出版社 2004 年版。

64. ［美］倪德卫著，万白安编：《儒家之道——中国哲学之探讨》，周炽成译，江苏人民出版社 2006 年版。

65. ［美］刘子健：《中国转向内在——两宋之际的文化内向》，赵冬梅译，江苏人民出版社 2002 年版。

66. ［美］狄百瑞：《儒家的困境》，黄水婴译，北京大学出版社 2009 年版。

67. ［加拿大］贝淡宁：《超越自由民主》，李万全译，上海三联书店 2009 年版。

68. 孙中山：《三民主义》，岳麓书社 2000 年版。

69. （汉）王充：《论衡校释》，黄晖撰，中华书局 1990 年版。

70. （汉）许慎撰，（宋）徐铉校订：《说文解字》，中华书局 1963 年版。

71. （清）王先谦：《荀子集解》，中华书局 1988 年版。

72. 杨伯峻：《孟子译注》，中华书局 1960 年版。

73. 梁启雄：《荀子简释》，中华书局 1983 年版。

74. （清）王夫之：《尚书引义》，中华书局 1962 年版。

75. （清）戴震：《孟子字义疏证》，中华书局 1982 年版。

76. （宋）程颢、程颐：《二程集》，中华书局 2004 年版。

77. （宋）朱熹著，朱杰人、严佐之、刘永翔主编：《朱子全书》，上海古籍出版社、安徽教育出版社 2010 年版。

78. （宋）朱熹：《四书章句集注》，中华书局 1983 年版。

79. （宋）黎靖德编：《朱子语类》，中华书局 1986 年版。

80. （明）王守仁：《王阳明全集》，上海古籍出版社 1992 年版。

81. （清）阎若璩：《古文尚书疏证》，上海古籍出版社 2010 年版。

82. 李泽厚：《中国古代思想史论》，人民出版社 1985 年版。

83. 马一浮：《马一浮集》（第三册），浙江古籍出版社、浙江教育出版社

1996 年版。

84. 冯友兰：《中国哲学史》（上下），华东师范大学 2000 年版。

85. 黄克剑、吴小龙编：《张君劢集》，群言出版社 1993 年版。

86. 张君劢著、程文熙编：《中西印哲学文集》（上），台北：学生书局 1981 年版。

87. 张君劢：《明日之中国文化》，济南：山东人民出版社 1998 年版。

88. 张君劢：《立国之道》，1938 年桂林版。

89. 牟宗三：《政道与治道》，广西师范大学出版社 2006 年版。

90. 牟宗三：《名家与荀子》，吉林出版集团有限责任公司 2010 年版。

91. 牟宗三：《圆善论》，台湾学生书局 1985 年版。

92. 牟宗三：《心体与性体》（上），上海古籍出版社 1999 年版。

93. 蔡元培：《中国伦理学史》，商务印书馆 1999 年版。

94. 徐复观：《儒家政治思想与民主自由人权》，台北：八十年代出版社 1979 年版。

95. 徐复观：《学术与政治之间》，台北：学生书局 1985 年版。

96. 徐复观：《中国人性论史》（先秦篇），三联书店 2001 年版。

97. 徐复观：《中国思想史论集》，上海书店出版社 2004 年版。

98. 徐复观：《中国思想史论集续篇》，上海书店出版社 2004 年版。

99. 劳思光：《新编中国哲学史》（一卷），广西师范大学出版社 2005 年版。

100. 韦政通：《中国思想史》（上），上海书店出版社 2003 年版。

101. 韦政通：《荀子与古代哲学》，台北：台湾商务印书馆 1966 年版。

102. 傅斯年：《性命古训辩证》，广西师范大学出版社 2012 年版。

103. 唐君毅：《中国哲学原论》（导论篇），台湾学生书局 1986 年版。

104. 唐君毅：《中国哲学原论》（原性篇），台湾学生书局 1989 年版。

105. 萧公权：《中国政治思想史》（一），辽宁教育出版社 1998 年版。

106. 梁启超：《先秦政治思想史》，天津古籍出版社 2003 年版。

107. 梁启超：《梁启超选集》，上海人民出版社 1984 年版。

108. 引得编纂处编纂：《荀子引得》，上海古籍出版社 1986 年版。

109. 郭齐勇、郑文龙编：《杜维明文集》（第一、二、三、四、五册），武汉出版社 2002 年版。

110. 杜维明：《儒家哲学与现代化》，载《论中国传统文化》，三联书店 1988 年版。

111. 杜维明、东方朔：《杜维明学术专题访谈录——宗周哲学之精神与儒家文化之未来》，复旦大学出版社 2001 年版。

112. 杜维明：《儒教》，陈静译，三联书店 2008 年版。

113. 李翔海：《民族性与时代性》，人民出版社 2005 年版。

114. 干春松：《重回王道——儒家与世界秩序》，华东师范大学出版社 2012 年版。

115. 干春松：《制度儒学》，世纪出版集团、上海人民出版社 2006 年版。

116. 李明辉：《孟子重探》，联经出版事业公司 2001 年版。

117. 李明辉：《儒家与康德》，联经出版事业公司 1990 年版。

118. 李明辉：《儒家视野下的政治思想》，北京大学出版社 2005 年版。

119. 陈鼓应：《老庄新论》，商务印书馆 2008 年版。

120. 温海明：《儒家实意伦理学》，中国人民大学出版社 2014 年版。

121. 蒋庆：《政治儒学》，生活·读书·新知三联书店 2003 年版。

122. 蒋庆：《再论政治儒学》，华东师范大学出版社 2011 年版。

123. 李梅：《权利与正义——康德政治哲学研究》，社会科学文献出版社 2002 年版。

124. 高全喜：《休谟的政治哲学》，北京大学出版社 2004 年版。

125. 秦晖：《问题与主义》，长春出版社 1999 年版。

126. 陈来：《古代宗教与伦理——儒家思想的根源》，三联书店 1996 年版。

127. 张灏：《幽暗意识与民主传统》，新星出版社 2006 年版。

128. 林毓生：《中国传统的创造性转化》，三联书店 1988 年版。

129. 黄俊杰：《儒学与现代台湾》，中国社会科学出版社 2001 年版。

130. 张崑将：《日本德川时代古学派之王道政治论——以伊藤仁斋、荻生徂徕为中心》，华东师范大学出版社 2008 年版。

131. 杨国荣：《孟子的哲学思想》，华东师范大学出版社 2009 年版。

132. 杨国荣：《王学通论——从王阳明到熊十力》，华东师范大学出版社

2003 年版。

133. 赵汀阳：《天下体系——世界制度哲学导论》，江苏教育出版社 2005 年版。

134. 徐向东：《自由主义、社会契约与政治辩护》，北京大学出版社 2005 年版。

135. 傅佩荣：《儒家哲学新论》，联经 2010 年版。

136. 周濂：《现代政治的正当性基础》，生活·读书·新知三联书店 2008 年版。

137. 李强：《自由主义》，中国社会科学出版社 1998 年版。

138. 郝长墀：《政治与人：先秦政治哲学的三个维度》，中国政法大学出版社 2012 年版。

139. 吴根友：《在道义论与正义论之间——比较政治哲学诸问题初探》，武汉大学出版社 2009 年版。

140. 白彤东：《旧邦新命：古今中西参照下的古典儒家政治哲学》，北京大学出版社 2009 年版。

141. 谢晓东：《现代新儒学与自由主义——徐复观殷海光政治哲学比较研究》，东方出版社 2008 年版。

142. 何信全：《儒学与现代民主》，中国社会科学出版社 2001 年版。

143. 赵明：《先秦儒家政治哲学引论》，北京大学出版社 2004 年版。

144. 王楷：《天然与修为——荀子道德哲学的精神》，北京大学出版社 2011 年版。

145. 廖名春：《荀子新探》，台北：文津出版社 1994 年版。

146. 储昭华：《明分之道——从荀子看儒家文化与民主政道融通的可能性》，商务印书馆 2005 年版。

147. 孙伟：《重塑儒家之道——荀子思想再考察》，人民出版社 2010 年版。

148. 何淑静：《孟荀道德实践理论之研究》，台北：文津出版社 1988 年版。

149. 周炽成：《荀韩人性论与社会历史哲学》，中山大学出版社 2009 年版。

150. 张祥龙：《先秦儒家哲学九讲——从〈春秋〉到荀子》，广西师范大学出版社 2010 年版。

151. 张祥龙：《孔子的现象学阐释九讲》，华东师范大学 2009 年版。

152. 王家骅：《儒家思想与日本文化》，浙江人民出版社 1990 年版。

153. 陈建华：《"革命"的现代性：中国革命话语考论》，上海古籍出版社 2000 年版。

154. 林安梧：《道的错置——中国政治思想的根本困结》，台湾学生书局 2003 年版。

155. 邓小军：《儒家思想与民主思想的逻辑结合》，四川人民出版社 1995 年版。

156. 陈少明：《儒学的现代转折》，辽宁大学出版社 1992 年版。

157. 余英时：《现代儒学论》，上海人民出版社 1998 年版。

158. 张千帆：《为了人的尊严——中国古典政治哲学批判与重构》，中国民主法制出版社 2012 年版。

159. 高瑞泉：《天命的没落：中国近代唯意志论思潮研究》，上海人民出版社 2007 年版。

160. 陈嘉明：《现代性与后现代性十五讲》，北京大学出版社 2006 年版。

161. 陈嘉明：《知识与确证：当代知识论引论》，上海人民出版社 2003 年版。

162. 彭孟尧：《知识论》，台北：三民书局 2009 年版。

163. 陈旭麓：《近代中国社会的新陈代谢》，上海人民出版社 1992 年版。

164. 康绿岛：《李国鼎口述历史——话说台湾经验》，台北：卓越文化出版 1993 年版。

165. 胡治洪：《全球语境中的儒家论说——杜维明新儒学思想研究》，三联书店 2004 年版。

166. 李贽：《李贽文集》（第一、二、五册），社会科学文献出版社 2000 年版。

167. 李贽：《道古录》，《李氏全集注》第十四册，社会科学文献出版社 2010 年版。

168. 嵇文甫：《晚明思想史论》，东方出版社 1996 年版。

四 中文论文类

1. 谢晓东：《从"德治理想国"到法治下的德治——论徐复观对儒家社会治理观的转换》，《光明日报》2007 年 5 月 15 日，第 11 版。

2. 谢晓东：《试论儒家社群主义何以可能——从社群主义与儒家自我观比较的角度》，《陕西理工学院学报》（哲学社会版）2007 年第 2 期。

3. 谢晓东：《孔子的政治合法性思想探析》，《江淮论坛》2007 年第 6 期。

4. 谢晓东：《〈伊川易传〉中的民本思想》，《周易研究》2008 年第 4 期。

5. 谢晓东：《朱子的国家哲学探微》，《福建论坛》（人文科学版）2008 年第 4 期。

6. 谢晓东：《论现代新儒学中的政治自由主义传统》，《厦门大学学报》（哲学社会版）2008 年第 2 期。

7. 谢晓东：《社会儒学何以可能》，《哲学动态》2010 年第 10 期。

8. 谢晓东：《"天命"与"契约"：孔子与洛克的正当性观念比较》，载武汉大学哲学学院编《比较哲学与比较文化论丛》（第二辑），武汉大学出版社 2010 年版。

9. 谢晓东：《朱熹的"新民"理念——基于政治哲学视角的考察》，《厦门大学学报》（哲学社会版）2011 年第 4 期。

10. 谢晓东：《理想政治的四种类型——兼论孟子政治哲学的理论归宿》，《武汉大学学报》（人文科学版）2012 年第 6 期。

11. 谢晓东：《在休谟与康德之间：论徐复观政治哲学的基本走向——以其对先秦儒家政治哲学的研究为例》，《徐州工程学院学报》（社科版）2014 年第 3 期。

12. 谢晓东：《走出王道——对儒家理想政治的批判性考察》，《哲学动态》2014 年第 8 期。

13. 谢晓东：《性危说：荀子人性论新探》，《哲学研究》2015 年第 4 期。

14. 谢晓东：《政治哲学视域下荀子的礼：以人性、优良政府和正义为中心的考察》，《厦门大学学报》（哲学社会版）2015 年第 3 期。

15. 谢晓东：《第六伦与社会儒学》，《东岳论丛》2015 年第 10 期。

16. 谢晓东：《论社会儒学的三重向度——兼与杜维明对话》，《文史哲》

2018 年第 2 期。

17. 谢晓东、于淼：《空想自由主义——对李贽思想的一种新定位》，《厦门大学学报》（哲学社会版）2018 年第 4 期。

18. 方克立：《要注意研究 90 年代出现的文化保守主义思潮》，《现代新儒学与中国现代化》，天津人民出版社 1997 年版。

19. 韦政通：《以传统主义卫道以自由主义论政——徐复观先生的志业》，载罗义俊编：《评新儒家》，上海人民出版社 1989 年版。

20. 徐复观：《西方文化中的平等问题》，《徐复观杂文——记所思》，台北：时报文化出版事业有限公司。

21. 张君劢：《民族复兴运动》，《再生》1 卷 10 期，1933 年 2 月。

22. 张君劢：《国家民主政治与国家社会主义》，《再生》一卷二期。

23. 张君劢：《国家为什么要宪法》，该文收入《精神自由与民族文化》，吕希晨、陈莹选编，中国广播电视出版社 1995 年版。

24. 曾明珠整理：《儒家与自由主义——和杜维明教授的对话》，该文收入哈佛燕京学社、三联书店主编的《儒家与自由主义》一书，生活·读书·新知三联书店 2001 年版。

25. 任剑涛：《自由主义的两种理路：儒家自由主义与西化自由主义》，《中国现代思想脉络中的自由主义》，北京大学出版社 2004 年版。

26. ［苏联］P. H. 勃留，E. A. 戈利科夫：《康德与革命问题》，《哲学译丛》1985 年第 2 期。

27. 陈明：《"以义为利"：制度本身的伦理原则——〈大学〉新读之三》，收入氏著《儒者之维》，北京大学出版社 2004 年版。

28. 查尔斯·泰勒：《消极自由有什么错?》，收入达巍、王琛、宋念申编《消极自由有什么错》一书，文化艺术出版社 2001 年版。

29. 蒋庆：《王道政治是当今中国政治的发展方向》，收入陈明、朱汉民主编的《原道》（第十辑），北京大学出版社 2005 年版。

30. 郭齐勇：《牟宗三先生以"自律道德"的理论诠释儒学之蠡测》，《哲学研究》2005 年第 12 期。

31. 李存山：《从民本走向民主的开端》，《华东师范大学学报》（哲学社会版）2006 年第 6 期。

32. 李存山：《儒家的民本与人权》，《孔子研究》2001 年第 6 期。

33. 丛杭青、王晓梅：《何谓 Autonomy》，《哲学研究》2013 年第 1 期。

34. 李小科：《"两种概念"还是"两种自由"——解读伯林的 Two Concepts of Liberty》，《江苏行政学院学报》2011 年第 1 期。

35. 周濂：《政治正当性的四重根》，《学海》2007 年第 2 期。

36. 周濂：《从正当性到证成性：一个未完成的范式转换》，《华东师范大学学报》（哲学社会版）2007 年第 6 期。

37. 陈赟：《自发的秩序与无为的政治——中国古代思想世界中的天命意识与政治的正当性》，《人文杂志》2002 年第 6 期。

38. 刘毅：《"合法性"与"正当性"译词辩》，《学术评论》2007 年第 3 期。

39. 姚大志：《契约论与政治合法性》，《复旦学报》（哲学社会版）2003 年第 4 期。

40. 张星久：《论帝制时期中国政治正当性的基本层次》，《政治学研究》2006 年第 4 期。

41. 许纪霖：《近代中国政治正当性之历史转型》，《学海》2007 年第 5 期。

42. 许纪霖：《近代中国政治正当性的价值冲突和内在紧张》，《华东师范大学学报》（哲学社会版）2008 年第 1 期。

43. 许纪霖：《寻求自由与公道的社会秩序——现代中国自由主义的一个考察》，《开放时代》2000 年第 1 期。

44. 吴乃恭：《荀子性恶论新议》，《孔子研究》1988 年第 4 期。

45. 胡伟希：《荀子人性思想探微》，《清华大学学报》（哲学社会版）1988 年第 2 期。

46. 何平：《荀子的悖论与政治神话的发生》，《天津师范大学学报》（哲学社会版）1993 年第 1 期。

47. 汴修全、朱滕：《荀子礼治思想的重新审视》，《哲学研究》2005 年第 8 期。

48. 周帜成：《荀子：性朴论者，非性恶论者》，《光明日报》2007 年 3 月 20 日。

49. 黄玉顺：《荀子的社会正义理论》，《社会科学研究》2012 年第 3 期。

50. 黄玉顺：《中国正义论纲要》，《四川大学学报》（哲学社会版）2009 年第 5 期。

51. 颜炳罡：《正义何以保证？——从孔子、墨子、孟子和荀子谈起》，《孔子研究》2011 年第 1 期。

52. 石元康：《天命与正当性：从韦伯的分类看儒家的政道》，《开放时代》1999 年第 6 期。

53. 严复：《论世变之亟》，收入王拭编：《严复集》，中华书局 1986 年版。

54. 金观涛、刘青峰：《革命观念在中国的起源和演变》，《观念史研究：中国现代重要政治术语的形成》，法律出版社 2009 年版。

55. 孙晓春：《儒家民本思想发微》，《吉林大学学报》（社会科学版）1995 年第 5 期。

56. 李承贵：《当代儒学的五种形态》，《天津社会科学》2008 年第 6 期。

57. 林安梧：《从"外王"到"内圣"：以社会公义论为核心的儒学——后新儒学的崭新思考》，《浙江社会科学》2004 年第 1 期。

58. 李维武：《儒学生存形态的历史形成与未来转化》，《中国哲学史》2000 年第 4 期。

59. 韩星：《社会儒学——儒学的现代转型与复兴之路》，载王中江、李存山主编《中国儒学》第八辑，中国社会科学出版社 2013 年版。

60. 韩星：《儒学的社会维度或社会儒学？——关于儒学发展方向的思考》，载贾磊磊、杨朝明主编《第三届世界儒学大会学术论文集》，文化艺术出版社 2011 年版。

61. 韩星：《社会儒学的逻辑展开以及现代转型》，《东岳论丛》2015 年第 10 期。

62. 陈劲松：《儒学社会：中国传统社会的社会学分析框架》，《浙江学刊》2000 年第 1 期。

63. 邓小虎：《荀子：性恶和道德自主》，收入《求索之迹：香港中文大学哲学系六十周年系庆论文集·校友卷》。

64. 彭永捷主持：《王道政治与天下主义》，《现代哲学》2013 年第 2 期。

65. 王绍光:《"王道政治"是个好东西——评蒋庆的"儒教宪政"》,《开放时代》2010 年第 9 期。

66. 林志纯:《亲民与新民——古典史学的一场争论》,《史学集刊》2000 年第 1 期。

67. 兒玉六郎,1974,《荀子性朴说の提出》,载《日本中国学会报》第 26 集。转引自佐藤将之,2003:《二十世纪日本荀子研究之回顾》,载《"国立"政治大学哲学学报》第 11 辑。

68. 贺麟:《五伦观念的新检讨》,收入氏著《近代唯心论简释》,上海人民出版社 2009 年版。

69. 景海峰:《五伦观念的再认识》,《哲学研究》2008 年第 5 期。

70. 余治平:《亲民与新民——作为中国古代政治哲学的一个问题》,《人文杂志》2005 年第 4 期。

71. 郭晓东:《从"亲民"到"新民":也谈宋明儒学中的"现代性"精神》,《江汉论坛》2005 年第 10 期。

72. 刘依平:《朱子"新民"诠释的理论意蕴及其内在紧张》,《吉首大学学报》(社科版)2009 年第 1 期。

73. 石福祁:《从"新民""亲民"看朱王之别》,《甘肃社会科学》2009 年第 3 期。

74. 孙震:《群己关系——为第六伦命名》,《联合报》1981 年 3 月 18 日第 2 版。

75. 李国鼎:《经济发展与伦理建设——第六伦的倡立与国家现代化》,《联合报》1981 年 3 月 28 日第 2 版。

76. 纪刚:《我们原缺"社会人"》,《中国时报·人间副刊》1981 年 7 月 3 日。

77. 苏郁铭:《近十年(1994—2003)来美国的荀子研究》,国立云林科技大学汉学资料整理研究所 1994 年 6 月之硕士论文。

78. 王昱峰:《从"社会对体"(socialdyad)看"第六伦"的普遍主义取向:一个本土视域的尝试》,台湾师范大学 2005 年博士论文。

79. 涂可国:《社会儒学建构:当代儒学创新性发展的一种选择》,《东岳论丛》2015 年第 10 期。

80. 王学典、杨永明主编：《儒家应当打造一种高于自由主义的生活方式》，《当代儒学》（第十一辑），广西师范大学出版社 2017 年版。

81. 张新国：《社会儒学的形而上学基础》，《江汉论坛》2018 年第 9 期。

82. 黄玉顺：《社会儒学与生活儒学之关系——与谢晓东教授商榷》，《学术界》（月刊）2018 年第 5 期。

83. 李光福：《李贽与中国的自由传统》，《南开学报》2003 年第 2 期。

84. 杨国荣：《李贽——王学向异端的演变》，《江淮论坛》1988 年第 2 期。

后　记

本书是笔者 2010 年度国家社科基金项目"政治哲学视角下的先秦儒学与古典自由主义研究"（10CZX020）的结项成果，考核等级为合格。从立项到 2015 年 9 月申请结项，耗时约五年时间。由于本人的兴趣较为广泛，其间只用了一部分精力在此课题上，故而书稿的写作是不够令人满意的。虽然书稿中几乎所有章节都公开发表了，但是某种程度上却牺牲了论文的结构和逻辑性。

从政治哲学角度对儒学与自由主义的思想关系予以解读之后，我们认为儒学与自由主义虽然属于两种不同的政治哲学体系，但是它们有较大的相互诠释空间。而在这种互为他者的相互阐释中，意义不断生成。而这无论是对于自由主义的发展，还是对于儒学的进步，都是颇为关键的。笔者试图以一个关键的哲学问题来统一早期儒学与古典自由主义之思想关系的研究，即自律（autonomy）问题。内在于本书而言，自律问题其实就是沟通人性、优良政府与正义之所在。笔者在导论与正文中均多次谈到了这个问题。不过，遗憾的是，由于该问题过于复杂，且国外还有大量的材料需要梳理，故而本书对此的处理还处于初步阶段。

希望今后还有其他机会可以专门研究这个重要的哲学问题。

本书是海内外第一部集中系统地从政治哲学角度分析儒家与自由主义比较的哲学论文。在此，我再阐述一下研究意义之所在：

第一，此前，学术界有过不少关于先秦儒家政治哲学的个案或整体研究，关于古典自由主义政治哲学的个案或整体研究也不在少数。但是，却没有一部专著是关于早期儒学与古典自由主义之政治哲学的比较研究的。就此而言，本项研究填补了这项空白。

第二，本项研究对早期儒家政治哲学的处理比较精细，并提出了一系列的新观点。这些新观点，可以参阅下文的重要观点一栏。可以说，本书所提出的这些观点，促进了学术界对儒家政治哲学的研究。

第三，本项研究对于古典自由主义之政治哲学的个案研究比较有特色，比如对康德人性论的辩证，对休谟关于人性与正义之关系的分析，对洛克的正当性观念与革命观念的探讨，这些都在一定程度上促进了相关研究，从而最终推动了学术界对于古典自由主义之研究。

第四，本项研究之逻辑架构颇具匠心。一方面，把早期儒家与古典自由主义之政治哲学的比较研究十字打开，演化为人性、优良政府与正义之三角形态；另一方面，则又由三归一，把人性、优良政府与正义之三角统一在自律这个重要哲学问题之上。可以说，本书对于自律问题之研究，推动了中国政治哲学界对该问题的关注。

以下为本书的具有创新意义的重要观点。

第一，提出并证明了理想政治的四种类型，指出孟子自律伦理学的逻辑归宿应该是民主。这就指明了儒家政治哲学现代重构的方向与内在资源。

第二，针对学界的某种"重回王道"的声音，利用孟子的自律伦理学的思想资源，提出并证明了"走出王道、走向民主"的理论观点。

第三，提出并证明了一种关于荀子人性论的新观点，即性危说，从而提供了一种对荀子人性论的更好的阐释。

第四，根据康德的理论与牟宗三的发挥，指出并证明了荀子道德哲学的基本属性是他律而不是自律，并反驳了李涤熙的观点。

第五，从政治哲学视角分析荀子的礼观念，并张开为人性、优良政府与正义的三角架构，发前人之所未发。

第六，先秦旧籍《大学》中有一核心观念"亲民"，朱熹创造性地把它解读为新民。通过从政治哲学视角分析朱熹的新民理念，相当程度上揭示了早期儒学的相关观点。

第七，分析了人类对革命是否正当的六种思考，揭示了早期儒学与古典自由主义对此问题的多元和复杂的观点。

　　第八，针对儒学的现代定位问题，提出并证明了社会儒学这种新观点。并结合第六伦观念，进一步证立了社会儒学概念。继而从时间、空间与本质向度三个方面进一步澄清了社会儒学概念。

　　学术研究是没有止境的，以上思考具有明显的阶段性。在下不吝浅陋，权当抛砖引玉。

2018 年 6 月 3 日

谢晓东于厦大致曲斋